编委会名单

2023

CHINA JOURNALISM AND COMMUNICATION JOURNAL

中国新闻传播研究

国际传播能力建设

高晓虹◎主编
刘宏 赵淑萍 曾祥敏 秦瑜明◎副主编

中国传媒大学出版社
·北京·

目录 >>>>CONTENTS

新媒体研究

视听传播研究

国际传播能力建设

集体共识、知识生产与分众对话：全球话语竞争背景下的中国对外传播话语体系建构新思路

Collective Consensus, Knowledge Production and Demassified Dialogues: New Ideas For Constructing China's External Communication Discourse System in the Context of Global Discourse Competition

◎ 周庆安　李涵沁

Zhou Qingan　Li Hanqin

摘要：百年变局之中，媒介技术的发展不断推动全球传播秩序与交互模式的变化，围绕国际话语权展开的博弈与竞争日益激烈。与此同时，话语安全化趋势进一步深化了当下的不确定性与不稳定性，世界陷入新型安全与对话困局。对此，中国应围绕“新概念、新范畴、新表述”三个核心维度，以回归集体共识、重视知识生产、分众精细对话为策略导向，创新与再构自身对外传播话语体系，准确、高效传递中国理念，实现全球共识的引导塑造，为人类命运共同体的形成奠定观念基础。

关键词：对外传播；话语体系；安全化；塑造共识；传播效能

Abstract: In the midst of a once-in-a-century change, the development of media technology continues to stimulate changes in the global communication order and interaction patterns. Upon the basis of that, the game and competition around international discourse are becoming increasingly intense. At the same time, the trend of discourse securitization has further deepened the current uncertainty and instability, plunging the world into a new kind of security and dialogue dilemma. In this regard, China should focus on the three core dimensions of "new concepts, new scopes, and new expressions", to innovate and reconstruct its own external communication discourse system with the strategic orientation of returning to collective consensus, attaching importance to knowledge production, and achieving demassified dialogues. In this way, China can accurately and efficiently convey its own ideas, play a leading role in building global consensus, and lay the conceptual foundation for the community of human destiny.

Keywords: external communication, discourse system, securitization, consensus building, communication effectiveness

一、引言

进入 21 世纪的第二个十年,人类社会在百年变局与世纪疫情的交叠影响下,正面临前所未有的复杂格局。与此同时,伴随着技术的介入与催化,全球传播秩序与交互模式不断发展变化,话语的生产、流动与观念的形塑、再构面临诸多不确定性。时代流变之中,仍处于话语弱势方的中国在开展对外传播工作时,势必面临全新的要求与更大的挑战。

早在 2015 年,习近平总书记便在全国党校工作会议上指明了对外传播工作的重要性:"落后就要挨打,贫穷就要挨饿,失语就要挨骂。"为扭转在国际话语场中的被动"挨骂"局面,党的十八大以来,中国便将国际传播能力建设的核心确定为"精心构建对外话语体系",全力推动国际传播守正创新。2021 年,在中共中央政治局第三十次集体学习会上,习近平总书记明确指出,"要加快构建中国话语和中国叙事体系,用中国理论阐释中国实践,用中国实践升华中国理论,打造融通中外的新概念、新范畴、新表述,更加充分、更加鲜明地展现中国故事及其背后的思想力量和精神力量"。2022 年,在党的二十大报告中,习近平总书记再次强调,应"加快构建中国话语和中国叙事体系,讲好中国故事、传播好中国声音,展现可信、可爱、可敬的中国形象"。

面对全球话语格局的未知性与易变性,习近平总书记有关我国对外传播工作的重要论述始终围绕着一个稳定核心展开,即应更加重视我国国际传播工作重要性和必要性,倾力构建与我国综合国力、国际地位相匹配的国际话语权,而构建具有中国特色的对外传播话语体系则是实现这一目标的必由之路。2013 年,习近平总书记提出应"打造融通中外的新概念、新范畴、新表述",从基本内涵与操作范式维度为中国式对外话语体系创新提供纲领性指导。进入新全球化时代,面对群体复杂化、传播情绪化的大趋势,在"三新"框架支撑之上,回归集体共识、重视知识生产、分众精细对话的话语构建策略或将成为核心创新导向。

二、不确定的时代：当世界被重新安全化

2016年以来，全球进入以“后西方、后秩序、后真相”为核心特征的新全球化时代。[①] 在此全球化新时期，媒介技术的持续介入日益推动“泛媒介化”在全球范围内的深化，如汤普森（Thompson）所述，媒介之于现代社会绝非单纯的传播渠道，工具角色之外，媒介内部逻辑同样深刻影响着话语主体间的互动模式。[②] 伴随着自身能量的不断放大，媒介在当下已然成为广阔社会和文化变革的重要推动力。[③] 作为技术产物的社交媒体为公众赋权赋能，个体表达意愿与话语可见度空前提升，但话语生产与传播的低门槛化也间接导致了情绪化政治传播于全球多地的滥觞，民粹主义兴起、话语对抗性增强让各地区、各族群间的裂痕一再扩大。

正是在社会与媒介技术的辩证互动过程中[④]，新冠疫情、俄乌冲突等一系列全球公共卫生、地缘政治事件接连发生，并在各类媒介平台上被呈现、建构，事件相关话语共同改变了各国公众眼中的安全与风险图景。如前所述，受当前全球媒体环境的技术特性影响，专业化声音和有效内容被动让渡空间于情绪化表达，极化观点与话语屡见不鲜，公众的安全感知在被放大的风险焦虑中逐渐走向失衡。世界范围内，泛滥的安全忧虑成为阻碍有效对话与互动的藩篱。

阿诺德·沃尔弗斯（Arnold Wolfers）如是定义“安全”：“客观上对所获得的价值不存在威胁，主观上不存在这样的价值会受到攻击的恐惧。”[⑤]其定义对安全做了双重约束：既需要保证当下客观状态的稳定性，也需要一种常态化的、主观层面的确定性。当下全球恐慌情绪的滋生与蔓延恰是因后者的弱化所致。自20世纪90年代冷战终结以来，“安全”的内涵与感知便持续泛化，除武装冲突带来的客观生存威胁外，其他与人类共同福祉相关的潜在威胁都被视作安全问题。针对这一全球性泛安全浪潮，巴瑞·布赞（Barry Buzan）与奥利·维夫（Ole Waever）以“安全化”理论对其做了学理性梳理与阐述：议题的安全化进程实质为威胁的建构过程，当经济、社会、环境、能源、粮食、信息、金融等多维度问题被明确界定为“存在性威胁”时，采取超出政治程序正常限度

---

① 史安斌，盛阳.从“跨”到“转”：新全球化时代传播研究的理论再造与路径重构[J].当代传播，2020(1)：18-24.

② THOMPSON J B. The media and modernity: a social theory of the media[M]. Redwood: Stanford University Press, 1995:17-19.

③ COULDRY N. Mediatization or mediation? Alternative understandings of the emergent space of digital storytelling[J].New media & society, 2008, 10(3): 373-391.

④ 卡斯特.网络社会的崛起[M].夏铸九，等译.北京：社会科学文献出版社，2011:5-6.

⑤ WOLFERS A.“National security” as an ambiguous symbol[J]. Political science quarterly, 1952, 67(4): 481-502.

的紧急措施便被合理化、正当化。[①] 由是可见,安全化的根本目标是通过话语将指涉目标表述、塑造为"存在性威胁",并消除替代性方案的存在可能性,最终实现其潜藏在安全话语逻辑之下的核心目的。在此过程之中,话语的安全化成为直观表征,权力与资本的博弈隐蔽于字里行间。

哥本哈根学派曾告诫世人应警惕话语的安全化趋势,"所有的话语,都能成为与安全有关的话语,而安全是人们包容度最低的一种文化理解"。正因如此,当安全确定性被不断冲击、消解时,不同人类文明间的对话必然会从高远现代性的追求变成对马斯洛底层需求的捍卫——这既是微观层面上的人性使然,又由宏观层面上国际主体互动的建构性本质所决定。

巴瑞·布赞等学者指出,20世纪八九十年代,国际关系中出现一种无主导的平衡和平,许多国家都意识到安全的稳定性建立在合作之上,因而以长远受益为目标的协商机制自然形成。[②] 由此可见,建构主义安全理论的核心在于主体间的互动与互构,不同于新现实主义或新自由主义所提出的以物质力量为决定性因素,建构主义学派认为认知与观念在全球安全结构中存在不容忽视的影响力。亚历山大·温特(Alexander Wendt)在讨论国际关系结构时提出三大核心要素:共有知识、物质资源与实践。[③] 后两者分别指向客观物质基础与主体互动模式,"共有知识"则涉及国际行动者间的实际关系性质,即"敌对"(enmity)或"友善"(amity)。从建构主义视角出发,全球安全格局的形成机制实为各行动主体间的动态博弈,作为关键要素的"共有知识"决定着世界最终会走向猜疑之下两败俱伤的"安全困境"(security dilemma),抑或信任之下共赢共生的"安全共同体"(security community)。[④]

在建构主义基础之上,哥本哈根学派对主体间互动进行了更精细化的定义描述,主张安全作为国际关系与建设基础,类同一种特殊类型的"主体间性"(intersubjective)政治。安全既不是具有全然独立性的主体,也不是纯粹处于被塑造的客体,它存在于主体间,具体形态受其互动关系影响,同时也对具体互动模式和结果导向产生影响。基于此,所谓安全化过程,实为不同行为主体就具体威胁性内容构成相同或相异认知,进而推动国际体系内各主体间安全互动模式持续演变。[⑤]话语作为

① 布赞,维夫,怀尔德.新安全论[M].朱宁,译.杭州:浙江人民出版社,2003:32-36.

② BUZAN B, WAEVER O. Regions and powers: the structure of international security[M]. Cambridge: Cambridge University Press, 2003:41.

③ 温特.国际政治的社会理论[M].秦亚青,译.上海:上海世纪出版集团,2000:28-29.

④ 朱宁.安全与非安全化:哥本哈根学派安全研究[J].世界经济与政治,2003(10):4-5,21-26.

⑤ 布赞,维夫,怀尔德.新安全论[M].朱宁,译.杭州:浙江人民出版社,2003:29-68.

观念的来源与载体，在此过程中扮演着极为关键的调节角色。

当前，全球安全话语系统趋于消极化、对抗化，失衡的安全认知与日趋激烈的民粹主义情绪推动着世界逐步陷入共同安全困境，而其背后的实质原因则是全球身份共识缺位下安全主体的序列冲突。[①] 在当下个体认知框架中，国际公民身份价值被不断压缩，安全需求序列中，国际安全的优先级远在国家安全之后，加之全球话语安全化的持续发酵，国际安全的共同维护者被对立为国家安全的竞争者——消极角力中，全球安全困境悄然而生。

对此，中国所提出的“人类命运共同体”理念精准切中了问题核心，其追求本国利益时兼顾他国合理关切，为全球安全对话与治理提供了全新视角与路径。具体言之，当前我国要务是加快构建具有自身特色的话语和叙事体系，打造融通中外的新概念、新范畴、新表述，为陷入安全化话语陷阱的全球人民提供新的秩序感与确定性。围绕“三新”框架，我国应遵循三个主要步骤实现话语创新与理念引导：首先，应以情感意象打造底层联结，在共情传播的基础之上完成集体共识塑造；其次，聚焦以知识生产为核心的架构再建，在以情感认同为核心的共识基础之上强化经验与知识维度的共同体意识；最后，在话语模式层面，应立足受众群体的高度差异性，多主体、多平台共同参与，实现“一国一策、一代一策”的分众精细对话。

三、“新概念”：回归集体共识的意象创新

（一）作为概念的情感

作为“三新”框架的第一层，“新概念”所指向的实为对构成话语内容的符号意象的创新。概念（concept）作为人类文明中的认知元件，其生产机制是从具体到抽象的提炼过程：个体在感知事物的过程中，不断积累初级感性认知，进而形成具有群类性的理性认识，并归纳其共同本质特点形成概念式思维惯性，由此，具体可感的事物拥有了对应的抽象指称，二者形成映射关系。概念在人类的认知体系中作为最基本的构筑单位而存在[②]，可以说，公共讨论的实质，便是对多元概念的选择、呈现与定义。

在全球范围内跨文化概念的生产与传播过程中，语言、历史、族群等隔阂多会对最终效能产生深刻影响。相比同一文化群落的内部传播，跨文化传播始终面临着如何理

① 石斌.共同安全的困境：论当代国际安全的文化价值基础[J].国际安全研究，2013(1)：19-40，154-155.

② 刘涛.新概念 新范畴 新表述：对外话语体系创新的修辞学观念与路径[J].新闻与传播研究，2017(2)：6-19，126.

解、安置自我与“他者”的经典命题。① 如前所述，概念作为主观认知意象，往往高度依赖于特定文化语境与背景进行解码和内化，这也为其在全球语境中的流动带来掣肘。“人类创造了语言符号，意在沟通你我，但这种创造物反而成为一条笼罩着迷雾的河流，你在这边，他在那边。”②是以，当各国着力使用具有鲜明国别特质的概念进行宏大叙事时，大多收效甚微。

当前，平台化趋势和技术多元赋权正在重构围绕个体互动展开的全球联结网络，③个体作为核心微小单位，正在不同国家之间、族群之间、文化之间构建起全新的联结纽带。不同于宏观层面上各主体的鲜明差异性，人类的共同身份属性使得微观层面上的个体天然存在认知空间交汇，即各类情绪感知。在当下的全球传播场域中，对话语权的争夺实质是对概念设置与界定权的争夺④，因此对“原型概念”这类具有普遍认同基础的意象的激活与征用必不可少。整体来看，原型概念能够跨越国际传播中的各类阻隔，是一套在全球话语生产与传播过程中的万能语言。而作为人类与生俱来的共享信息，情感同样隐含着成为原型概念的内生保障。

是以，以共同情感为概念，现存话语挑战或将迎刃而解。基于此，话语主体在进行概念选择时应优先选择后天习得的知识性意象之外的情感性意象，促进共情传播，为集体共识的再构奠定情感联结基础。

（二）共情传播：构建集体共识的底层联结

安全作为文明对话与发展的根基，其稳定性直接决定着人类社会的未来高度。面对当前全球安全困境之下的传播瓶颈，吴飞指出，各国公众应逐渐形成共情的能力与智慧，通过共情传播来实践“人类命运共同体”文明观。⑤ 换言之，当安全感知危机弱化了旧有联结，话语生产者应回归朴素叙事逻辑，重构稳定且可持续的底层结构。

所谓共情（empathy），指个体间能够跳出个人经验限制，对彼此独特经历产生正面情绪与利他行动反馈的能力。有学者认为，共情以天然情感共识为基础，是人类根源于基因的天赋能力，无须在复杂文化语境中后天习得。⑥ 因此在国际传播中，共情

---

① 李成家，彭祝斌.论跨文化共情传播：基于国际互助抗疫的探索[J].现代传播（中国传媒大学学报），2021(5)：65-69.

② 吴飞.共情传播的理论基础与实践路径探索[J].新闻与传播研究，2019(5)：59-76，127.

③ 马龙，李虹.论共情在“转文化传播”中的作用机制[J].现代传播（中国传媒大学学报），2022(2)：77-83.

④ 刘涛.新概念 新范畴 新表述：对外话语体系创新的修辞学观念与路径[J].新闻与传播研究，2017(2)：6-19，126.

⑤ 吴飞.共情传播的理论基础与实践路径探索[J].新闻与传播研究，2019(5)：59-76，127.

⑥ 卡利.共情力[M].耿沫，译.北京：北京联合出版公司，2017：3-5.

式话语意象的选择与使用对最终效果有着根本性影响。

具体来看，共情的产生包含“情绪感染”（emotional contagion）、“观点采纳”（perspective taking）和“共情关注”（empathic concern）三个核心环节，个体情感作为共情发生的前提条件，为后续话语生产与引导夯实基础。① 在当下智能化、平台化的传播浪潮中，个体的可见性与触达率被不断提高，其个性化诉求也被日益放大。在此过程中，个体的媒介使用目的除获取、分享信息外，也包含了对情感联结与感性表达的追求。② 在此类人本色彩浓郁的信息行为中，族群、地域、文明等特征边界被无限淡化，作为共性的人类情感被不断强调。

是以，在跨文化传播中，基于情感意象实现的共情传播表现得尤为突出。来自不同文化群体的受众基于情感的一致性对信息内容进行“同向解码”，并不断“传染”“扩散”，形成具有规模性的群体情感联结与底层逻辑认同，从根本上对冲话语安全化带来的分裂情绪，强化各国人民间的凝聚力与亲近性。③ 伴随着情感联结的强化，底层支撑之上，集体共识得已形成。哈贝马斯提出“话语共识”概念时强调，共识须经由可领会性、真实性、真诚性与正确性对话实现。④ 在当代国际社会中，面对整合风险与安全危机，以情感类话语概念推动集体共识的形成或是秩序再构的唯一办法。

在具体操作过程中，话语生产者所做的不仅是选择、呈现作为意象概念的情感元素，同时还应有意识地为情感概念建设背景架构。单一情感认同的唤起往往是瞬时、单薄的，作为联结纽带的构成元素，情感意象间同样需要内部关联来保证其稳定性与合理性，即跳出特定概念“单兵作战”的话语传播误区，转而充分发挥概念合力长远、深层的影响力。⑤ 由此，中国式对外传播话语体系从概念维度迈入范畴维度，意象之上，组织、生成其核心意义的话语架构同样发挥着不容忽视的作用。

---

① 赵新利.共情传播视角下可爱中国形象塑造的路径探析[J].现代传播（中国传媒大学学报），2021(9)：69-74.

② 喻国明，陈雪娇.理性逻辑与感性逻辑的交互与协同：媒介内容生产的新范式[J].湖南师范大学社会科学学报，2021(2)：119-125.

③ 马龙，李虹.论共情在“转文化传播”中的作用机制[J].现代传播（中国传媒大学学报），2022(2)：77-83.

④ 哈贝马斯，哈勒.作为未来的过去[M].章国锋，译.杭州：浙江人民出版社，2001：123.

⑤ 刘涛.新概念 新范畴 新表述：对外话语体系创新的修辞学观念与路径[J].新闻与传播研究，2017(2)：6-19，126.

四、"新范畴":依托知识生产的架构创新

(一)作为知识的话语

人类社会的话语生产与大众传播发轫于对知识的思考。作为公共信息与经验的概念,知识在传统传播学研究中一般被界定为大众传播塑造形成的群体认知结果。[①]一定程度上,知识获取也被默认为传播行为的绝对过程或衡量指标。哈罗德·伊尼斯提出应关注"传播媒介对知识在时间和空间中传播产生的重要影响"[②],首次将知识作为核心要素引入传播学领域相关研究中。彼时学界对知识的内涵解读仍停留于"真知"阶段,即系统、客观、正确的认知内容,并作为资本参与权力的构成与争斗。

时至今日,经历了漫长的发展沿革,同时伴随着媒介与传播视角的引入,知识之于人类社会的角色功能越发立体、复杂。[③] 当下,个体依托对知识的获取和内化完成内心构建、意义自洽,并在知识的指导下与外界进行互动。在内外交互过程中,不同个体通过知识共享形成隐性关联,群体文化、身份认同、共同体意识等一系列社会产物由是而生,并作为新的知识参与到后续的传播与发展过程之中。具体来看,带有经验色彩的知识先天存在,并作为指导与约束对个体行为、认知模式产生影响;与此同时,个体可以通过其自身主观能动性个性化诠释、建构、传播知识。当新的知识通过传播由私人空间进入公共领域,人与世界的关系模式也将被不断形塑。可以说,中观层面的知识与经验体系为个体认知与客观世界的互塑活动提供中介结构基础。

归于当下的国际传播语境,以话语为知识的创新视角为具体实践提供了全新操作化路径:当话语作为知识进入传播场域,其以媒介作为核心载体,实现生产、扩散、存储、接受、再生产等关键步骤,并形成一种长久稳定的经验性结构,为后续新生意象的意义生产提供支持。简言之,在微观意象内容所缔造的情感图谱之上,知识生产型话语架构进一步强化了情感认同背后的逻辑支撑。

综上所述,在中国的对外传播话语体系建设过程中,提升自身的知识生产能力是极为关键的一环,话语架构的创新在以情感为联结的基础之上,进一步实现了以共同经验联结世界的叙事目标。

---

① 刘海龙.作为知识的传播:传播研究的知识之维刍议[J].现代出版,2020(4):23-31.

② 伊尼斯.传播的偏向[M].北京:中国传媒大学出版社,2013:79.

③ 许加彪.作为经验共享的传播:知识思想史视角下杜威传播观再解读[J].新闻与传播研究,2018(8):49-64,126-127.

（二）“没有人是一座孤岛”：被经验联结的人类

如前所述，在概念层面，围绕情感意象所生产的创新话语跨越藩篱缔造了人际底层纽带。在此基础之上，知识与经验作为中观架构，为概念赋予了更深刻的共性内涵。人类内部的关联性，不仅体现在天然的情感基础上，更体现在共享的人性经验上。

英国诗人约翰·邓恩曾说：“没有人是一座孤岛，在大海里独踞；每个人都像一块小小的泥土，连接成整个陆地。”文学的笔触所指向的是最为深刻的人性智慧，人类作为一个共同体，内部经验的形成与传承离不开个体的协同努力，个体也无法脱离群体形成绝对独立的认知经验。如邓恩所述，所有具体的个体都包含在人类这个宏大的概念里，在形成从“我”到“我们”的认同过程中，共同经验发挥着映射与过渡的作用。

约翰·杜威在其著作《经验与教育》中探讨了人的社会化何以实现。他指出，身处社会之中，独立个体通过与他人进行交往、互动，并通过行为模仿、角色扮演与移情互动，实现群体经验共享与个体经验接入。[①] 在《作为经验的艺术》中，杜威进一步提出，在经验的缔结与关联过程中，话语的传播赋予了互动参与者意义表达的实体性和确定性。[②] 因此，所谓人的社会化过程，即人成为人类的一部分的介入过程，话语互动与经验共享塑造了原始个体的社会性，同时决定了经验作为精神脐带连接了作为子体的个人与作为母体的族群。

基于上述理论支撑，面对当前全球话语竞争环境，对外传播行动者应规避对抗性叙事框架，回归以经验性叙事为代表的话语生产架构，即在全球碎片化叙事中构建重点突出、议题连续、数据精炼的经验性话语，实现公共知识的生产与公共讨论的引导，在架构层面实现对我国对外传播话语的创新。

五、“新表达”：分众精细对话的模式创新

（一）受众差异的技术放大

在话语意象与话语架构的创新基础之上，话语的表达，即其呈现模式同样值得对外传播工作者重视与思考。2019 年，习近平总书记视察敦煌研究院时，曾在座谈会上指出，“要多用外国民众听得到、听得懂、听得进的途径和方式，积极传播中华文化，阐

---

① 杜威.经验与教育[M].盛群力，译.北京：中国轻工业出版社，2016：31-34.

② 杜威.作为经验的艺术[M].孙斌，译.上海：华东师范大学出版社，2019：49-51.

发中国精神,展现中国风貌,让世界对中国多一分理解、多一分支持”。由是点明话语模式在跨文化传播中的根本影响力。

当前,媒介技术的高速发展与社会介入催生了大量多元化、个性化与私人化的受众需求与偏好。不同受众基于主观好恶选择不同媒介产品、接收不同话语信息,并在具有同类偏好或属性的群体内传播扩散,促进传播圈层的形成与封闭。与此同时,公众接收、评估信息的个人媒介素养与社会教育体系的变化使其焦虑与品位同步提升,在新冠疫情等全球事件的接连冲击影响之下,全球受众的复杂性正在显著提升。具体来看,在各类社会化媒体的“回声室效应”(echo chamber situation)①催化下,当下的受众整体呈现出价值体系稳固、增长目标匮乏、“后真相”现象泛滥等群体特征。

简言之,在技术的放大作用下,不同文明、民族国家、文化语境下受众的差异正在日益显著,一国一策、一代一策的传播与对话需求变得愈加迫切;除此之外,技术参与同样大幅催化了受众在传播过程中的情绪化反馈,给话语生产者提出极大挑战。面对文化差异和年代差异引发的对空言说现象,传播者急需建设不同传播渠道,并面对来自不同代际、不同地区的受众实现精细化对话传播,重新引导其理性对话模式的形成。

(二)分众对话:基于多元主体与多元平台

为实现分众精细化对话模式,多元主体与多元媒介平台均为不可或缺的关键要素。当前,传统传播主体正在逐渐失去现场、失去权威、失去时效性,全新形势之下,中国对外传播话语体系需要进一步明确其话语生产与传播主体。

具体来看,服务于战略性叙事目标的中国式对外传播话语具备文明、国家、政党和新时代四个核心叙事角度,②呼应概念维度所提出的人本定位与范畴维度提出的经验架构,无论是围绕文明开展的历史叙事话语生产,还是围绕国家与政党开展的特殊社会叙事话语生产,都应确保孤立个体与宏大叙事的紧密联结,从而确保实际效能。对此,在话语生产与叙事主体方面,应使个体和集体角色并重,并着力呈现二者间良性互动关系:一方面,从微观叙事切入,展现鲜活个体面貌,为各国受众提供情感投射对象;另一方面,巧用宏观叙事,对前者进行视角补充,在个体画卷之上呈现“中国”这一标签所对应的精神内核。各层级主体间应相辅相成、互为补充,面向多元受众提供多元话

① KARLSEN R, STEEN-JOHNSEN K, WOLLEBÆK D, et al. Echo chamber and trench warfare dynamics in online debates[J].European journal of communication, 2017, 32(3):257-273.

② 周庆安,刘勇亮.多元主体和创新策略:中国式现代化语境下的国际传播叙事体系构建[J].新闻与写作,2022(12):21-28.

语与叙事角度,最大限度满足其信息与情感需求。

此外,在媒介平台选择方面,技术的持续发展正推动互联网平台以空前的程度介入公共领域之中,置于全球视野之下,平台天然的技术属性深刻影响着各话语主体间的博弈关系、权力结构,在当前全球话语竞争背景之下,"算法黑箱"背后的信息地缘政治图景也由此日趋复杂难辨。对此,中国在依托多元平台进行叙事时,既需理解平台逻辑、巧用平台特征,生产与平台及其用户特征相匹配的话语内容,同时也应保持主体独立性,不受制于平台背后潜藏的局限性因素,以一种更为开阔、包容、灵活的视角理解平台话语传播模式。基于此,方能在顺应时代特性的同时,真正在多元受众群体间实现中国故事的入耳入心。

六、结语:为安全化世界提供中国式治理话语

不可否认,在当下对抗性、竞争性强烈的全球话语环境中,要重构安全认知、营造良性秩序并非易事。当中国日益走近世界舞台中央,加强国际传播能力建设、形成同我国综合国力和国际地位相匹配的国际话语权,已经成为中国社会各界的"必修课"。

基于此,面对充满未知性与挑战性的未来,中国应坚定围绕"新概念、新范畴、新表达"这一中国特色话语创新框架,从底层重构群体性情感认同,以知识生产促进经验性联结,并以分众精细化对话模式为辅助,全面打造安全化背景下中国对外传播话语与叙事体系,为深陷不确定性与焦虑情绪的世界提供中国式治理策略,引导良性对话与合作的开展,为全球人类的共生、共荣书写全新篇章。

〔周庆安,清华大学新闻传播学院院长,教授,博士生导师;李涵沁,清华大学新闻与传播学院博士研究生〕

〔特约编辑:付晓光〕

融合建构：中国特色国际传播能力与生态体系建设[①]

Integrated Construction: Establishing the Eco-System of International Communication with Chinese Characteristics

◎ 郭 可 姜 绳[②]

Guo Ke Jiang Sheng

摘要：中国特色的国际传播能力与生态体系建设是我国国家软实力建设的重要组成部分，是一项系统工程。本文首先讨论了我国国际传播工作面临的来自西方国家的系统性外部压力和国内的系统性内生挑战，认为我国需要建立以政府为主、民间为辅的高度互动模式，并通过深化基础性国际传播案例积累，建立基于AI技术和商业逻辑双驱动的国际传播矩阵，来解决当下国际传播工作中遇到的问题，同时创新中国国际传播的新型载体，打造中国式国际传播生态系统。

关键词：融合建构；国际传播能力；生态体系

Abstract: The construction of the eco-system of international communication with Chinese characteristics are important components of China's national soft power, which is a systematic project. The paper first addresses China's systematic external pressures from Western countries and its internal challenges that are also systematic and ecological in nature. To address the difficulties encountered in international communication, the paper proposes that China needs to establish a highly interactive model led by the government and supplemented by private sectors. By leveraging on basic international studies cases and the dual driving force based on AI technology and commercial logic, the paper expounds on China's eco-system of international communication that not only addresses the long-standing issues of China's international communication but also can integrate academia with industry.

---

① 本文是研究项目"公共外交视野下的亚洲文明传播范式与融通机制"阶段性成果。

② 姜绳为本文通讯作者。

Keywords:integrated construction, eco-system, international communication

国际传播能力属于全球沟通能力,是一个国家软实力的重要组成部分。目前,国际格局发生百年未有之大变局,我国面临的国际传播环境日益复杂多元。过去40年,我国国际影响力显著提升,但面对多元复杂的国际传播格局,我国还要进一步提升国际传播能力,强化国际传播效能,形成与我国综合国力和国际地位相适应的国际话语权。

2021年5月31日,习近平总书记在中共中央政治局第三十次集体学习时指出:"讲好中国故事,传播好中国声音,展示真实、立体、全面的中国,是加强我国国际传播能力建设的重要任务。"

要完成好这项重要任务,本文认为需要把中国特色的理论范式与广泛国际对话、国际合作、国际交流等多元实践有机融合,并发挥好我国社会的治理制度优势,建设好新时代国际传播生态体系。

一、中国国际传播能力面临来自西方国家的系统性外部压力

当前国际传播格局依然是"西强我弱",我国在国际传播中还经常遭遇"有理说不出、说了无人听、传开叫不响、叫响难信任"的系统性困境。这一话题,我国学界和业界已讨论了十几年,但始终未能取得实质性进展。

近年来,随着我国社会的不断发展,人民生活不断改善,但我国硬实力的提升却没有带动我国国际传播能力的明显提升。相反,我国国际传播面临的挑战反而越来越大,还遭遇西方国家前所未有的系统性打压和围堵,国际舆论生态日益恶化。

换言之,我国目前国际传播效能欠佳的一个直接原因是西方国家对我国政治、经济、科技、军事和文化的围堵,其对我国国际传播能力建设形成了系统性外部压力。可以预期,这一趋势在可预见的未来不会改变,甚至会出现"没有最坏、只有更坏"的趋势。

西方国家对我国国际传播能力的系统性压力主要源于其整体综合实力和国际传播的生态系统。

1. 首先是西方国家国际传播的语言优势。西方国家在国际传播中一直享有得天独厚的语言优势。根据W3techs统计,截至2023年3月19日,在全球互联网语言使用情况和趋势的整体数据中,约有56.1%的网站使用语言是英语,只有1.5%的网站语

言为中文。①

在数字化时代,英语在国际传播的强势地位势不可当,其影响力不可小觑,已经成为西方国家国际传播综合实力的重要手段。这种国际传播的强势语言优势还会延伸到社会发展各个领域,包括政治、经济、文化和科技。

这足以表明中国国际传播能力建设正面临着国际语言环境挑战。中华人民共和国成立以来,我们不得不使用英语等西方语言来讲述中国故事。从短期来讲,我们可以用英语等来提升国际传播效能,但从长远来讲,这种用外语开展国际传播的做法也在不知不觉中推高了英语在国际传播中的强势地位。在新时代的国际传播格局中,这一点尤其值得反思。

2. 西方国家依托资本和技术优势,已衍生出成熟的国际传播生态体系,并一直主导着当今国际传播的话语权。西方国家凭借资本力量掌控着国际传播主流媒体和社交媒体,能有效控制当今国际传播的国际话语权和国际舆论导向,进而推广西方国家的文化理念和价值观念。此外,西方国家的资本投入也带来了当今媒介技术的创新优势,能更好地推动新媒体技术在国际传播中的发展和应用,使其传媒产业更加完善,提供更多更好的国际传播的技术服务和文化产品,如最近推出的 ChatGPT。这些服务和产品能进一步增强西方国家国际传播和文化输出的软实力,吸引全球观众的注意力,并形成一个完整、成熟的国际传播生态体系,使得西方国家能始终掌握着国际传播的话语主导权。

西方国家业已形成的成熟的国际传播生态体系,对我国国际传播能力建设无疑会构成巨大的挑战。尤其在当今国际大变局下,西方国家面对我国不同的社会制度以及和平崛起的中华文明采取极化态度,自然会借助其国际传播生态优势来打压围堵中国。②

3. 西方国家成熟的国际传播生态体系和创新媒体实践也造就了其国际传播理论研究的高地。西方国家成熟的国际传播生态体系不仅造就了其国际传播媒体实践,引领了全球范围内国际传播的发展潮流,也优化了西方国家的国际传播研究传统和理论创新环境,提升了西方国家的国际传播理论水平和实践经验。这使它们的国际传播研究水平相对处于领先地位,其学术研究、知识生产流程和知识管理体系具有较高的规

① Usage statistics of content languages for websites[EB/OL].(2023-03-19)[2023-10-08]. https://w3techs.com/technologies/overview/content_language.

② 倪峰.当前美国对华政策的若干特征[EB/OL].(2023-03-22)[2023-10-08]. http://www.cpifa.org/cms/book/135.

范性和创新性。这也导致目前全球知名出版社基本都来自美国、英国和欧洲国家，形成了事实上的国际传播领域知识生产的垄断地位。这不仅有利于西方国家在国际传播学术研究领域形成学术高地，还能有效推动其国际媒体实践的创新，引领媒体产业的发展，形成良性的国际传播生态体系，也能够让西方国家的文化价值观念在国际传播中具有较强的吸引力。

西方国家在国际传播信息流的优势自然会延伸并成为它们国际话语和叙事的主导权的组成部分。西方中心论等根植于西方思维方式的叙事话语和叙事模式，成为非西方国家必须打破的思维模式，这样才能超越“西方化即国际化、西方化即现代化”的惯性思维，打破西方媒体一整套对世界各国“理想图景”叙事框架的构建，包括对“中国图景”叙事框架的构建。[①]

全球化的今天，西方的历史叙事话语范式仍然有强大生命力，中国在国际传播场肯定会面临西方中心主义的强大压力，因此加强中国国际传播能力建设也是不断增强中华文明国际影响力、提升国家文化软实力的重要途径，是推进文化自信自强，加快建设社会主义文化强国的迫切要求。

应对这种来自西方国家的系统性压力，需要中国加强国际传播的生态系统建构，这样才能在国际传播中树立中国风格、形成中国特色的话语叙事框架，逐步扩大影响力，进而推动国际传播领域的多边化和多样化，实现国际传播的公正、平衡和多样。

二、中国国际传播能力面临系统性和生态性的内生挑战

40 年来，中国国际传播的主要目标是“走出去”，通过向不同文化、不同国家和不同语区输出中国文化产品和思想理念，来扩大中国的国际影响力和全球认知度。但随着中国国际地位和影响力的不断提高，中国国际传播能力建设面临的挑战越来越大，有些还是系统性和生态性的内生挑战。

(一)要有效处理好我国治理系统中的“漏斗效应”挑战，平衡好“点面结合”的国际传播生态

我国目前的社会治理体系和权力体系是自上而下的，这是由中国共产党领导的社会主义制度所决定的，能集中力量办大事。正是依托这种创新治理体系，我国在 70 年

① 虞鑫，崔乃文.从“走出去”到“走进去”：全球史叙事视野下中国国际传播能力建设路径[J]. 学术前沿，2022（10）：91.

时间内，把一个一穷二白的国家建设成为世界上第二大经济体，人民生活水平不断提高。

不过，这样治理体系在应对百年未遇国际传播大变局时，也会遇到类似“漏斗效应”的内生挑战。例如，中央在制定国际传播战略时，一般站位高，具有前瞻性，对国际传播工作不仅提出总体框架和思路，还提供详细的工作指导。比如谈到如何讲好中国故事，习近平总书记提出，要采用贴近不同区域、不同国家、不同群体受众的精准传播方式，推进中国故事和中国声音的全球化表达、区域化表达、分众化表达，增强国际传播的亲和力和实效性。①但地方部门具体操作时，往往难以引起国际受众的兴趣和联动，达不到预期的传播效果。这种中央层面高屋建瓴和地方层面执行出现偏差的现象，就是一种“漏斗效应”，要解决好这个问题，需要不断创新国际传播思维模式和上下联动机制。

习近平总书记2021年发表“5・31”讲话以来，国际传播工作已成为国家战略，也成为各个部门和各级党委的中心工作。这非常有利于把我国的国际传播工作推向新的高潮。不过国际传播工作是一个“由点及面”的工作，需要一个具有整体性的生态系统，因此要做好我国国际传播工作，不仅要做好一个部门国际传播工作的“点”，还要平衡好整个国家国际传播的“面”，才能有效推动整个国家国际传播的生态系统建设，真正提升国际传播效能。但目前在国际传播实践中，我国有些地方政府的国际传播工作经常出现“点”与“面”不协调、不平衡的问题。而要解决这个国际传播的内生挑战，需要进一步梳理我国不同部门之间的协调机制和工作流程。

（二）我国国际传播能力需要学术界开展扎实的基础性研究，以应对国际传播中的真实挑战

2023年3月20日，笔者在中国知网，通过“国际传播能力建设”关键词搜索，共获得689个结果。这说明中国学界关于国际传播能力的研究已产出不少成果。通过初步分析，本文发现有关国际传播能力建设的研究目前主要集中于三个话题：一是对于中国国际传播历史经验的总结；二是从不同角度探讨对于中国国际传播能力建设短板的建议；三是对于理论研究的探讨，但相对比较空泛。

这些研究虽然已对中国国际传播能力建设的大方向达成共识，但研究话题趋同性较高、研究相对程式化，不断重复论证、不够系统和深入、多停留在对外传播的现象描述，而未能深入挖掘现象背后的本质问题，无法为国际传播实践提供有效指导。同时，

① 习近平在中共中央政治局第三十次集体学习时强调 加强和改进国际传播工作 展示真实立体全面的中国[EB/OL].(2021-06-01)[2023-03-20]. http://www.xinhuanet.com/politics/2021-06/01/c_1127517461.htm.

这些研究一般与媒体实践脱节，缺乏与国际传播实际工作相结合的研究方法和视角，也无法形成系统、完整的理论框架。①

此外，目前学界的研究话题相对聚焦美国和西方国家，对其他发展中国家的研究偏少，更不要说开展系统性的基础研究了。而我国国际传播目前面对的现实是需要不断加强对东盟、“一带一路”沿线、非洲、南美洲等国家的国际传播工作。

事实上，为了更好增强我国在发展中国家中的国际传播能力建设，我国需要有效开展针对不同文化、不同国家和不同语区的基础性国别研究，并能让国际传播学与政治学、社会学、历史学等不同学科协同合作、互为支撑，这样才能逐步建立一个完整的国际传播生态体系，探讨不同文化背景下国际传播的差异性和相似性。

（三）我国国际传播业界仍需提升效能，面临人才储备不足的挑战

与国际传播学界一样，我国国际传播业界在国际传播的实际工作中也取得了巨大进步，推动新媒体在国际传播中的应用，形成了“5G＋ABC”的新技术矩阵等，取得了不少成绩。②但是应该承认我国国际传播业界在国际传播场的效能仍有待提升，也面临一些现实挑战。

目前，中国国际传播的内容和形式相对较为单一，采取的国际传播方式相对传统，缺乏多样性和创新性。虽然我国也采用了全媒体矩阵等布局，但与西方国家相比，它们采取了更为多样和创新的国际传播方式，如社交媒体、移动应用、游戏等融合方式。③此外，我国主流媒体的国际传播所面临的挑战也不容忽视。由于国外网民对中国官方机构和主流媒体长期存在偏见，以及西方受众也已对政府部门和专业媒体持较低信任态度，官方背景的对外传播能力依然受限。④

此外，我国主流媒体在国际传播中还受到语言和文化方面的限制。一是由于汉语与西方语言的语法和表达方式有很大不同，翻译和传达时很难保持原意和表达方式的一致性。二是由于文化背景不同，加上西方国家妖魔化中国的论调时常出现，中国主流媒体的报道有时难以让海外观众接受。三是由于国际传播的复杂性和敏感性，中国

① 郭可，郑闯，涂心湄．中国特色共同话语范式的理论内涵和建构路径[J]．新闻与写作，2021(10)：33.

② 李怀苍，张柯．全媒体背景下我国广播电视国际传播能力建设研究[J]．昆明理工大学学报（社会科学版），2023(2)：137.

③ 周菁．国外视听新媒体发展两大特点四大趋势[EB/OL]．(2020-05-07)[2023-03-30]．https://lmtw.com/mzw/content/detail/id/185879.

④ 海外社交媒体中的公众传播主体、特征及其影响[EB/OL]．(2020-07-03)[2023-03-19]．http://www.accws.org.cn/achievement/202007/t20200703_800212551.htm.

的民间话语在海外还不够强大，传播渠道也相对受限。现有的民间话语实践多是各自为政，形式零散，彼此之间关联度弱，难以发挥聚合性的整体效能。①

随着中国国际影响力的逐渐扩大，我们对能够有效进行国际传播的人才需求越来越大，要求也越来越高。国际传播涉及不同国家、不同文化之间的交流和理解，这要求我国国际传播工作者要掌握多种外语，且具有跨文化沟通的能力以及对国际时事的分析和研究能力。这就增加了国际传播人才培养的难度和挑战。②

目前而言，国际传播人才培养难度在于我们需要的是融合外语能力、国际传播知识和技能、国际时事分析和学术研究能力的人才，但这样的高端人才培养需要包括招募、培养、聘用和评估在内的全过程的人才遴选和培育机制。而这样的全过程的人才培养和聘用机制目前在我国还无法完全落地，因此我国的国际传播人才培养和储备仍面临挑战。

三、我国国际传播生态体系的融合建构：目标及路径

2022 年 10 月 16 日，习近平总书记在党的第二十大报告中指出："加强国际传播能力建设，全面提升国际传播效能，形成同我国综合国力和国际地位相匹配的国际话语权。""增强中华文明传播力影响力。""讲好中国故事、传播好中国声音，展现可信、可爱、可敬的中国形象。"这是我国国际传播能力建设的目标。

实现这个目标需要建构一个国际传播的生态体系，其既能解决中国国际传播能力建设长期面临的问题，又能融合打通学界和业界。我们要融合好国际传播生态系统的关键要素，明确生态体系的建构框架和路径，分步骤来实施落地。

基于对中国国际传播面临压力和目前短板的考虑，本文认为需要把国际传播生态体系分为长期目标和中短期目标来分阶段建设。这个国际传播生态系统应包括政府、企业、媒体、社会组织和个人等多种主体，以及传统媒体、新媒体、文化产业、学术机构等多种渠道和平台，还应包括外语教育、文化交流等多个领域。这是涵盖中国国际传播相关工作和内涵的系统性建构。

长期而言，我国的国际传播生态体系建设要求我们不断探索适合中国国际传播工作的新型传播载体。鉴于西方国家对我国主流媒体的质疑和 TikTok 在美国遭受的

① 杨奇光，常江．搭建中国国际华语平台的民间力量及其时间路径[J].对外传播，2017(5)：9.

② 上外新闻传播学院郭可院长接受财联社|鲸平台采访：中国国际传播出现"漏斗效应"亟需思维革新[EB/OL].(2022-08-09)[2023-03-20]. http://www.gpo.shisu.edu.cn/6a/5c/c11107a158300/page.htm.

系统性和毁灭性的打压，这种创新型的国际传播载体最终将检验我国国际传播的实际能力和国际传播的最终效能。

短期而言，我国的国际传播生态体系建设需要着力解决当下国际传播遇到的痛点和难点问题。首先要解决好我国国际传播“内卷”现象，即用内宣方式来开展所谓的国际传播工作，或者说看上去是从事国际传播工作，但是实际上主要还是面对国内受众。国际传播实际上涉及社会各个领域，是一个“面”，但目前国际传播往往只突出某一个“点”，出现国际传播需要不断“救火”现象，且挑战不断重复出现，较难形成一个有机整体性国际传播生态，国际传播效能可想而知。

（一）加强系统协同，着力解决国际传播生态中的“真问题”

建构中国特色的国际传播生态体系，要以解决中国国际传播面临的真问题为导向，目标是建构真实、立体和全面的中国形象。目前而言，一个国际传播生态体系至少需要加强以下两方面的协同。

1.建立以政府为主、民间为辅的国际传播互动机制

中国政府在国际传播中一直扮演着重要角色，在国家形象塑造、对外交往、战略沟通以及官方媒体海外传播上起着巨大的作用。但是随着中国综合国力不断提升，中国国家软实力与国家的硬实力、国际话语权和国际地位相比还不匹配，存在较大“落差”。

为了有效突破这一瓶颈，需要建构以政府为主、民间为辅的国际传播互动机制。本文认为目前我国国际传播的主力军还是以政府为主，我国的民间国际传播力量还有待开发。实际上，民间力量也可以在我国国际传播中扮演重要角色，在国家形象建构和国际传播问题的解决中成为政府渠道的有效补充，使得国际传播渠道更加多元、内容更加丰富、方式方法更加行之有效。尤其是在西方国家不断打压我国国家主流媒体的情况下，如何借助民间国际传播力量值得高度重视。

国际传播能力建设的最终目标是建立基于文明互鉴视角下的共通国际话语范式。而建立共通国际话语范式，不仅需要政府渠道的主导，也需要推动我国官方渠道和民间力量有机融合，使得我国民间力量也能以独特方式参与国际传播过程，为建立共通话语范式作出民间力量的贡献。①

2. 加强中文和外语在我国国际传播能力建设中的协同和互补

进入 21 世纪全球化全媒体时代，中国国际传播能力还有待提升，我们在国际传播

① 郭可，郑闯，涂心湄. 中国特色共同话语范式的理论内涵和建构路径[J]. 新闻与写作，2021(10)：37.

资源的获取、占有和使用上还存在不足，真实的中国形象与西方的主观印象还有一定的“反差”。从外部舆论的挑战看，国际传播“西强东弱”的态势在相当长的一段时间内依然会存在，西方国家运用资本、技术和先发优势，对中国长期进行话语挑战，并针对中国的崛起恶意炮制负面言论，故意损害中国声誉，企图阻碍中国的发展。

为了更好地讲好中国故事，我国国际传播工作一直重视使用外语开展国际传播，包括创办外语媒体，出版外语图书和刊物，因为以外语为载体的国际传播能有效克服语言障碍，直接面向全球民众，同时还能尊重和包容不同的文化传统以及不同的社会制度。实践证明，使用外语来从事国际传播的效能是显而易见的。

但应该承认，使用外语开展国际传播也会增加我们对外语的依赖性。中文作为官方语言在国际传播没有发挥应有作用。因此，加强中文与外语的有效协同也应该成为我国国际传播能力建设的重要组成部分。中国作为一个拥有悠久历史和独特文化的国家，蕴含着丰富的中文资源和内容。这些中文资源和内容在向世界传播的过程中具有独特的传播优势，也能更好表达中国话语和叙事体系。西方国家在国际传播的话语霸权使得外部世界对中文资源和内容了解还不多。

随着我国不断走向世界舞台中心，当前是时候在我国国际传播工作中协同并平衡好中文和外语在国际传播工作的角色，并通过加强中文和外语在国际传播中的协同，来建立中国特色的国际传播生态体系，使得外语国际传播与中文国际传播能有机互动。要运用全媒体手段把握全球传播格局，创新宣传内容，扩展新闻形式，拓展国际传播的新型载体，采用贴近不同区域、不同国家、不同群体受众的精准传播方式，展现中国精神和中国力量，探索国家形象塑造的新路径和新模式。

（二）推动建立 AI 技术和商业逻辑双轮驱动的国际传播联动矩阵

当前，面对复杂多变的国际格局，国际传播格局也会面临重大变革。首先，AI 技术日新月异，而国际传播的效能必须与 AI 技术高度互动，并把 AI 技术融入我国的国际传播。因此在数字化的新时代，我国国际传播工作需要整体布局，探索利用好 AI 技术的框架和路径。其次，我国政府主导的国际传播格局目前基本上是国家提供资源，来开展和从事在全球各国的国际传播活动。基于商业逻辑的国际传播工作尚未形成规模，也没有与政府主导的国际传播矩阵开展有效的联动。

可喜的是，国家有关部门已经在制定鼓励非公有资本进入文化产业的相关政策，因此在国家层面探索建立一个 AI 技术和商业逻辑双轮驱动的国际传播联动矩阵值得期待。这样的国际传播联动矩阵可以实质性地支持我国的国际传播生态体系的建立，同时还能使这个生态系统有序壮大并可持续地推进。

当然，建立 AI 技术和商业逻辑双轮驱动的国际传播联动矩阵，也需要依托政府为主、民间为辅的协同模式。从目前国际传播格局来看，我们可能更需要加强民间国际传播力量的介入，充分发挥民间力量，来开发国际传播 AI 技术的应用场景，开发国际传播的多元产品，打造中国品牌的国际传播服务模式。

AI 技术和商业逻辑双轮驱动的国际传播联动矩阵的另一个特色就是共建共享。要把政府资源和民间资源进行有机整合，使我国国际传播的联动矩阵形成双翼运作机制。有了这样的生态性的国际传播矩阵平台，我们才能有效应对西方国家国际舆论场对我国的全面、长期的打压和围堵，还能同时探索我国国际传播的创新性的生态机制建设，打造真正意义上的中国国际传播理念、品牌、机制和产品，并可以改变一直以来被动应对的格局，以一种更加积极主动的姿态应对国际传播的真实挑战。

（三）开展基础性国别外宣研究，支撑国际传播生态体系和矩阵建设

国际传播是一个交叉学科，涉及政治、经济和文化等不同领域。此外，我国的国际传播不仅针对西方国家，还要面向广大发展中国家。在今后国际传播工作中，应开展针对不同语区、不同文化和不同国别的国际传播的基础性研究，这样才能为建立我国国际传播生态系统提供有效的支撑。

1.开展精准研究，明确国际传播目标和民众需求

要针对不同国际传播目标和不同国别的受众，采取不同的国际传播策略和手段，这样才能提升我国的国际传播效能。当前我国提出的国际传播“一国一策”等观点，正是基于这个考量。

国际传播强调的是把传播应用于实现特定目标。这些目标可能是政治、经济、文化等各个领域的利益追求，如促进对外经济贸易、改善国家形象、提高文化软实力等。

为了实现这些目标，就需要针对不同国家开展精准研究和基础研究，深入了解这些国家涉华的真实态度和政治文化背景，尤其是民众的精准需求，推动跨学科融合，把新闻传播学、国际关系学、历史学、社会学等学科结合起来。

这样的研究也将有效推动我国国际传播生态体系的建立，提高国际传播工作的针对性和精准度。

2.积累国际传播案例，推动国际传播“生态共同体”建设

开展分区域的国别国际传播研究是一项庞大和复杂的工作，不仅需要大量基础性

的研究和不同学科交叉融合研究,还要建立可持续的协同机制,创新国际传播工作和研究的方式方法,这样才能建设好国际传播的“生态共同体”。

本文认为建立并积累国际传播案例将是深化国际传播研究的有效方法。国际传播案例可以针对不同文化和不同语区,也可以针对不同语区的受众和不同机构(企业),还可以针对不同区域(城市)。基于这些案例分析的研究也更加有助于中国式国际传播理论创新,从而更好指导我国国际传播的实践,形成良性的国际传播生态系统。

本文认为目前最值得研究的国际传播案例有两类。第一类是跨国企业间的国际传播案例。随着改革开放的深入,中国涌现了大量跨国企业。跨国企业品牌在驻在国的传播,跨国企业与驻在国的成功交往,本身就是值得深入分析和学习的国际传播成功案例。如华为作为一家全球知名的中国企业,一直以来在国际传播方面做得非常出色。在企业内部,不同地区员工之间的交流机制,以及企业与当地的沟通及成功营销策略,都可以作为民间主体的国际传播案例来学习和研究。跨国企业国际传播案例研究还可以中国现实和中国与世界的互动关系为导向,加强基于国别的国际传播实地调研,更好了解目标受众的文化背景、社会环境、态度和看法,提高中国国际传播效能和影响。

第二类是城市国际传播案例。城市作为次国家行为体,其国际传播策略和案例也是中国国际传播的重要组成部分,例如北京和上海这样的大都市,它们都是我国国际传播的主体。

总之,中国特色的国际传播能力与生态体系建设是一项系统工程。完善我国国际传播生态体系建设,提高我国国际话语权,是国家软实力建设的重要内容,也是讲好中国故事,传播好中国声音的系统保障。

〔郭可,博士,上海外国语大学新闻传播学院院长、教授,上海外国语大学中国国际舆情研究中心主任;姜绳,博士,上海外国语大学贤达经济人文学院、马克思主义学院讲师,上海外国语大学中国国际舆情研究中心助理研究员〕

〔特约编辑:付晓光〕

人类文明新形态国际传播的话语张力及其阐释逻辑[①]

Discourse Tension and Explanatory Logic of International Communication of New Model for Human Progress

◎ 刘国强　周彩云

Liu Guoqiang　Zhou Caiyun

摘要：人类文明新形态作为中国式现代化道路创造的标志性成果，在国际传播语境和视角下，具有提升中国话语权的主体性意义、构建人类命运共同体的世界性意义，以及建设国际传播能力的理论指导意义。本文认为，对人类文明新形态话语意义的深入阐释必须消除三个方面的张力关系，具体表现为定型与发展、优越与平等、独特性与可借鉴性之间的张力。本文在从语义逻辑上对张力关系进行消解性阐释的基础上，进一步从国际传播的实践逻辑角度提出四个方面的设想，以增强人类文明新形态理论对国际传播能力建设的指导性，并推进其话语体系的世界性传播。

关键词：人类文明新形态；国际传播；话语张力；阐释逻辑

Abstract: The new model for human progress, as a landmark achievement created by the Chinese modernization path, in the context and perspective of international communication, has the subjective significance of enhancing China's discourse power, the worldwide significance of building a community with a shared future for mankind, and the theoretical guiding significance of building international communicationcapacity. This paper holds that, The in-depth interpretation of the meaning of the new model for human progress discourse must eliminate the tension between the three aspects, which are

① 本文为国家社科基金重大项目“人类文明新形态话语体系构建与全球传播研究”（项目号 22&ZD311）研究成果。

manifested as the tension between stereotyping and development, superiority and equality, uniqueness and reference. In this paper, on the basis of the semantic logic to explain the tension relationship, further from the practical logic of international communication puts forward four aspects of the assumption, in order to enhance the guidance of the theory of the new model for human progress to the construction of international communication capacity, and promote the worldwide dissemination and acceptance of its discourse system.

Keywords: new model for human progress, international communication, tensions of discourse, interpretive logic

“人类文明新形态”理论概念充分体现了习近平总书记强调的“用中国理论阐释中国实践,用中国实践升华中国理论,打造融通中外的新概念、新范畴、新表述”①的精神,极富理论创新意义。它一经提出,即成为哲学社会科学领域的研究热点,当前研究主要集中在马克思主义理论和国际政治等学科,学者们围绕其理论内涵、生成逻辑、价值意义等方向展开研究,在短时间内已取得丰富成果。这一理论概念与国际传播具有非常密切的关系,但从国际传播视角来进行的研究还不够深入。本文认为,人类文明新形态话语体系构建,需要国际传播的视角关切,在正面阐释其理论和价值体系的基础上,还需对其定型与发展、优越与平等、独特性与可借鉴性等话语张力进行消解式阐释,并从国际传播的实践逻辑上作进一步阐明,以启发国际传播的策略性路径,并推动其话语体系的世界性传播。

一、国际传播语境中人类文明新形态的话语意义

人类文明新形态话语内涵,包含有“中国—世界”“传统—当代”这两个共时性和历时性的关系维度,中国式现代化道路既有中国社会发展的内生逻辑,同时也是在充分借鉴世界各国发展经验的基础上创造出来的。作为融通中外的理论创新,其需要在国际传播语境中充分把握人类文明的话语意义。本文从三个方面对此加以分析。

---

① 习近平在中共中央政治局第三十次集体学习时强调加强和改进国际传播工作展示真实立体全面的中国[N].人民日报,2021-06-02(1).

(一)提升中国国际话语权的主体性意义

从国际关系学来看,国际话语权是指“在国际社会上发表意见、传输价值观念、参与制定国际规则以及对国际事件进行描述、解释、评价、规范的权利和权力”[①],是主权国家在国际社会中地位、影响力及感召力的结构性体现。大国博弈往往体现为国际话语权之争,它在各国维护其自身利益、建构其良好形象,以及具体对外政策制定中发挥着重要作用,日益成为主导国际关系的战略制高点。党的十八大以来,中国在国际话语权方面的战略自觉不断增强,在国际传播方面的投入大幅增加,国际话语权逐步提升。然而,与我国的综合国力和国际地位相比,这一提升速度相对缓慢,不能形成匹配。一方面,以美国为代表的西方国家,凭借其话语霸权,炮制了“中国威胁论”“人权高于主权论”“中国病毒论”“中国隐瞒疫情论”等话语陷阱,竭力遏制和瓦解中国话语的生成空间;另一方面,我国尚未摆脱西方话语的掣肘,在经济、政治、外交和学术话语上都大量使用了带有西方思维的基本概念、话语结构、话语风格和逻辑体系,[②]欠缺“以我为主”、融通中外的新概念、新范畴、新表述。

在此背景下,“人类文明新形态”作为以“中国话语”“中国声音”阐述中国方案的标识性概念,充分彰显了中国国际话语权的主体性意义:其一,人类文明新形态立足于中华民族五千年文明发展的历史土壤,是中国古代政治理想、治理智慧和民本思想等文明成果的当代延续和创新发展,[③]它通过对中华优秀传统文化的创造性转化和创新性发展打破了中华文化在以西方为主导的科技—工业文明的现代化转型初期所处的弱势地位,重新确立了中华文化的主体性;其二,作为人类文明新形态的基石,由中国共产党领导的中国式现代化新道路坚持马克思主义中国化、坚持走中国特色社会主义道路,突破了西方现代化发展的单一模式,体现了中国共产党独立自主的探索精神和坚持走自己路的决心,以现代化发展的自主性和主动性开启了不同于西方现代化模式的新的理论话语体系,充分彰显了中国的主体地位。把握“以我为主”的主体性意义,是人类文明新形态话语国际传播的立足点。

(二)推动人类命运共同体建设的世界意义

当代资本主义工业化的全球扩张与信息技术的迅猛发展将民族国家置身于世界

① 张新平,庄宏韬.中国国际话语权:历程、挑战及提升策略[J].南开学报(哲学社会科学版),2017(6):1-10.

② 王立华,许星杰.中国国际话语权建构研究[J].河南社会科学,2015(2):75-77.

③ 管宁.人类文明新形态的民族文化叙事:中国式现代化新道路的文化旨归[J].学习与探索,2021(9):10-21.

范围的政治、经济和文化的普遍交往中，形成了“一荣俱荣，一损俱损”的全球性利益共生关系。然而，资本的逐利目的及其无限扩张本性使得经济利益上的相互依赖关系让位于竞争、冲突与敌对关系。在这个全球市场体系中，西方发达国家拥有对全球经济规则的制定权与裁决权，以中国为首的新兴经济体国家常常受到遏制和打压。资本主义市场体系的全球扩张，将其价值体系包装成国际社会通行的“普世价值”，占据道义制高点干涉别国的政治经济制度，挤占非西方国家的文化生存空间。2008 年世界性金融危机以来，西方资本主义逻辑支配下的国际秩序进入周期性震荡。美国等西方国家的宏观经济形势陷入“萎胀”(shrinkflation)，地缘政治冲突冲击国际秩序，疫情蔓延引发粮食危机、能源危机和供应链危机，全球治理陷入困境，加之生态环境问题日趋严重，人类生存和发展面临挑战。

针对国际格局的动荡不安以及全球治理体系失灵等问题，人类文明新形态具有推动构建人类命运共同体的世界意义。首先，人类文明新形态通过践行全人类共同价值为推动构建人类命运共同体提供了价值基础。习近平总书记指出，“各国历史、文化、制度、发展水平不尽相同，但各国人民都追求和平、发展、公平、正义、民主、自由的全人类共同价值”。① 全人类共同价值是立足于人类几千年的文明积淀而提炼出来的全球社会的公共性价值观。由人类文明新形态所倡导的世界历史普遍交往形式扬弃了资本逻辑的文明冲突，以“求同存异—合作共赢”的新文明观和世界格局为基础，在文化交流互鉴中确立了“全人类共同价值”，从而为人类命运共同体奠定了普遍文明的价值观基础。② 其次，人类文明新形态推动建设以合作共赢为核心的新型国际关系，为构建人类命运共同体确立了基本路径。人类文明新形态借鉴与发展了中国传统文化中“和合”价值观、“中庸权变”的处世哲学，③主张构建相互尊重、公平正义、合作共赢的新型国际关系，秉持亲诚惠容理念，坚持与邻为善、以邻为伴，坚持睦邻、安邻、富邻，发展同周边国家关系，倡导共商共建共享的全球治理观，为推动新型国际关系与全球治理体系变革提供了新的思维范式，为构建人类命运共同体确立了新的交往规范。

(三)国际传播能力建设的理论指导意义

党的十八大以来，以习近平同志为核心的党中央高度重视国际传播工作，已初步

① 习近平.加强政党合作 共谋人民幸福：在中国共产党与世界政党领导人峰会上的主旨讲话[J].当代党员，2021，542(15)：3-5.

② 吴宏政.人类文明新形态在世界历史进程中的基本定向[J].马克思主义理论学科研究，2022(2)：66-75.

③ 孙通，刘昌明.国际秩序观塑构中的文化特质：兼论“构建人类命运共同体”的文化渊源[J].太平洋学报，2019(2)：13-24.

构建起多主体、立体式的大外宣格局，国际传播新体系已初具雏形。然而，国际传播能力建设是一场“总体战”，不仅关乎全局性的物质系统安排，更涉及知识话语与概念体系的理论创新问题。当前中国国际传播实践概念尽管层出不穷，但并未得到有效的整合与系统性的输出，国际传播能力建设亟待理论创新。

国际传播理论创新首先面临将过去的文化与当下的建设紧密联系与整合的问题。中国传统文化在社会文化与道德建设中起着至关重要的作用。21 世纪初中国在世界各地建立孔子学院，大力推广中国传统文化，取得了良好的文化传播效果。但是我国的传统文化与社会主义建设成就并不是相互割裂的。首先，国际传播不应只局限于讲传统文化，只提升华夏文明的影响力，“人类文明新形态”概念强调了新型的国际传播体系的建立，在涵盖了传统文化的同时落脚到当下，整合了文化领域的交融性与政治领域的对抗性，基于传统，同时也体现当下的社会政治形态与建设成就；其次，国际传播理论创新需要处理传统的中国特色话语体系与国际话语体系的兼容性问题。以儒家思想为主体的中华文明是一种延续时间长同时又保持较好稳定性的文明，具有中心天下观和家国同构的社会形态，讲求中庸平和、尊卑有序和自然和谐。但近代以来，在现代化转型的探索之中，西方文明成为最主要的参照系，中国传统的话语体系受到冲击，现代性的新概念和新叙事被引入，我国传统文化也在被批判与肯定的不同价值判断中来回摇摆。而人类文明新形态话语，肯定了中国式现代化道路的成功创造，也确立了相对于西方文明的优越性，融合和创新了诸如共同富裕、和平发展、全过程民主等现代化概念，成功地调适和融合了中国传统话语体系和国际话语体系的张力。

二、人类文明新形态国际传播的话语张力

在分析国际传播语境中人类文明新形态的话语意义的基础上，我们还需进一步理顺人类文明新形态话语的语义逻辑。人类文明新形态话语的丰富内涵，也使其阐释空间具有极大的张力，具体而言，体现在定型与发展、优越与平等、独特性与可借鉴性三个张力关系中，只有把握消解其张力的阐释逻辑，才能充分凸显其话语意义。

（一）定型与发展之间的张力

人类文明新形态宣告了中国特色社会主义文明的成功开拓与成熟定型。之所以称人类文明新形态是一种定型的文明样态乃是因为其具有区别于奴隶社会、封建社会和资本主义社会的文明特征。从历史唯物主义的视阈出发，一种文明形态的定型表现

为“由物质基础、制度设计、文化活动等诸多要素构成的多重体系”①。就物质基础而言，中国共产党通过推进改革开放、实行社会主义市场经济体制使我国实现了“从生产力相对落后的状况到经济总量跃居世界第二的历史性突破，实现了人民生活从温饱不足到总体小康、奔向全面小康的历史性跨越，为实现中华民族伟大复兴提供了充满新的活力的体制保证和快速发展的物质条件”②；在制度设计方面，人类文明新形态以中国特色社会主义制度为保障，坚持科学社会主义的基本原则，坚持中国共产党的领导，坚持以人民为中心，将制度优势转换为国家治理效能，以制度优势释放全社会的创造活力；在文化活动方面，中国特色社会主义文化融中华优秀传统文化、党的革命文化与社会主义先进文化为一体，为人类文明新形态创造了强大的精神力量。

然而，中国特色社会主义文明这一概念术语本身的定型与中国式现代化道路所内含的实践性、开放性与发展性意义在一定程度上存在着张力。人类文明新形态不仅对中国特色社会主义成就进行了历史性总结，同时包含引领人类文明发展的未来性这一应然属性。党的二十大报告提出要“不断丰富和发展人类文明新形态”③，这表明，人类文明新形态作为中国式现代化道路创造过程中形成的阶段性文明成果，仍处于从应然向实然转化的历史过程当中，那些本质、特征、规律也正处在逐渐生成、展开、呈现、完善之中。④ 这既是中国特色社会主义制度强大自我完善能力的先进性体现，也是历史唯物主义的客观要求。作为“历史的必然”，人类文明新形态在“世界百年未有之大变局”中应运而生，是世界历史行进过程中的阶段性产物⑤，并不是终极人类文明成果。人类文明新形态的概念定型与制度完善的内在性要求以及社会主义事业的不断发展之间的关系，是国际传播话语体系建构需要平衡的张力之一。

（二）优越与平等之间的张力

建立在中国式现代化新道路基础上的人类文明新形态是优越于、先进于资本主义文明形态的社会主义新文明。判断一种文明是否先进要看其是否遵循历史和文明发展规律，是否推动了生产力进步和人的发展，是否对人类历史发展做出了积极贡献。⑥

① 张永刚.人类文明新形态的中国特色社会主义建构[J].探索，2022(4)：1-12.

② 习近平．在庆祝中国共产党成立100周年大会上的讲话[N]．人民日报，2021-07-02(2).

③ 习近平．高举中国特色社会主义伟大旗帜 为全面建设社会主义现代化国家而团结奋斗[N]．人民日报，2022-10 26(1).

④ 田鹏颖，李雨珊.论人类文明新形态的未来指向[J].思想教育研究，2022(1)：3-7.

⑤ 吴宏政.人类文明新形态在世界历史进程中的基本定向[J].马克思主义理论学科研究，2022(2)：66-75.

⑥ 田旭明.开创人类文明新形态的伟大意义[J].马克思主义研究，2022(4)：56-66.

在历史唯物主义的理论视野下，人类文明的整体演进图景表现为摆脱“人的依赖”和“物的依赖”形成自由而全面发展的文明形态的过程。虽然资本主义在取代封建主义的革命进程中通过解放生产力为人类摆脱物的依赖性创造了历史条件，但是其无法根除的内在对抗性矛盾揭示了资本主义社会的历史局限性和暂时性。人类文明新形态以五大文明协同发展的全面性超越资本逻辑的片面性、以人与自然的可持续发展超越资本主义的价值异化、以和平发展超越殖民侵略、通过重建人的主体地位超越资本的“物化”逻辑，实现了对资本现代性的救赎。[①] 因此，人类文明新形态在历史进步意义上实现了合规律性和合目的性的有机统一，充分彰显了社会主义制度和道路的优越性。

值得注意的是，这样的优越性乃是基于人类文明演进逻辑而言的“新”对“旧”的历史超越性，与“西方文明优越论”所传递的主客对立、多元冲突的霸权逻辑形成了强烈的对照。西方文明以“自我”为原点来“想象”世界文明秩序，以种族、制度、文化等的优越性观念处理和建构主体成员之间的关系，把处于平等地位的其他主体成员加以客体化和工具化，迫使世界上的其他文明体与其建立不平等的依附从属关系。[②] 人类文明新形态超越资本主义特殊利益对人类普遍原则的支配性关系，指向的是一种相互尊重、平等共生的人类文明新秩序。习近平总书记指出，“各种人类文明在价值上是平等的，都各有千秋，也各有不足。世界上不存在十全十美的文明，也不存在一无是处的文明，文明没有高低、优劣之分”[③]，并强调“要尊重世界文明多样性，以文明交流超越文明隔阂、文明互鉴超越文明冲突、文明共存超越文明优越”[④]。换言之，人类文明新形态以人类文明的多样性为现实依据，倡导多元平等、文明共存的理念，实现了对西方文明中心论的价值超越。故此，“优越”一词在不同文明语境下的语义冲突及其道德歧义性是人类文明新形态在国际传播过程中需要处理与规避的话语张力。

（三）独特性与可借鉴性之间的张力

人类文明新形态所依托的中国式现代化新道路具有鲜明的中国特色。与西方的现代化发展模式不同，中国式现代化跨越了资本主义制度的“卡夫丁峡谷”，在历史的比较中走上了社会主义现代化道路。而区别于苏联模式，中国式现代化立足于本国实际，在把握科学社会主义理论逻辑和中国社会发展历史逻辑的辩证关系中实现了“走

---

① 田鹏颖，武雯婧.论人类文明新形态的生成逻辑[J].科学社会主义，2021(6)：74-80.

② 赵坤，刘同舫.从“文明优越”到“文明共生”：破解“西方中心论”[J].理论视野，2021(2)：100-108.

③ 习近平.习近平谈治国理政·第1卷[M].北京：外文出版社，2018：259.

④ 习近平.决胜全面建成小康社会 夺取新时代中国特色社会主义伟大胜利[N].人民日报，2017-10-28(1).

自己的路”，开创、坚持、捍卫和发展了中国特色社会主义道路。[①]因此，中国式现代化不是西方式现代化和苏联式现代化等既有模式的再版和翻版，而是基于五千年文明传承和170多年近现代历史不断探索、比较的结果[②]。我国独特的历史命运、文化传统与基本国情造就了具有中国特色、符合中国实际的现代化道路，“是人口规模巨大的现代化，是全体人民共同富裕的现代化，是物质文明和精神文明相协调的现代化，是人与自然和谐共生的现代化，是走和平发展道路的现代化”[③]。中国式现代化既遵循了现代化发展的一般规律，又在实践探索中创造了自身道路的个性与独特性。

随着中国日益走向世界舞台的中央，成为现有国际秩序的参与者、建设者与维护者，在对外传播中如果一味宣传中国道路的独特性与自主性既淡化了中国参与全球治理所贡献的方案与智慧，也未匹配中国在推动世界和平发展、促进人类文明进步方面所担负的责任与使命。事实上，中国式现代化新道路与人类文明新形态既关乎中国走向现代化征程的民族叙事，也关乎人类文明发展进步的世界叙事。首先，中国式现代化新道路是对中国特色社会主义道路的继承与发展，具有将“中国特色”提升为“中国模式”的典型样本意义，为世界其他国家现代化探索提供了经验和智慧，“拓展了发展中国家走向现代化的途径，给世界上那些既希望加快发展又希望保持自身独立性的国家和民族提供了全新选择”[④]；其次，中国式现代化新道路所内生的人类文明新形态不仅是对中国当代文明的特殊性概括，同时也是对人类文明演进趋势的一般性理解，为人类文明的普遍发展贡献了方向和原则，为当下全球治理所面临的和平赤字、发展赤字、治理赤字与信任赤字提供了中国智慧与中国方案。总结来说，中国式现代化及其所内生的人类文明新形态的独特性一方面体现了从一般到具体、从普遍到特殊的历史实践必然，具有被转换为中国的独立性、自主性与主体性的话语潜能；另一方面它又寓一般性、普遍性于其中，具有与其他文明的可对话性，能够为其他文明的发展提供可借鉴性。如何实现独特性与可借鉴性的辩证统一是人类文明新形态国际传播话语体系构建需要协调的张力。

三、人类文明新形态国际传播话语张力消解的实践逻辑

在对人类文明新形态话语张力进行语义逻辑分析的基础上，我们需要从国际传播的实践逻辑上作进一步阐释。

---

① 田鹏颖，武雯婧.论人类文明新形态的生成逻辑[J].科学社会主义，2021(6)：74-80.

② 马敏.现代化的“中国道路”：中国现代化历史进程的若干思考[J].中国社会科学，2016(9)：28-40.

③ 习近平.把握新发展阶段，贯彻新发展理念，构建新发展格局[J].当代党员，2021(10)：3-9.

④ 中共中央关于党的百年奋斗重大成就和历史经验的决议[N].人民日报，2021-11-17(1).

(一)以“人类命运共同体”为理念基础,提升人类文明新形态国际传播的道义感召力

习近平总书记提出构建“人类命运共同体”,并指出它“是不同社会制度、不同意识形态、不同历史文化、不同发展水平的国家在国际事务中利益共生、权利共享、责任共担,形成共建美好世界的最大公约数”①,这从根本上回应了世界各国追求发展进步的普遍诉求,为在百年未有之变局中“世界向何处去”提供了中国方略,也日益受到国际社会的广泛欢迎和支持。而这一思想,既体现了中华优秀传统文化的精髓,也彰显出其国际主义的崇高追求,因而具有突出的伦理价值。具体来说,它弘扬和平、发展、公平、正义、民主、自由等全人类共同价值,在文化差异中寻求共识和包容,因而“将中华民族鲜明的价值追求延展至世界维度,契合了世界各国人民的共同利益、共同理想、共同追求,为解决人类社会面临的问题挑战提供了重要启迪”。②

构建人类命运共同体的思想,超越了冷战思维下的文明冲突观念和西方中心主义视角下的文明优越论,突出强调了人类文明的交流互鉴,因而才能够在人类文明的多样性中最广泛地凝聚各国共建美好世界的共识。将构建“人类命运共同体”作为理念基础来指导人类文明新形态的国际传播,就意味着以全球视野构想人类文明发展,在人类文明发展的世界历史视阈中看待中国文明与人类文明的辩证关系、在“两个大局”的时代背景下审视中国现代化道路与世界现代化演进的互动实践;立足中国、放眼世界,突出中国现代化方案对经济相对落后国家的样本意义、中国和平崛起对新型国际关系的贡献意义;反思时代、放眼未来,呈现人类文明新形态在引领“文明该往何处去”“世界该往何处去”“人类该往何处去”的过程中所贡献的图景、方案与智慧。

(二)以“中国式现代化”为话语导向,提升人类文明新形态的跨文化接受力

中国特色社会主义道路的探索实践创造了中国式现代化,创造了人类文明新形态,因此,“人类文明新形态本质上指的是社会主义社会文明新形态,是对社会主义运动历史的高度总结、是对马克思主义社会形态学说的完善和发展、是马克思主义中国化时代化的突出表现”。③ 是中国式现代化推动了人类文明新形态的形成。现代化道路是世界各民族国家的共同发展路径,西方的现代化发展时间早,形成了较为成熟完备的模式,但它建立在资本主义经济制度基础上,有其内生性特征和先发优势,也有其

① 习近平. 在中华人民共和国恢复联合国合法席位50周年纪念会议上的讲话[N]. 人民日报,2021-10-26(2).
② 龚云.弘扬全人类共同价值,推动构建人类命运共同体[N].解放日报,2022-10-31.
③ 张海鹏.中国式现代化推动人类文明新形态的形成[N].中国社会科学报,2023-05-11.

霸权政治和经济剥削的无可避免的弊端。中国式现代化道路明显有别于西方,以"中国式现代化"为话语导向来提升人类文明新形态的跨文化接受力,首先,需要宣扬中国式现代化道路的伟大成就,及其对人类现代化发展提供中国智慧所做出的贡献,理直气壮地以"四个自信"来向全球宣介中国式现代化道路;其次,也要从现代化发展的共通性出发,在对西方启蒙现代性进行反思和批判的基础上,着眼于建构一种相对辩证的,兼备历史理性、实践理性、价值理性的且理论、逻辑和话语相对科学、完备的体系化、现代化的中国学派,达到"中国立场""天下情怀"以及"人类公共福祉至上"的思想高度,①使中国式现代化成为引领人类发展、进步以及文明价值实践的典范,使世界各国对中国式现代化道路产生正确的认识和公允的评价,对各国发展道路有和而不同的包容性理解,对中华文明的优秀传统和社会主义现代化道路的历史性选择及其伟大实践有跨越意识形态和文化障碍的体认。

(三)以"丰富和发展"为实践要求,拓宽人类文明新形态对外话语体系的包容性

人类文明新形态对外话语体系是围绕人类文明新形态国际传播而生成的一系列知识话语的系统综合,充当着勾连中国特色话语体系与国际话语体系的重要媒介。构建人类文明新形态对外话语体系需从理论概念的根本性规定出发,概括人类文明新形态本质特征。"不断丰富和发展人类文明新形态"这一论断为拓宽人类文明新形态对外话语体系的包容性提出了实践要求。人类文明新形态话语体系的包容性分别体现为纵向的动态性和横向的整合性两个层面。纵向来看,人类文明新形态作为一个历史过程概念,是连续性和阶段性辩证统一的体现。一方面,人类文明新形态话语体系的打造要以"继承和创新"为逻辑主线,体现中国特色社会主义文明对中华优秀传统文化的创造性发展与创新性转化、新时代中国特色社会主义道路对中国共产党领导全国各族人民在革命、建设、改革方面的探索;另一方面,人类文明新形态的历史阶段性特征向话语体系提出了不断完善和更新的要求。横向来看,人类文明新形态话语体系必须具备高度的整合性,在"向内"和"向外"两个空间向度上要求具备兼容性。前者体现为对诸如"人类命运共同体""全人类共同价值""新型国际关系"等以往国际传播概念的吸纳,体现为语用方面的统领性;后者体现为对"文明交流、文明互鉴、文明共存"理念的遵循,在批判性地吸纳人类文明的一切优秀成果的基础上打造更具价值包容性的话语体系。

① 袁祖社.中国式现代化与人类文明新形态创造[J].社会科学辑刊,2003(3):5-14.

（四）以“平等对话”为核心机制，搭建人类文明新形态国际传播的自主平台

当前国际传播已进入全球平台传播时代，[①]数字媒体平台成为把控全球信息流动的新型基础设施，深刻影响着国际关系格局与全球传播秩序的未来走向。在当前平台主导的传播秩序下，美国在全球范围内垄断巨头平台公司，自由主义价值观与强权逻辑在全球化的过程中被标准化，平台化逻辑与地缘政治冲突、意识形态与价值观的博弈无可避免地纠缠在一起，来自中国官方媒体的视频内容在外媒平台上屡被贴上“虚假信息”的标签，中国信息流的传播受到西方意识形态的掣肘。在此背景下，中国需要更为开放和包容的自主平台向世界展示真实、立体、全面的中国，呈现人类文明新形态在全球交往中的当代价值。搭建自主平台，提高中国声音的能见度并不意味着中国媒体的“自说自话”，而是以“平等对话”为核心机制，利用多样化的平台渠道吸纳更多主体参与进来，使来自不同国家和地区的多元主体拥有平等的话语权参与全球治理，在平等对话中寻求广泛共识，在普遍交往中确立共同价值。搭建更为自主的平台，不仅是为了消除世界对中国的误解、扭转被西方媒体扭曲的中国形象，更是将中国作为平台本身，使世界基于中国能够探讨全球减贫、发展和安全等议题，[②]作为国际传播新秩序的重塑者推动全球议题的深度对话和交流，创造全球平等对话的基础设施，推动建立更加普惠、公正的全球传播新秩序。

（五）以“文化间性”为思维路径，破除人类文明新形态国际传播的文化壁垒

人类文明新形态的国际传播并不是以文化优越为底色的“封闭式独白”，而是通过与“文化他者”的协商对话实现的互相认同过程。这样一种跨文化传播的前提预设在国际传播中常常被忽略，在现实需要的强大推动下所实施的大规模国际传播活动，不能秉持类似“中国这个‘文化动物’可以自由游动在国际水域而‘无须意识到环绕它的水和水槽的重要意义’”[③]这样的观念。人类文明新形态所秉持的“交流互鉴观”并不发生在真空中，我们必须充分意识到跨文化交流中真实存在的诸多障碍因素，中国故事在抵达不同国家和民族时常常遭遇着意识形态偏见、利益框架冲突与文化价值隔

---

① 沈国麟.全球平台传播：分发、把关和规制[J].现代传播（中国传媒大学学报），2021(1)：7-12.

② 周庆安，刘勇亮.多元主体和创新策略：中国式现代化语境下的国际传播叙事体系构建[J].新闻与写作，2022(12)：21-28.

③ 姜飞.跨文化传播研究的思想地图与中国国际传播规划的转向[J].暨南学报（哲学社会科学版），2016(1)：83-95.

阂。反观国内,面对不同的民族文化,网络上同样充斥着狭隘极端的文化民族主义和民粹主义情绪,这严重阻碍了真正意义上的跨文化交往,也将使人类文明新形态的全球跨文化传播受到阻碍。面对文化误解与对他者的认同排斥,我们需要在文化间性中寻找出路。文化间性在主体间、文化间的平等意义上将自我文化与“他者”文化的互动看作两个具有主体性的文化在承认彼此差异的基础上,通过交往、商谈、理解、包容等途径相互借鉴、共同提升,从而产生文化共识和互惠性合作的过程①。在文化间性的思维路径下,“人类文明新形态”的意义并不来自文化一方的定义,而是在互相参照“他者”文化语境的过程中所得出的共识性阐释。作为人类文明新形态国际传播的发起者,中国必须超越自身的文化局限,考量他者的文化语境重建传播符码,对文本采取开放性态度,在不同文化的对话中实现文化互构,从而生成可沟通的意义空间,建立人类交流的意义共同体。

结　语

人类文明新形态话语体系的构建,不仅需要对其理论和价值内涵进行系统性探寻,还需要对其话语的语义逻辑进行辨析性阐释。本文认为,人类文明新形态话语与国家的国际传播战略有着密切关联,需要我们在国际传播的语境和视角下充分把握其话语意义。而其语义上的张力关系,也在这一视角下得以凸显。本文对此做了三个方面的归纳以及语义逻辑上的辨析,认为这些话语张力并不是矛盾关系,必须在创新性地继承和转化中华优秀文化传统、提升国际传播能力建设和国际话语权、坚持“四个自信”、讲好当代中国故事、构建人类命运共同体等重要精神中,深刻领会人类文明新形态话语意义,并用辩证统一的阐释逻辑来消解其话语张力。但平衡这些张力关系也对国际传播实践提出了严峻挑战,如何应对这些挑战?限于篇幅,本文仅从国际传播的实践逻辑上进行较为粗略的路径分析,在具体对策上还有待进一步探讨。总之,人类文明新形态作为中国理论讲述中国实践的创新性表述,需要我们不断构建更为完善的话语体系和传播体系。

〔刘国强,四川外国语大学新闻传播学院教授、院长;周彩云,四川外国语大学新闻传播学院研究生〕

〔特约编辑:涂凌波〕

① 赵永华,刘娟.文化认同视角下“一带一路”跨文化传播路径选择[J].国际新闻界,2018(12):67-82.

逻辑架构与协同关系:我国主流媒体构建对外话语体系研究①

Logical Architecture and Collaborative Relationship: Construction of the International Discourse System by China's Mainstream Media

◎ 曾祥敏　杨丽萍

Zeng Xiangmin　Yang Liping

摘要:对外话语体系的构建是一个庞大的系统工程。本文从相对中观的视角——主流媒体如何建构对外话语体系,去探究对外话语体系的各个子系统及其相互关系。通过梳理话语体系的基本理论架构,着眼于中国新闻事业属性,提出主流媒体对外话语体系的金字塔状三层逻辑架构:基底层为“陈述表达层”,包括中国故事的跨语言、跨文化表述和多元方式表达;中间层为“理论知识层”,表现为对外传播话语的逻辑凝练与规律总结;顶层为“思想价值层”,是优秀中华文化和文明的精神延续。这三重维度由表征及内核、由具体至抽象、由实践到思想,在对外传播中互为掎角之势,支撑着主流媒体对外话语体系机制的运行。

关键词:国际传播;主流媒体;话语体系;话语权;中国故事

Abstract: Construction of the international discourse system is a huge systematic project. This paper explores the various subsystems of the international discourse system and their interrelationships from a medium perspective: how the China mainstream media constructs its international discourse system. By combing the basic theoretical structure of the discourse system and focusing on the attributes of Chinese journalism, a pyramid-shaped three-layered and logical architecture of the mainstream media's international discourse system is

① 本文系国家社科基金重点项目“加快新型主流媒体国际传播能力建设研究”(项目编号:22AZD073)的研究成果;中国传媒大学中央高校基本科研业务费专项资金资助项目“网络谣言生态及其治理研究”(项目编号:CUC220D019)的研究成果。

proposed: the base is the "statement and expression layer", including the cross-language, cross-cultural expression and multiple expressions of China story; the middle is the "theoretical knowledge layer", which is expressed as the logical and regular summary of the international communication discourse; the top is the "ideological value layer", which is the spiritual continuation of fine traditional Chinese culture and civilization. These three dimensions, from representation to core, from concrete to abstract, and from practice to thought, depend on each other in international communication, supporting the operation of the mechanism of the mainstream media's international discourse system.

Keywords: international communication, mainstream media, discourse system, discourse power

站在新的时代起点,面向实现中华民族伟大复兴的战略全局,构建我国对外话语体系,形成同我国综合国力相匹配的国际话语权,是摆在我们面前的一项重要议题。2021年,习近平总书记在"5·31"讲话中指出新时期构建我国国际传播三大体系的任务,即"构建具有鲜明中国特色的战略传播体系""构建中国话语和中国叙事体系"和"构建对外话语体系"。其中,构建差异发展、协同高效的对外话语体系,是国际传播多元主体协同发力的一项复合实践,值得进行深入探索乃至本土理论构建。应该如何建构我国对外话语体系?对外话语体系作为一个系统到底由哪些部分组成?其相互关系为何?建构的着力点在哪里?为此,我们以主流媒体为切入点,进行理论思辨分析。

我国主流媒体作为社会主流意识形态的承载者、专业的国际信息传播者和多元话语主体的联动者,在我国对外话语体系构建中扮演着定盘星和话语枢纽的重要作用。本文从话语体系的内涵出发,探讨主流媒体对外话语体系构建的基本问题:主流媒体对外话语体系的逻辑结构、外部关系及其构建路径,以系统思辨论述的方式,明确其在我国战略传播体系中的定位,尝试为提升国际传播效能提供学理支撑和机制保障。

一、话语何以成体系

"话语"兼具名词和动词属性,不仅是内容的符号表征,而且是一种具有建构性的社会实践。"话语"通常指"运用中的语言"和"谈话的内容"①,其概念古已有之。在中

① 陈至立.辞海[M].上海:上海辞书出版社,2022:927.

国基本古籍库中检索，“话语”出现了131次，最早记载于南北朝时期的《解脱道论》，此后在宋元代出现十余次，明清时期使用最多。明代吴承恩在《西游记》第八十一回中写道，“行者闻得众和尚说出这一端的话语，他便怒从心上起，恶向胆边生”；现代作家冰心曾在《斯人独憔悴》中写道，“颖贞看见她兄弟热血喷薄，改了常度，话语渐渐的激烈起来”。

伴随西学东渐，“话语”概念逐渐延伸出超越语言学的深刻含义。“话语”(discourse)同时指涉思想和传播的交互过程与最终结果，是制造与再造意义的社会化过程。① 在福柯看来，话语是一种规则和秩序，话语本身体现着权力关系。社会化意义的形成过程往往经历了不同话语之间的意识形态斗争，某些制度化的话语也更具正统性和权威性。“话语并非仅是斗争或控制系统的记录，亦存在为了话语及用话语进行的斗争，因而话语乃是必须控制的力量”②，话语权、话语主导权基于语言修辞和概念营造，又超越了语言本身，而承载更复杂的因素。

从语义角度而言，“体系”泛指按照一定的秩序和内部联系组合成的多个事物整体，因而，“话语体系”可以理解为由某些具有内部联系的话语所共同构成的整体。目前，学界对“话语体系”概念的界定各有侧重。有学者认为，话语体系是主体通过系统的语言符号，并按照一定的内在逻辑来表达和建构的结构完整、内容完备的言语体系。③ 有学者从性质上指出，话语体系具有相对稳定性、逻辑关联性等基本特征，其与社会心理、社会知识乃至文化传统有着紧密的联系。④ 有学者从话语权的角度指出，不同领域和层次的话语权被系统化后就构成了话语体系。⑤ 还有学者认为，在现代社会，随着对话语权更为系统和深入地把握，话语体系建设意识的觉醒也进入了新的阶段。⑥ 总体而言，话语体系以语言为其表达媒介，以思想价值为其中心内核，以体系性架构为其外在表现形式。

话语体系在发展过程中，逐步形成了逻辑关联的体系架构，而逻辑架构也正是话语体系持续发展的基础和运行的保障。从架构而言，许多研究者将话语体系视为纵向的金字塔结构，主要观点有“两层说”“三层说”“四层说”和“五层说”。其中，“两层说”

---

① 费斯克.关键概念：传播与文化研究辞典[M].李彬，译.北京：新华出版社，2004：85.

② 福柯. 话语的秩序[M]//许宝，袁伟. 语言的翻译与政治，北京：中央编译出版社，2001：3.

③ 郭湛，桑明旭.话语体系的本质属性、发展趋势与内在张力：兼论哲学社会科学话语体系建设的立场和原则[J].中国高校社会科学，2016(3)：27-36，155-156.

④ 吴汉全. 话语体系初论[M]. 北京：人民出版社，2020：195.

⑤ 刘笑盈.“他国崛起”与世界话语体系的重构[J].现代传播(中国传媒大学学报)，2014，36(9)：9-13.

⑥ 郭湛，桑明旭.话语体系的本质属性、发展趋势与内在张力：兼论哲学社会科学话语体系建设的立场和原则[J].中国高校社会科学，2016(3)：27-36，155-156.

指出了话语体系的基础结构,主张话语体系是反映并传播思想理论体系的外在综合表达系统,分为语言符号和思想认知,并通过语言符号来建立表达与接受、解释与理解、评价与认同等多重认知关系。[①] "三层说"则从语言学的角度,强调语境化的实践作用。例如,詹姆斯·保罗·吉认为,任何语言的使用都涉及指称体系(the referential system,字面意义)、语境化体系(the contextualization system,社会关系维持)和意识形态体系(the ideology system,价值和信念表达),这三者环环相扣、共同构成了动态的话语体系(discourse systems)。[②] 简言之,话语体系自外而内,是由表达深入语境内容,进而到思想价值的结构系统。"四层说"则认为在语境内容和价值信念之间,还存在着理论知识层。"五层说"认为在价值层之上,还存在纯粹理性,即话语体系包含"陈述层—简单话语层—理论话语层—科学、价值层—纯粹理性层",其中,简单话语是陈述的系列凝结;理论话语则是话语群间的逻辑搭建;科学、价值是高度抽象、多次证实的相对真理。[③] 综合而言,无论是话语体系的"三层说""四层说"还是"五层说",本研究将其基本架构去繁就简、由表及里,可以统合为陈述表达层、理论知识层和思想价值层。

此外,由于体系化的依据不同,话语体系间存在平行、重合乃至包含的关系。从内容载体而言,报刊、电视、网站等形成了多媒介的话语体系;从内容模态而言,语言符号、视觉符号、听觉符号等形成了多模态的媒体话语体系。有学者依据不同受众群体对话语体系展开分层、分群研究,包含针对政府层的政治话语层次、针对精英层的学术话语层次,以及针对大众的"网言网语"层次。[④] 从话语构建的主体而言,国际传播中的媒体话语体系、外交话语体系等都包含于我国的对外话语体系,成为中国特色社会主义话语体系的有机组成。

二、主流媒体话语体系的逻辑阐释

媒体话语是一种特殊的社会和制度实践形式,是其他基础话语转换的结果。从生成逻辑而言,相较于医学、文学、科学等制度化的话语,媒体话语(或"新闻话语")以不在场的大众为对象,往往经历了再组织的过程——通过将其他话语进行转换、移植、膨

---

① 季为民,刘博睿.中国特色新闻学"三大体系"构建:逻辑、架构和建设[J].新闻与写作,2021(7):15-22.

② GEE J P. Discourse systems and aspirin bottles:on literacy[J]. Journal of education, 1988,170(1):27-40.

③ 焦利,潘墨涛.论我国媒体对中国特色话语体系的建构功能[J].上海行政学院学报,2016,17(4):4-10.

④ 胡正荣,田晓.新时代中国国际传播话语体系的构建:分层、分类与分群[J].中国出版,2021(16):3-7.

化、过滤，以符合大众传播的模式和意图。① 我们常常说，记者是一个翻译家，要把专业精深的知识翻译成大众话语，其实就是强调媒体话语对政治、经济、文化、外交等专业话语的有效转化，这其中，对中华传统文化的时代共创与传播，也离不开媒体的话语创新。

媒体话语作为一种语言形式，其语句不仅符合一般的语法结构，也是某种倾向的外在表达，话语即态度。例如，通过新词使用、名词化、语序调整等方式，形成新闻独特的语篇风格；而更为重要的是，新闻语句之间涉及的因果联系，往往预置了关于组织一切事件的知识或普遍信念。② 更具体地，也有学者从言语交际的视角，认为新闻话语是媒介主体表达自己观点、态度、意见的语言手段，是以说服广大受众(不)接受某一态度或(不)执行某一行为作为最终目的的语用行为③。如今，在分众化和定制化的创新传播语境下，媒体话语也经历着从大众到分众再到针对性、个性化的话语方式和风格发展演变。有学者指出，"事实(客观)"与"言论(主观)"的二元关系框架，在近代就构成了国内新闻话语认知的两种取向。④ 实际上，这构成了新闻话语的复杂性特质，即在显性层面，新闻话语是对新近发生的事实的报道，在隐性层面，也意味着媒体机构作为主体的意见表达，是主观与客观的统一。

从具体的话语角度而言，新闻标题的拟定、报道对象的选择、报道内容的呈现，都具有一定的价值立场。即便新闻记者试图通过多信源交叉印证等方式，追求报道的客观性，但涉及的选择必然带有或明或暗的倾向性。从中观的媒体机构来看，高金萍认为"媒体立场"是主流媒体话语体系的骨架，主要受到新闻机构的价值选择和意见态度的影响。⑤ 从较宏观的媒体体制视角，我国新闻媒体在党的领导下，保持着意识形态属性、商业属性与新闻专业属性之间的互动平衡关系，媒体报道背后的主题语境也是三者相平衡的产物，且在内宣外宣联动的大外宣格局下，这个立场恒定不变。

从内在逻辑层次而言，一方面，媒体话语体系符合一般话语体系的基础架构，即陈述表达层、知识理论层、思想价值层等；另一方面，话语体系成为如今中国本土语境下的显性概念，这得益于对话语权建设的强调与发展，反映出话语体系建设本身具有直

---

① 童斌. 新闻传播学大辞典[M].北京：中国大百科全书出版社，2014：145.

② DIJK T A V. News as discourse[M]. Groningen: University of Groningen, 1988.

③ 杨娜. 新闻媒体话语的语用学研究[M]. 北京：外语教学与研究出版社，2020：13.

④ 操瑞青.近代新闻界的"事实"概念及其话语变迁：从徐宝璜的"新闻"定义谈起[J].国际新闻界，2022，44(5)：6-23.

⑤ 高新萍."明镜"与"明灯"：中国主流媒体话语与社会变迁研究(2003—2012)[M].北京：中国人民大学出版社，2017：29.

接的目标效果导向。在中国特色社会主义制度下,主流媒体担负着舆论引导、价值引领、形象塑造的重要职责。具体到对外传播的话语实践中,“联接中外,沟通世界”是我国主流媒体的职责使命之一,这也构成了主流媒体对外话语体系的另一重复杂特质。因此,主流媒体必须精心构建与创新对外话语体系,最终服务于国际传播“五力”,即国际传播影响力、中华文化感召力、中国形象亲和力、中国话语说服力和国际舆论引导力的全面提升。这“五力”要求对主流媒体的对外话语体系构建和发展提出了诸多新挑战,更赋予了多重任务。

三、主流媒体对外话语体系的逻辑架构

基于话语体系的理论架构与我国新闻事业属性,本文提出主流媒体对外话语体系的金字塔状三层架构:基底层为“陈述表达层”,中间层为“知识理论层”,顶层为“思想价值层”。(如图 1)

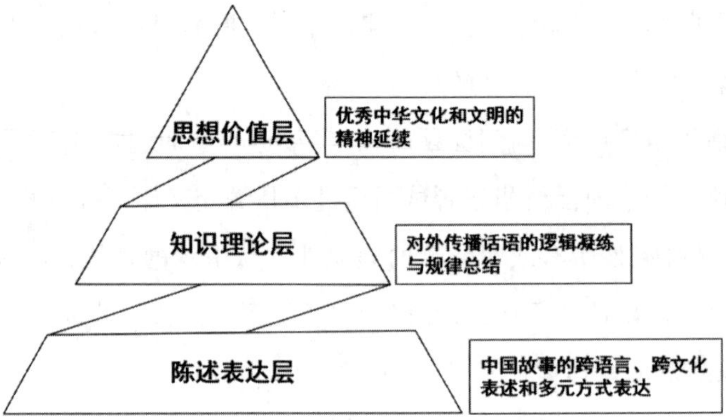

图 1 主流媒体对外话语体系的基本架构

(一)陈述表达层

主流媒体对外话语体系在基底层是陈述表达层,是中国声音的集合,由话语表述和话语表达构成。表述关照“语言”,表达关照“语境”。媒体的文字语言、图像语言、声音语言等视听语言和语境,构成了多维融合的表述和表达。

语言是国家重要的战略资源,国家十四五规划明确提出“建设中文传播平台,构建中国语言文化全球传播体系和国际中文教育标准体系”。与此同时,对外传播的基本要求是跨语言传播,目标在于“能听懂”。党的十八大以来,国际传播在语言层面上从

单纯的对象国语言翻译，转向“新概念、新范畴、新表述”的修辞再造。例如，“中国道路”“四个自信”“人类命运共同体”“中国式现代化”等概念，经由权威、标准化的翻译处理，形成了特有的对外话语表述。在陈述表达层，主流媒体在对外话语的传播中实现互构。一方面，权威的话语表述为主流媒体对外传播提供了表达阐释的参考，将中国概念、中国表述广泛传播；另一方面，主流媒体在日常要求时效性的对外传播活动中，一些表述逐渐成为通用语，实现了对外话语体系的创新。

媒体特有的优势在于丰富的话语表达，通过内容主题阐释和多元信息承载方式，构建特有的媒体语境。主流媒体话语语境往往与中国的社会语境相联系，即不仅在于报道既定事实，也在于融入与呈现中国国情和社会背景。尤其在对外报道事实、提炼主题时，全面、真实地放在中国社会发展的语境下去思考，才能让国际受众了解真实立体的中国，从而真正读懂中国。在表达形态方面，随着移动终端和短视频平台的兴起，国际传播从大部头、大制作的电影、专题片、纪录片形态为主，发展为微电影、竖视频、Vlog 等多种产品形态遍地开花的态势，对“图”“声”“像”的巧妙运用甚至能超越复杂文字语义的传播效果。

构建语境还在于讲述中国故事、展现中国形象时的情感价值表达。情绪和情感往往是跨文化传播的有效助力器。当下的国际舆论场上，后真相政治、计算宣传、智能算法推荐等现象易引发公众认知偏误，从而加剧刻板印象和文化隔阂。与此同时，“视觉转向”和碎片化的信息环境，也使得原子化生存的个体更易于被情感触动，进而有助于产生共鸣、激发认同。在这里要辩证地看待情绪和情感，这不仅是瞬时的感官刺激，也在于发掘更深层的对悠久中国文化的情愫、对神秘东方古国的向往等。在传播日益重视提供情绪价值的今天，只有实现从单纯提供信息到同时提供情感支持的转变，才能真正提升表达体系的吸引力、感染力和传播力，从而增强中华文明的传播力和影响力。

（二）知识理论层

知识理论是对外话语体系的重要构成，要打造融通中外的中国特色的学术概念、知识和理论体系。在外交学领域，有学者提出，新时代中国外交话语体系的知识结构由经验知识层、逻辑知识层和实用知识层构成，分别对应着关于国际社会现实（是什么）、国际社会总体现象的成因（为什么）和现实实践的指导（怎么做）的知识。[①] 在主流媒体的对外传播活动中，不仅基本的外交知识是基础，而且在国家外交政策的指引

① 杨守明.新时代中国外交话语体系的知识结构要素与实践功能[M]. 北京：人民出版社，2019：32-33.

和国际关系的牵制下,我们需要做好国内国际话语的对接与再造,联动政府、企业、智库、民众等多方主体,同频共振,讲好中国故事、报道全球议题、回应国际关注。广泛而言,主流媒体对外话语体系的构建要综合多学科知识,包括但不限于语言学、修辞学、国际关系学、外交学、传播学乃至心理学。

主流媒体的对外话语体系是新时代中国特色的对外话语体系的重要构成,两者在顶层以马克思主义立场、观点、方法为理论指导。在习近平新时代中国特色社会主义思想的指引下,“围绕中国精神、中国价值、中国力量,从政治、经济、文化、社会、生态文明等多个视角进行深入研究,为开展国际传播工作提供学理支撑”①也是对外话语体系建设的应有之义。在中观层面,主流媒体对外话语体系遵循话语体系的基础理论架构,包括话语体系的性质、类型、结构和建构原则等;具体到新闻实践层面,则由马克思主义新闻观主导,包括尊重新闻传播规律、坚持党性与人民性的统一、坚持新闻真实等方面,这些奠定了我国主流媒体对外传播活动的理论基础。

概念是人类思维的基本构筑单位,“生产概念”是话语争夺的最佳途径,意味着新的意义体系的赋予,或是借助新概念重构游戏规则。② 目前,媒体对外话语体系的理论知识创新,主要围绕中国本土议题的理论阐释及学术概念生产,如“人类命运共同体”“人类文明新形态”“新常态”“媒体融合”“舆情治理”“以气抗争”“媒体型智库”等。③ 未来,媒体话语体系要着重在实践层面和基础层面加强理论建设,尤其是在破解西方诸如“人权”“自由”等设定的话语陷阱时,只有在理论层面加强话语阐释、概念营造以及融通中外的学理自洽,形成自主的知识体系,才能使主流媒体的对外话语具有更强的说服力。

(三)思想价值层

话语体系以工具性架构承载特定思想价值观念。思想价值成型于历史又超越历史,是一个国家和民族最根深蒂固的魂,构成话语体系最丰富的内涵和最深层的基础。思想价值作为话语体系的本质与内核,在诸多话语体系的定义中有所体现。例如,话

① 习近平在中共中央政治局第三十次集体学习时强调加强和改进国际传播工作展示真实立体全面的中国[EB/OL].(2021-06-01)[2023-02-18]. https://news.cctv.com/2021/06/01/ARTIgVHXeyuBJzC7m7GjqLtl210601.shtml.

② 刘涛.新概念 新范畴 新表述:对外话语体系创新的修辞学观念与路径[J].新闻与传播研究,2017,24(2):6-19,126.

③ 刘涛.理论谱系与本土探索:新中国传播学理论研究 70 年(1949—2019)[J].新闻与传播研究,2019,26(10):5-20,126.

语体系在形式上表现为一套特定的符号系统，但其实质蕴含着系统性的价值观念和思维准则。[①] 话语体系也是文明传承、文化积淀的集合与总汇，承载着一个民族国家特定的思想文化、价值观念，乃至意识形态。[②] 从历史的维度来看，话语体系成型于民族的发展进程中，融合了民族的文化观念、价值和精神。也正因如此，思想价值层并非媒体话语独有的，而是统摄外交话语、学术话语、民间话语的多元对外话语。

主流媒体内容作为文化的有机构成，在思想价值层面与中华文化一脉相承，包括社会主义先进文化、革命文化和中华优秀传统文化。习近平总书记将中华文明的精神特质总结为六个方面：讲仁爱、重民本、守诚信、崇正义、尚和合、求大同[③]，这些中华文明赓续承传，不仅贯彻于如今的国家方针政策中，也体现在主流媒体的传播实践中。例如，中国古代儒家强调使用"仁""礼"的一套标准来规范舆论传播主体，注重对主体人格的道德教化（"仁言不如仁声之入人深也"）；坚持以"礼"来形成、引导舆论（"名不正则言不顺"）；再到如今的"成风化人"，倡导以文化人，以德化人。当代思想价值观念与中国历史传承延续的传统文化、近代实践形成的革命文化以及现当代社会主义核心价值观等密切关联。这一思想价值为主流媒体的对外话语传播提供了丰富的滋养，在国际传播中做到"联接中外，沟通世界"。从 2022 年北京冬奥会融合传播的成功实践中，我们也能看到，在中华文化思想价值基础上，符号传播和价值传播的有机融合取得了优良的效果。

四、主流媒体对外话语体系的外部关系

"对外话语体系"是一个国家面向世界的自我陈述以及采取的话语实践活动。[④] 在政策驱动下，我国对外话语体系正处于蓬勃发展的态势，政府主导的外交话语体系、主流媒体主导的新闻话语体系、企业团体主导的专业话语体系、专家学者和科研机构主导的学术话语体系、自媒体主导的民间话语体系等，都扮演着不可忽视的力量。（如图 2）从我国对外话语体系的整体视角，思辨主流媒体与其他话语构建主体的同构与互动关系，有利于把握主流媒体对外话语体系的本质与独特性。

---

① 陈春英.当代中国话语体系构建中的历史意识：价值、内涵和现实表征[J].社会主义研究，2020(3)，74-78.

② 杨鲜兰.构建当代中国话语体系的难点与对策[J].马克思主义研究，2015(2)：59-65，159.

③ 习近平. 把中国文明历史研究引向深入 推动增强历史自觉坚定文化自信[N]. 人民日报，2022-05-29(1).

④ 曾祥敏，汤璇，白晓晴.从战略高度加强中国对外话语体系建设[N].光明日报，2021-11-19(6).

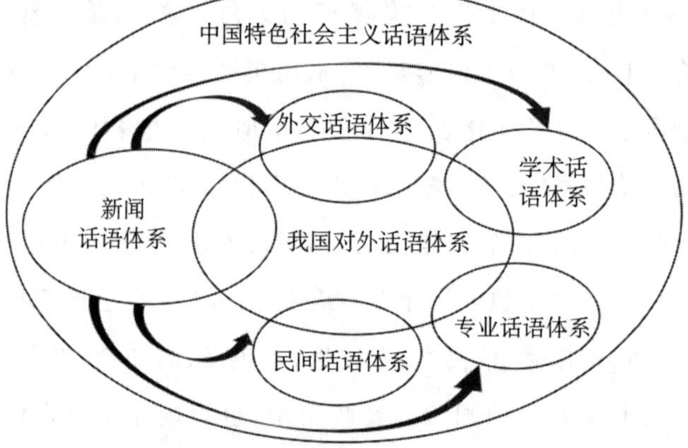

图 2　我国复合多元的对外话语体系

(一)媒体主导的新闻话语体系

新闻话语体系具有包容性和开放性。新闻话语不仅是客观事实的反映,更是一种建构性的力量,是社会生活特别是意识形态的有机组织部分。[①] 主流媒体作为专业化的信息传播主体,在我国的对外话语体构建中发挥着独特作用。新闻话语具有独特的中介性,也因此具有话语生产的复杂性。一方面,新闻话语是一种公开的、被制造的、记录在案的互动形式[②],在表达阐释层具有丰富性;另一方面,新闻话语处于公众和机构之间的临界点[③],其本身作为媒体机构连接着公众和其他机构的信息传递,具有多元话语主体的连接性,因而相对于其他类型话语具有更高的包容性,也具有更开放的连接性。综合来看,外交话语体系、学术话语体系和民间话语体系,为主流媒体的对外传播提供着权威的信息、深厚的理论与丰富的素材。

(二)政府主导的外交话语体系

外交话语体系具有权威性。在对外话语体系构建中,主流媒体是外交话语的扩音器,同时,主流媒体要配合外交话语,尤其在陈述表达层,寻求对外话语表述与外交政策的支撑。政府主导的外交话语主要包括外交部驻外使馆发布的通知公告、外交部发言人表态、外事活动中的发言致辞等。在国际话语体系中,由政府主导的外交话语往

---

① 丁和根.新闻传播研究中话语分析与框架分析之比较[J].当代传播,2019(6):4-9.

② O'KEEFFE A. Media and discourse analysis[J]. The Routledge handbook of discourse analysis, 2013.

③ 杨娜.新闻媒体话语的语用学研究[M].北京:外语教学与研究出版社,2020:4.

往是该国外交政策指导下的官方话语，代表着一国的立场和主张，具有权威性。从文化根源来看，一国的外交话语会受到文化传统的深刻影响，不仅在确定一国外交目标中起着重要作用，对外交手段、方式和风格也会产生直接影响。[①] 例如，美国外交强调自由、民主、权利，而中国外交强调和谐、合作、共赢。话语风格上，外交话语更为严谨严肃，尤其对于关涉国家利益和重大国际问题的表态，外交话语往往更加尖锐，呈现出交锋状态。在和平与发展的时代主题下，外交话语通过语言与实践，表达国家主张、发展国际关系，是对本国政治理念和价值观的直接输出渠道。

（三）专家智库主导的学术话语体系

学术话语体系具有理论性。在对外话语体系构建中，主流媒体的对外传播活动需要学术话语的概念开发和理论支持，为中国话语赋予新的意义体系。话语体系建设是当下哲学社会科学发展的重点之一。学术话语包括专家智库在国际学术交流、全球社交平台的发声、学术出版物的海外翻译等。从全球话语体系来看，西方的历史终结论、文明冲突论、国强必霸权论等往往基于学术研究，我们不仅要从政策视角对其加以批判，更为重要的是在实践的基础上，厚植理论深度，加强理论思辨与反击。实际上，学术话语因其高度的抽象性、崇尚的客观性和价值的无涉性，更容易超越意识形态差异，凭借学术观点建立基于抽象意义的共同体。在“繁荣中国学术、发展中国理论、传播中国思想”的策略下，我国哲学社会科学正在搭建由“全球本土化”到“在地全球化”的学术话语体系，从更深刻的理论层面推动全球理解中国。此外，中国外文局和中国翻译研究院就通过建设术语库，如“中国特色话语对外翻译标准化术语库”“中国关键词”“中国核心语汇”等，服务国家对外话语体系建设。

（四）社会公众主导的民间话语体系

民间话语体系具有灵活性和情感性。在对外话语体系构建中，民间话语以软性的社会化内容和话语表述，不仅反映出基层的社情民情和舆论动向，更为主流媒体的对外传播活动贡献着新兴的话语方案。民间话语的突出特点在于主题贴近生活、形式生动多样、情绪激发传播。伴随着自媒体和国际传播平台的兴起，近年来民间话语成为讲述中国故事、展现中国形象的一支新兴力量。借助海外社交平台，许多中国网红生产的本土作品在海外出圈，对塑造可亲、可爱、可信的中国，发挥着重要作用。例

---

① 孙吉胜.传统文化与十八大以来中国外交话语体系构建[J].外交评论(外交学院学报)，2017，34(4)：1-31.

如,李子柒在 YouTube 上发布乡村田园式的生活,发扬了中华美食文化;一路“象”北的迁徙之旅和大熊猫的日常,描绘了人与自然和谐相处的景象;自得琴社(Zi De Guqin Studio)通过现代技术手段,在演奏中华传统音乐的同时营造人在画中游的美妙意境。这些成功的案例对于中华文化走出去和改善中国国际形象起到了不可忽视的作用。

(五)企业团体主导的专业话语体系

专业话语体系具有精准性。在对外话语体系构建中,政治、经济、文化等各行业的对外团体同样承担着联通中外的作用。尤其在“多主体、立体式”的大外宣格局下,从涉外国企、海外文化交流团,到孔子学院、中国记协等都在各自专业领域进行对外传播实践。恩格斯指出,“宣传上的正确策略并不在于经常从对手那里把个别人物和一批批成员争取过来,而在于影响还没有卷入运动的广大群众”。这启示我们大外宣格局的蓬勃壮大,需要巧妙团结各方力量,以文化多元主义对抗文化霸权,通过多元主体的发声在国际舆论场中形成合力,主流媒体对于多方主体的系统联结与整合力量有待进一步开发。

五、构建主流媒体对外话语体系的四个关键向度

话语体系是一个国家在国际舞台上确立其话语权的前提和基础,国际话语权实质上来源于不同话语体系之间的博弈。构建中国主流媒体特色对外话语体系,要认识和把握我国对外传播实践,明确“破”与“立”的思路,掌握“分”与“合”的策略。总体而言,要坚守发展“思想价值层”、培育创新“理论知识层”、丰富开发“陈述表达层”。在思想层要有深刻性和引领力,理论层要有系统性和说服力,陈述层要有实效性和亲和力①,进而形成对外话语的战略合力。

(一)传承中华文明的思想精神

在思想价值层,将中华文明、中华文化融入主流媒体对外话语体系,更要在中国故事背后展现思想力量和精神力量。在外交政策的指引下,从文化根基层面赋予事件新的价值和内涵,为解决问题提供中国思路和中国方案,展现中国智慧,突出深刻性和引

① 消息来源:张东刚《积极传播中国声音、中国理论、中国思想 为推动构建人类命运共同体注入强劲动力》,党委中心组学习,2022(3):102。

领力，这也是中国主流媒体话语在思想价值层面区别于西方话语的重要标志。只有展现民族精神特色、根植思想文化底蕴的话语体系，才能在世界多元文化发展的趋势中独树一帜，并伴随着民族和时代的发展历久弥新。

国际舆论环境纷繁复杂，主流媒体需要在开放自信且谦逊谦和的总体基调下，讲究舆论斗争的策略和话语表达艺术。面对西方主导全球话语体系，主流媒体更要汲取古人智慧——“善将者，其刚不可折，其柔不可卷，故以弱制强，以柔制刚”，通过刚柔并济的方式突破西方话语重围。在“刚”的层面，敢于交锋，鲜明反对单边主义、霸权主义，突破西方媒体设置的话语框架。在“柔”的层面，善于交流，主流媒体需要把握移动化、社交化、可视化的趋势，通过国际社交平台的内容和用户运营，联合民间力量创新话语表达，不断打造出全球破圈产品，久久为功。例如，2021 年 5 月，CGTN 关于中国应用喷土技术育林的短视频在 YouTube 上走红，引发国外网友关于生态保护的辩论，何种方式能够真正促进环保？是像瑞典少女一样通过演讲来激发公众环保意识，还是像许多中国工人一样将现代科技应用于环境治理，并不畏艰苦喷土育林，将生态保护的理念躬身力行。答案不言而喻。

（二）促进中国理论的国际化传播

在理论知识层，我国的国际话语权与综合国力和国际地位还不相匹配，建设的根本驱动力在于理论创新。理论创新的意义不仅在于找寻中国主流媒体国际传播话语体系的理论和学术基础，也在于解构西方自身危机，进而解构西方话语①。长久以来，以霸权主义为支撑、以资本逻辑为主导的西方话语在全球话语体系中占据主导地位，不仅异化中国和平崛起战略，制造“中国威胁论”“新殖民主义论”“威权主义”等叙事，还在中国人权和领土主权等问题上大做文章。当前主流媒体在国际传播实践中面临着算法偏见和信息地缘政治的结构性影响，这使得中国主流媒体发布内容的可见性受到影响②。这一系列操作不仅忽视了发展中国家的声音，实际上也违背了均衡发展、缩小南北差异的全球共同目标追求。

中国理论的传播要强调系统性和说服力，用“破”和“立”的思路，一方面，主流媒体要联合专家智库，融通学术话语，通过理论创新寻找西方话语的“矛盾”和“漏洞”，从而攻坚主流媒体对外话语薄弱区域，掌握话语技巧，提升国际舆论斗争能力。例如，2022 年中国新闻社在大型学理性融合报道栏目《东西问》中策划了人权系列理论稿件，对中

① 冯小桐，荆江.“新冷战”话语体系下中国国际传播的应对[J].对外传播，2020(12)：14-16.

② 田香凝，曾祥敏.媒体深度融合背景下我国主流媒体的国际传播平台建设[J].中国编辑，2022(7)：23-28.

国人权的学理叙事构建进行了探索——主流媒体联动学界,一起寻找更符合现代乃至未来世界主流价值的学理叙事,建构中国话语的内在支撑。另一方面,主流媒体对外话语要用事实说服人、用形象打动人、用情感感染人、用道理引领人,用对外传播实践升华国际传播理论,让中国共产党的创新理论和治国理念被国际用户所了解、认知并接受。

(三)推动中国声音的在地全球化

在陈述表达层,新闻话语能够通过构建语境进而实现特定意义的传达。有学者从心理语言学角度分析认为,当文化语境与语言语境冲突时,语言语境会起决定作用①。甚至,通过语境重构实现话语操纵,也正是西方国家常用于攻讦中国等发展中国家的话语方式。因此,推动中国声音的在地全球化,就需要主流媒体构建易于对象国理解的语境,强化实效性和亲和力。国际传播的本质是信息传播活动,国际传播的受众群体具有思想文化、生活习惯的异质性。主流媒体需要跨越语言隔阂和文化差异,形成乐于接受和易于理解的对外话语,采用贴近不同区域、不同国家、不同群体受众的精准传播方式,提供更丰富的共情共鸣的话语表达,让更多国外受众听得懂、听得进、听得明白,增强文化传播亲和力,扩大国际舆论朋友圈。

此外,媒体的对外传播活动应当具有全球关照,契合和平与发展的时代主题,贫困人口、难民全球流动、恐怖主义、全球气候问题、全球流行病等都是全球关注的、可以深耕的对外传播主题。在全球视野中反映中国价值,以情绪、情感为启动,生动叙事为路径,故事背后的思维逻辑也更容易被理解与认同。封面新闻出品的纪录片《与大熊猫为邻》(*Being Neighbors with Pandas*),描摹出中国国宝大熊猫与四川硗碛藏族乡村民和谐共处的生活故事,从点滴中渗透出生态保护的理念已经深入每位村民心中。

(四)加强传播手段和表达方式创新

对于主流媒体而言,在陈述表达层的创新具有独特的优势。构建对外话语体系,在最直观的层面要加强话语表达创新,通过娓娓道来、绵绵用力,达到久久为功的效果。在表达策略上,主流媒体越来越频繁地通过外籍记者、外籍学者和国际网红讲述中国故事,运用"借船出海""借筒传声""借台唱戏"等方式,提升国际传播影响力,这在我国媒体对外传播中的应用也愈加频繁。例如,短视频《中国表达》讲述了英国人类学

---

① 王国凤.语言语境与新闻理解:英语硬新闻语篇评价策略解读[J].外语教学与研究,2012,44(5):671-681,799-800.

家詹姆斯拜师学习唢呐的故事，詹姆斯将唢呐视为古老中国表达情感的独特方式，该产品获得了中国网2021“讲好中国故事”创意传播大赛一等奖。

由于西方国家掌握着重要的国际传播平台渠道，对中国账号的平台限流与封号的情况时有发生，而适宜的传播手段和表达方式，有利于畅通传播渠道，减少信息抵达的阻碍因素。在2022年佩洛西窜访台湾事件中，CGTN多语种主播、评论员接受了包括英国广播公司（BBC）、今日俄罗斯（RT）、法国24电视台（France 24）、拉美新闻联盟、伊朗英语新闻台（Press TV）等国际媒体的采访，在重大国际问题上“借筒传声”，以西方的冲突型话语方式展开交流对话，鲜明阐释中国原则和中国立场。

在表达方式方面，近年来主流媒体涌现出一些优秀的国际传播作品案例，巧妙地通过视听技术与情感启动，取得了良好的传播效果。例如，央视网着力打造的“熊猫频道”（iPanda），联动全球的熊猫基地，不间断推出大熊猫的趣味故事，通过全景图片、慢直播、短视频等方式呈现，目前“精彩一刻”系列，已更新至近1.9万集。而iPanda的YouTube账号，每天发布数条英文剪辑短视频，通过趣味短视频激发国际网友互动，每条也都获得了数千次的浏览量。未来，主流媒体加强国际传播能力，可以从爆款产品向品牌集群发力，从业务单品向IP化进军。[①]

六、结语

构建对外话语体系是一项极为重要的命题，这不仅关系到国家形象建构、国际话语权提升，从长远来看更是为营造稳定有利的外部舆论环境、推动构建人类命运共同体提供了有力保障。加强国际传播能力建设，精心构建对外话语体系，是我国主流媒体面临的机遇与挑战。目前我国主流媒体对外话语存在一定的效果困境：在国际热点问题上的主动权不足，在重大问题上的主导权不够，存在“声音比较小”“有理说不出”“说了传不开”“传开叫不响”等多重话语困境。媒体的发展潜力和独特优势需要进一步研究和发掘。

主流媒体对外话语体系建设是一项系统任务。一方面，话语体系建构有其自身的规律。厘清中国对外话语体系的层次结构，明确其在思想价值、理论知识、陈述表达等层次的内容范畴和逻辑关系是提升主流媒体对外话语说服力的基础。另一方面，对外话语体系建设是一项战略工程。在国内国际两个大局的统筹形势下，对外话语体系建设具有特定的价值目标且联动多元主体，需要加强顶层设计和研究布局，促成有效联

① 曾祥敏，李刚.我国媒体深度融合发展中的关键问题[J].现代出版，2021(2)：65-74.

动机制,才能形成战略传播合力。

〔曾祥敏,中国传媒大学电视学院教授,博士生导师;杨丽萍,中国传媒大学电视学院广播电视学专业2021级博士研究生〕

〔特约编辑:付晓光〕

后真相时代中国媒体国际传播能力建设研究①

——基于《新闻记者》评选的虚假国际新闻的内容分析(2001—2020)

Research on the International Communication Capacity Building of China Media in the Post-truth Era

—Based on the Content Analysis of the Annual False International News in Shanghai Journalism Review (2001—2020)

◎ 罗自文　楚颖盈

Luo Ziwen　Chu Yingying

摘要:在后真相时代,中国媒体只有高效识别并科学预防虚假国际新闻的生产与传播,才能建设可信的国际传播能力。对 2001—2020 年《新闻记者》评选的虚假国际新闻进行内容分析,我们发现纸媒、网络媒体是虚假国际新闻的主要刊播载体,其稿件主要来源于责任媒体的自采和编译,直接原因在于引用了不真实、不平衡的消息,根本原因在于记者采访不细、编辑核查不严。本文最后认为,我们需要提升记者和编辑的新闻伦理和专业素质,培育广大受众的新闻素养和把关意识,优化包括事实核查机制和纠错处罚规范在内的传播生态,从而提升媒体公信力,促进国际传播能力建设。

关键词:后真相时代;中国媒体;国际传播;虚假国际新闻;《新闻记者》

Abstract: In the post-truth era, only by efficiently identifying and scientifically preventing the production and dissemination of false international news can China media build a credible international communication capability. Through the content analysis of the false international news in Shanghai Journalism Review from 2001 to 2020, it is found that the paper media and online media are the main carriers of false international news, and their manuscripts mainly come from the self-collection and compilation of the responsible media. The direct reason lies in quoting untrue and unbalanced news sources, and the fundamental reason lies in the reporter's poor interview and lax editing and verification.

① 本文系中国社会科学院大学校级科研项目“新媒体语境下国际传播与中国对外话语体系建构研究”(项目编号:YBZX20230023)的中期成果。

Finally, this paper holds that it is necessary to improve the journalistic ethics and professional quality of reporters and editors, cultivate the news literacy and gatekeeper awareness of the audience, and optimize the communication ecology including the fact checking mechanism and the norm of error correction and punishment.

Keywords: post-truth era, China media, international communication, false international news, *Shanghai Journalism Review*

一、引言

(一)研究背景

随着移动互联网、大数据、人工智能等技术的相继出现，新闻信息的生产数量和传播速度显著提升，人们对于新闻信息的情感关注超出对真实性的关注，人类社会同步进入移动网络时代和后真相时代。在后真相时代，西方媒体长期有选择性地报道中国，西方受众基于固有的观念和情感解读中国，共同形成异化的中国形象。这种状况妨碍了中西之间的文化交流，难以建构和谐的大国关系，也必将影响“人类命运共同体”的建构进程。

党的二十大明确指出，未来五年是全面建设社会主义现代化国家开局起步的关键时期，一个主要任务是加强国际传播能力建设，全面提升国际传播效能，形成同我国综合国力和国际地位相匹配的国际话语权。① 加强中国媒体国际传播能力建设是一个系统工程，其中提升中国媒体的国际可信度是一个非常有效的途径，在具体业务和操作上保证新闻报道的真实性就是一个重要前提。

在移动网络时代，记者不到现场就能获得新闻素材，由于采访不够细致、事实核实不严，导致虚假新闻出现的概率大幅上升。受到新闻时效、阅听率、网络流量等多方面的竞争压力，新闻媒体会采用更多的稿源，追求更快的发稿速度，倾向于刊播更有轰动效应的新闻，这些都给新闻的真实性带来潜在的风险。自 2001 年以来，《新闻记者》杂志社每年都举办一次虚假新闻的评选，对这些年度虚假新闻进行研究具有很好的学理

---

① 习近平.高举中国特色社会主义伟大旗帜 为全面建设社会主义现代化国家而团结奋斗：在中国共产党第二十次全国代表大会上的讲话[M].北京：人民出版社，2022：46.

价值和实践指导意义。

(二)研究意义

真实性是新闻的生命。只有持续报道客观、真实的新闻,才能构建传媒的公信力,进而形成传播力、影响力和引导力。建设中国媒体的国际传播能力,一方面必须正视新闻的真实性,另一方面也不能忽视虚假新闻。研究虚假新闻的特征、成因和应对,不但可以有效防治虚假新闻的生产和传播,而且可以提升新闻工作者报道、受众阅听真实新闻的意识和能力。

中国知名学术期刊《新闻记者》评选的年度虚假新闻,不仅传播影响大,而且具有很好的代表性。研究其中的虚假国际新闻,重点归结其总体样貌和具体特征,进而剖析其生产过程和失实原因,分析不同的纠错机制与虚假新闻类型之间的关联。这不仅是对记者、编辑的一种警示,更有助于中国媒体提升专业素质,特别是提升事实核查能力,进而提升新闻报道的真实性和公信力,夯实国际传播能力。

二、文献探讨与研究问题

(一)文献综述

关于国际传播能力的研究主要集中在国际传播及国际传播能力的内涵、意义、构成、指导思想、评价指标、话语构建和提升策略等方面。其中,提高中国媒体的国际传播力,从宏观上在于"讲好中国故事"以及相应的体制和机制建设;[①]从微观上在于传播的内容和技巧方面,其中重点在于报道的客观性以及建构其上的公信力;[②]公信力是媒体国际传播能力评价的核心指标;[③]美国学者梅耶(Meyer)认为,公平、无偏见、报道完整、正确和可靠性五个指标是构成公信力的最佳指标;[④]新闻媒体公信力的一个重要方面在于新闻必须真实。[⑤]

关于虚假新闻的研究主要涉及界定、分类、特征、成因、危害和对策,杨保军认为假

① 张君昌,陈积流,张引.构建中国特色战略传播体系,着力提升国际传播能力[J].新闻战线,2022(15):10-14.

② 郑保卫,李晓喻.谈对外传播媒体的公信力建设[J].对外传播,2013(4):8-10.

③ 郭光华.全媒体时代:我国媒体国际传播能力的建构和评价[J].视听界,2020(1):19.

④ MEYER P. Defining and measuring credibility of newspapers: developing and index[J].Journalism & mass communication quarterly, 2016,65(3):567-588.

⑤ 张志新.新闻媒体公信力解读[J].新闻采编,2004(2):21-22.

新闻是没有任何客观事实根源的"新闻",[①]钟昭会认为根据报道领域、题材、内容等标准可以有不同的假新闻分类,[②]王君认为假新闻具有谣言的"重要性"和"模糊性"特征,[③]佩蒂亚·吉维认为假新闻的目的在于获得财政或政治上的利益,[④]郭沙、杨瑾认为假新闻泛滥会造成侵权、误导并损害媒体公信力,[⑤]庹继光、刘海贵认为应该推行公益诉讼、扩大监督主体、提高造假成本,从源头上遏制假新闻的产生。[⑥]

新近研究更多地基于跨学科视角,从理论、技术的角度探讨虚假新闻的成因与防治,莫里兹等认为,由于"回音室效应""信息茧房"导致受众"向边缘移动",从而相信虚假新闻;[⑦]布瑞恩·豪斯认为,要对抗虚假新闻必须教授民众批判性思维与媒体素养课程;[⑧]科尔伯特认为"认知缺陷"导致人们一方面更容易怀疑别人的观点,另一方面更盲目相信自己的观点。[⑨] 其中,一个特别重要的趋势是,注重建立完善的纠错机制和惩戒机制,来防治虚假新闻、建立媒体的公信力,麻省理工学院计算机科学与人工智能实验室(CSAIL)和卡塔尔计算研究所(QCRI)的研究人员认为机器学习系统有助于从源头上检测虚假新闻。[⑩]

国内外关于国际传播能力与虚假新闻的研究,鲜有系统涉及虚假新闻特征与媒体传播能力建设之间的关联。本文试图以虚假国际新闻为切入点,通过系统分析其类别、特征、成因和纠错机制,让虚假国际新闻更容易被识别,从而打断其传播链条,进而提升传播者的专业素质、受众的新闻素养,从传播过程的两端入手,消除虚假国际新闻生产与传播的土壤和环境,从而构建中国媒体的公信力和国际传播能力。

(二)理论框架

对于防治虚假新闻而言,最重要的理论是"把关人"理论。该理论最早由库尔特·

---

① 杨保军.认清假新闻的真面目[J].新闻记者,2011(2):4.

② 钟昭会.报刊假新闻现象概述及成因分析[J].渝西学院学报(社会科学版),2003(4):107.

③ 王君.当代社会虚假新闻传播过程分析[J].中国市场,2010(40):149.

④ KIWI P. What is ...fake news? [M].London: Jovian Press, 2018:15-19.

⑤ 郭沙,杨瑾.假新闻对社会影响的分析研究[J].科技信息,2010(32):74-75.

⑥ 庹继光,刘海贵.虚假新闻中的传媒法律责任探析[J].新闻记者,2012(4):36.

⑦ MORITZ S, KOTHER U, WOODWARD T S, et al. Repetition is good? An internet trial on the illusory truth effect in schizophrenia and nonclinical participants[J]. Journal of behavior therapy and experimental psychiatry, 2012, 43(4):1058.

⑧ HOUSAND B C. Fighting fake news: teaching critical thinking and media literacy in a digital age[M]. Austin: Prufrock Press, 2018.

⑨ KOLBERT E. Why Facts Don't Change Our Minds[EB/OL]. (2017-02-27)[2023-03-01]. https://www.newyorker.com/magazine/2017/02/27/why-facts-dont-change-our-minds.

⑩ BALY R, KARADZHOV G, ALEXANDROV D, et al. Predicting Factuality of Reporting and Bias of News Media Sources [EB/OL]. (2019-01-20)[2023-03-01]. https: / /arxiv.org/pdf /1810. 01765. Pdf.

卢因提出[①]，后经德弗勒[②]等人的发展，已经成为研究传播者和新闻传播的一个重要理论。本研究运用“把关人”理论涉及两个层面：第一个层面是虚假新闻的生产环节，主要涉及稿件来源、消息来源以及稿件作者类型的分析；第二个层面是虚假新闻的消费环节，主要运用在纠错机制方面的分析。其中，生产把关有助于建立媒体公信力，从而提高传播力。

本研究运用的第二个理论是“新闻素养”理论。本研究所用的“新闻素养”不是针对编辑、记者的专业素质，而是针对受众辨别“虚假新闻”的能力。新闻素养最早由美国人比尔·科瓦齐和汤姆·罗森斯蒂尔提出[③]，目前在国外研究和运用都相对比较普遍，在中国的研究最早见于陈力丹的论文[④]，后来刘海龙[⑤]、秦学智[⑥]等进行了较为深入的研究。虚假新闻的形成，既有记者、编辑把关不严的原因，也有迎合受众“娱乐致死”[⑦]的因素。如果能够有效提升受众的新闻素养，那么就会从新闻的“消费端”产生抑制作用，进而传导到“生产端”，从而减少虚假新闻的生产和传播，提升媒体的传播能力。

“报刊的有机运动”理论最早由马克思提出，该理论认为，新闻报道揭示事实真相是一个过程，随着报道在纵向时间维度的连续跟进、修正以及在横向维度的分工与合作，事实真相最终就会被呈现出来；其核心观点在于，任何新闻的真实都不是静止的，而是运动的，新闻应该随着时间的推移不断地进行修正和完善。[⑧] 当下，中国媒体遇到重大突发事件时，因为害怕新闻失实而不敢在第一时间进行报道；或者遇到自身媒体新闻失实时，不敢主动承认错误、公开道歉，乃至不处罚责任人，就是对于这一理论理解不到位、运用不彻底造成的。把握“报刊的有机运动”的理论精髓，有助于中国媒体夯实专业能力，提升媒体公信力。

---

① LEWIN K. Frontiers in group dynamics - part ii. channels of group life, social planning and action research [J]. Human relations, 1947,18(2):143 - 156.

② 德弗勒,鲍尔-洛基奇.大众传播学诸论[M].杜力平,译.北京:新华出版社,1990:155.

③ KOVACH B, ROSENSTIEL T. Blur: how to know what's true in the age of information overload[M]. New York: Bloomsbury Publishing, 2010.

④ 陈力丹.树立全民“新闻素养”理念[J].新闻记者,2014(4):62.

⑤ 刘海龙.新闻素养与下一代新闻业[J].新闻记者,2014(4):69-75.

⑥ 秦学智.试论新闻素养教育的几个基本问题:由美国石溪大学新闻素养暑期课程教学思想引发的思考[J].现代传播(中国传媒大学学报),2014(2):139-142.

⑦ POSTMAN N. Amusing ourselves to death[M]. New York: Penguin Books, 1985:4.

⑧ 马克思恩格斯全集:第1卷[M].北京:人民出版社,1956:211.

(三)研究问题

本文的核心研究问题是如何建设中国媒体的国际传播能力,重点是如何培养记者和编辑的事实核查能力,其内在的逻辑在于,事实核查能力决定新闻的“保真”能力,新闻的“保真”能力决定媒体的公信力,公信力决定媒体的影响力和引导力,并最终决定中国媒体的国际传播能力。与此相对应的是,如何通过分析、归结虚假国际新闻的类型和特征,提升受众的虚假新闻辨别能力,从而提升其新闻素养?进而从新闻信息的“消费端”和市场环境净化国际新闻的传播生态。

针对核心研究问题,本文进一步提出以下研究分问题:

1.虚假国际新闻在题材、发布媒体、责任作者、稿件来源和信息来源方面具有什么样的特征?

2.虚假国际新闻最为主要的失实表现是什么?是什么原因导致了这一失实表现?

3.虚假国际新闻在内容特征、失实原因和纠错机制方面是否存在内在的相关性?如果存在,它们又是以何种方式相互影响?

4.虚假国际新闻未来在内容特征、失实原因和纠错机制方面是否会有明确的变化趋势?如果有,对预防虚假新闻有什么启示?

5.中国媒体针对虚假国际新闻的特征和发展趋势,如何有针对性地选择发展战略,以提升其公信力和国际传播能力?

三、研究方法

(一)核心概念与操作定义

广义假新闻是指一切偏离事实的新闻,狭义假新闻特指故意编造的新闻。本文的虚假新闻是指广义的假新闻,因此既包括失实新闻,也包括编造新闻。本文认为国际新闻是针对国内受众报道涉及境外人、事、物的报道。在操作上,只要《新闻记者》评选出的年度假新闻报道涉及中国大陆以外的人物、事件,或者涉及国际组织、国际活动、国际关系的新闻,均视为虚假国际新闻。

(二)数据来源与选择标准

本文从 2001— 2020 年《新闻记者》评选的 210 条“虚假新闻”中,挑选符合国际新闻概念外延要求的70条“虚假新闻”作为研究样本。进而按照社会统计学的原理，对国际虚假新闻的报道议题、刊播的责任媒体、采编的责任作者、国际虚假新闻的稿件来源①，以及国际虚假新闻的消息来源、失实原因、纠错时间、纠错主体、纠错行为等要素，按照穷尽、互斥、独立的原则进行类型划分与编码。

（三）数据采集与分类编码

根据样本特点，本文将上述九种一级类目进行二级分类并编码，具体样本分类与编码见表1。

表1　研究样本分类与编码表

<table>
<tr><th></th><th>分类</th><th>编码</th></tr>
<tr><td rowspan="4">议题</td><td>政治经济（含政治、财经、法治、外交、军事、产业）</td><td>①</td></tr>
<tr><td>社会生活（含社会、民生、健康）</td><td>②</td></tr>
<tr><td>文体娱乐（含历史、文化、体育、娱乐）</td><td>③</td></tr>
<tr><td>科学教育（科学、技术、教育、培训）</td><td>④</td></tr>
<tr><td rowspan="4">责任媒体</td><td>纸媒（含报纸、杂志）</td><td>①</td></tr>
<tr><td>广电媒体（含广播、电视）</td><td>②</td></tr>
<tr><td>网络媒体（含通讯社、网站、博客）</td><td>③</td></tr>
<tr><td>其他媒体（含微信、微博和客户端）</td><td>④</td></tr>
<tr><td rowspan="5">作者类型</td><td>记者（含特约记者）</td><td>①</td></tr>
<tr><td>编辑</td><td>②</td></tr>
<tr><td>实习生</td><td>③</td></tr>
<tr><td>通讯员</td><td>④</td></tr>
<tr><td>其他（含自由撰稿人、无署名作者、多类作者）</td><td>⑤</td></tr>
<tr><td rowspan="3">稿件来源</td><td>自采</td><td>①</td></tr>
<tr><td>编译</td><td>②</td></tr>
<tr><td>转载</td><td>③</td></tr>
<tr><td rowspan="2">消息来源</td><td>明确来源（含权威来源、非权威来源、虚构作品、编造来源）</td><td>①</td></tr>
<tr><td>无明确来源（匿名来源、无来源）</td><td>②</td></tr>
</table>

① 不同于消息来源，稿件来源是指虚假新闻原刊播媒体新闻稿的来源。其中，在新闻的开头或末尾署名本媒体记者（含实习生、通讯员）的为自采，署名本媒体编辑（含自由撰稿人、无署名作者、多类作者）或标注为本媒体编译的为编译，明确标注转载媒体（含通讯社）的为转载。

续表

	分类	编码
失实原因	故意造假(针对自采)	①
	新闻与小说混淆(针对编译和转载)	②
	采访不细(针对自采)	③
	事实核查不严(针对编译和转载)	④
纠错时间	1天之内	①
	2—7天	②
	8—30天	③
	31天及以上	④
纠错主体	本媒体(指发稿媒体)	①
	他媒体(指发稿以外的其他媒体)	②
	网民(指网民个人)	③
	其他	④
纠错行为	解释	①
	更正	②
	道歉	③
	处罚	④

(四)交互信度检验

对于内容分析而言,其难点在于虚假国际新闻定义的多样性和特征分类的多元性,进而导致类目设置和相应编码的复杂性。为了保证后期编码的可靠性和有效性,在对样本进行正式编码工作之前,我们预先提取样本总量的15%试编码,进行交互信度检验。本文的编码工作由两个人完成,对于随机抽取的10条虚假国际新闻,每位编码员在试编码过程中各自产生100个编码,其中89个编码相同,相同比例为89%,符合交互信度要求。

四、数据分析与发现

（一）描述性分析与类型分布特征

1.政治经济和文体娱乐议题多，社会生活和科学教育议题少

在《新闻记者》2001—2020 年评选的 70 条虚假国际新闻中，政治经济和文体娱乐议题多，社会生活和科学教育议题少（见表 2），有三个方面的原因。首先，在中国改革开放不断深入的背景下，中国与世界的联系日趋紧密，中国民众更加关心国际政治；其次，中国经济日益融入世界经济之中，中国居民的投资性收入比例升高，也促使他们关注国际经济；最后，经过文本细读我们发现，在虚假国际政治经济新闻中，很大一部分是由于中国媒体的错误转载造成的，比如把“洋葱新闻”“讽刺新闻”当成了严肃、真实的新闻。

表 2　2001—2020 年 70 条国际虚假新闻议题类型分布情况

议题类型	政治经济	社会生活	文体娱乐	科学教育
数量	28	14	24	4
所占百分比	40%	20%	34.3%	5.7%

2.纸媒和网络媒体失实多，广电媒体失实少

经过文本细读我们发现，尽管记者和编辑没有主观造假的动机，但是由于记者采访不细、编辑核实不严，造成了一些虚假国际新闻登上了报纸和杂志的版面。虽然广电媒体的实际统计结果与一般认知相同，但是经过深入分析我们发现，人们感觉广电媒体播出的虚假国际新闻数量很少，并不是广电媒体人对假新闻练就了“火眼金睛”，也不是核查机制切实高效，只是由于广电媒体一遍过的播出特征，很难留下证据而已。在采写环境发生大幅度变化、过度追求新闻时效、盲目追求轰动效应和流量的背景下，包括广电在内的媒体出现虚假新闻也在情理之中。（见表 3）

表 3　2001—2020 年 70 条国际虚假新闻责任媒体分布情况

媒体类型	纸媒	广电媒体	网络媒体	其他
数量	36	1	30	3
所占百分比	51.4%	1.4%	42.9%	4.3%

3.记者和编辑为虚假新闻负主要责任

经过深入分析我们发现,出现表4的情况与媒体的管理体制相关。在媒体现有管理体制下,无论是实习生还是通讯员都鲜有单独发稿机会,大都是与记者共同完成新闻采写工作。因此,记者会投入大量的时间和精力进行核实把关,出现虚假新闻的可能性很小。这也是尽管实习生和通讯员专业素养不高,但是他们生产虚假新闻很少的原因。记者和编辑成为虚假新闻的重点责任人群,一方面,他们承担着媒体几乎所有的采编任务,出错的概率大;另一方面,网络环境削弱了记者深入采访的意愿和编辑的事实核查能力。

表4　2001—2020年70条国际虚假新闻作者类型分布情况

作者类型	记者	编辑	实习生	通讯员	其他
数量	30	35	0	2	3
所占百分比	42.8%	50%	0%	2.9%	4.3%

4.虚假新闻大多是自采和编译稿件,转载失实较少

与大众的一般认知不同,表5的统计数据表明:自采和编译的稿件多,转载的稿件少。进一步分析发现,出现这种情况是与中国媒体的国际新闻采制流程相关的。在现有国际新闻采制流程下,无论是国家级媒体还是地方媒体;也无论是广电媒体还是纸媒,都不可能派驻记者到世界各地进行实地采访,大都是通过少量的驻外记者实地采访,结合本地记者、编辑通过网络采访和编译获得新闻素材,如果不便核实或者核实不深入,就会给虚假新闻以可乘之机。

表5　2001—2020年70条国际虚假新闻稿件来源分布情况

稿件来源	自采	编译	转载
数量	31	31	8
所占百分比	44.3%	44.3%	11.4%

5.虚假国际新闻绝大多数有明确消息来源

虚假国际新闻绝大多数有明确消息来源,具体数值见表6,这与人们的常识相反。21世纪初,人们对假新闻认知不深,往往只关注新闻价值而忽略了对新闻事实的核实。在21世纪第二个十年,人们特别是媒体的编辑、记者认识到新闻真实的重要性,对没有明确消息来源的新闻,一般秉承“宁缺毋滥”的原则进行处理,这种“三无”产品

就很难在媒体上刊播。有明确消息来源居然是虚假新闻的最大特征，这充分说明假新闻在“后真相时代”已经升级换代，迷惑性更强，负面影响也更大。

表6　2001—2020年70条国际虚假新闻消息来源类型分布情况

消息来源	有明确来源	无明确来源
数量	67	3
所占百分比	95.7%	4.3%

6.事实核查不严是新闻失实的最重要原因

事实核查不严是新闻失实的最重要原因，具体数值见表7。其中，新闻与非新闻混淆的最少，说明中国媒体善于反思和总结，发现国外的“洋葱新闻”“讽刺新闻”的问题，就会把这类新闻和经常刊播的网站、栏目、播客从白名单中剔除，基本实现了“人不会第二次踏入同一条河流”。编辑核实不严是造成新闻虚假的最重要原因，主要有以下几种原因：第一，编译和转载的国际新闻比例大，自采的相对较少；第二，编辑的事实核实能力还要进一步强化；第三，媒体的事实核实机制还要进一步优化。

表7　2001—2020年70条国际虚假新闻失实原因类型分布情况

原因类型	故意造假	新闻与非新闻混淆	采访不细	核查不严
数量	15	2	13	40
所占百分比	21.4%	2.9%	18.6%	57.1%

7.虚假国际新闻大多数在一周内被发现并纠错

虚假国际新闻大多数在一周内被发现并纠错，具体数值见表8。深入研究后我们发现，任何媒体都不要存在侥幸心理，只要有造假行为，或者刊播失实新闻，最终必然被发现，并会受到道德、良心、法律的惩处，给自身的声誉和媒体的社会、经济效益带来长期的损害。随着网络传播的普及和深入，大部分假新闻都会在一个星期内获得纠正，其中更有约三成的虚假新闻会在一天之内被发现并纠错。这些说明虚假新闻的事实核查并不难，也不需要太多的精力和成本，关键在于有无这样的意愿和责任心。

表 8　2001—2020 年 70 条国际虚假新闻纠错时间类型分布情况

纠错时间	1 天之内	2—7 天	8—30 天	31 天及以上
数量	22	36	7	5
所占百分比	31.4%	51.4%	10%	7.2%

8.自我纠错的比例远低于他人纠错的比例

自我纠错的比例远低于他人纠错的比例,具体数值见表 9,这与大众的一般认知相符。他媒体和本媒体自身参与纠错的比例合计为 92.9%,说明中国媒体的专业水平和职业操守比普通民众高出一个档次,媒体依然是中国当下新闻打假的主力军。经过文本细读我们发现,本媒体主动纠错的比例大大低于他媒体。其中很重要的一个原因在于,本媒体对于新闻纠错的认识不够:一方面认为新闻失实的主要原因不在于自身,因此不愿意主动承认错误;另一方面认为刊播虚假新闻是一件非常不光彩的事情,如果主动承认错误,可能会给媒体带来经济效益的损失。殊不知,纠错不及时、不主动,只能暂时护短,长期势必影响个人乃至媒体的品牌和声誉。

表 9　2001—2020 年 70 条国际虚假新闻纠错主体类型分布情况

纠错主体	本媒体	他媒体	网民	其他
数量	18	47	4	1
所占百分比	25.7%	67.2%	5.7%	1.4%

9.道歉和处罚的比例相对较低

道歉和处罚的比例相对较低,具体数值见表 10。无论是编辑、记者主动造假,还是记者采访不细致、编辑核实不严导致的被动造假,虚假新闻的刊播都是一个不容忽视的污点,对此媒体需要高度重视:首先需要在第一时间更正,任何解释和说明对读者或者观众而言都是辩解,既于形象修补无益,也对业务能力提升不利;其次需要主动、公开、诚恳地道歉,一方面是态度问题,另一方面也能及时止损,防止自身形象继续负向下滑;最后,需要对相关责任人进行处罚,并以此为契机进行深刻反思和全员教育,以期对媒体全体员工敲响警钟,进而防微杜渐。

表 10 2001—2020 年 70 条国际虚假新闻纠错行为类型分布情况

纠错行为	解释	更正	道歉	处罚
数量	3	54	10	3
所占百分比	4.3%	77.1%	14.3%	4.3%

(二)相关性统计与原因分析

本文以 SPSS 软件作为分析工具,希望通过数据分析,建立虚假国际新闻各项特征元素的相关性,为防治虚假国际新闻和建设中国媒体国际传播能力提供策略和思路。首先,根据 2001—2020 年《新闻记者》评选的年度虚假国际新闻的编码数据,编制"虚假国际新闻相关因素矩阵",鉴于研究所涉变量均为分类变量,因此将采用卡方检验方法分析各变量之间的相关性,同时以 Cramer V 值反映关联强度,以期据此发现隐藏的相关信息及各变量直接的关系。

基于对整体数据的系统分析,最终发现和形成以责任媒体、责任作者为核心主体的相关变量矩阵,研究与责任媒体呈较显著相关性的变量,并据此找到虚假国际新闻形成的主要原因和防治策略。

从表 11 可以看出,与责任媒体呈较显著相关性的变量包括作者类型(Cramer V=0.244)、稿件来源(Cramer V=0.306)、失实原因(Cramer V=0.224)。虚假新闻作者大部分是责任媒体的编辑和记者,这是责任媒体与虚假新闻作者呈正相关的首要原因;经过文本细读,我们发现责任媒体的编辑事实核查不严,是导致新闻失实的重要原因,也是责任媒体与虚假新闻作者相关的原因之一。如果稿件来源是自采和编译,那么在很大程度上,假新闻的责任媒体就是报纸、杂志和网络,这也导致责任媒体与稿件来源呈正相关。深入研究后我们发现,假新闻失实的主要原因是核查不严,这种情况常常是媒体编辑工作不到位造成的,结果导致所在媒体成为假新闻的责任媒体,这也是责任媒体与失实原因呈正相关的原因所在。

表 11 责任媒体相关性变量矩阵深入分析——效应量指标

分析项	Phi	列联系数	校正列联系数	Cramer V	Lambda
作者类型	0.423	0.389	0.450	0.244	0.226
稿件来源	0.433	0.398	0.487	0.306	0.085
失实原因	0.388	0.361	0.417	0.224	0.195

从表 12 可以看出,与责任作者呈显著相关性的变量是稿件来源(Cramer V=0.637)、失实原因(Cramer V=0.535)。责任作者最多的是编辑与记者,对应的失实稿件来源是编译和自采,这是责任作者与稿件来源呈显著相关的原因。经过文本细读,我们发现大多数虚假国际新闻的稿件来源于自采和编译,自采失实的原因肯定是记者采访不细,编译失实的原因则是编辑事实核实不严,这就是责任作者与失实原因呈显著正相关的原因。在相关性分析过程中也发现,责任媒体与纠错主体呈一定的负相关性,之所以会出现这种情况,主要是因为责任媒体自我纠错的比例相对较低,责任媒体和纠错主体往往会错位,也就是说责任媒体不会自我纠错,纠错主体往往是更正其他媒体的虚假国际新闻,这也符合前述的"认知缺陷"理论。

表 12　作者类型相关性变量矩阵深入分析——效应量指标

分析项	Phi	列联系数	校正列联系数	Cramer V	Lambda
稿件来源	0.901	0.669	0.820	0.637	0.610
失实原因	0.926	0.680	0.785	0.535	0.578

(三)趋势性分析及发展预测

在进行描述性和相关性研究的基础上,为了探究虚假国际新闻相关各因素的发展趋势,我们首先对 2001—2005 年虚假新闻的作者类型、稿件来源、失实原因进行统计,然后使用三年移动替代法依次求出 2004—2008 年、2007—2011 年、2010—2014 年、2013—2017 年和 2016—2020 年的频数,即围绕上述三类指标,以五年为一周期,以每周期起始年份为起始节点,向后顺移三年定为下一周期起始节点,继而计算得出各周期内相关指标数据的平均数为本周期频数,以该频数为参照,进行各影响因素的趋势性分析。

1.记者和编辑仍是预防虚假新闻的关键人物

从图 1 可以看出,记者和编辑一直是虚假国际新闻的主要责任作者,尽管在不同时期,二者的比例此消彼长,但是二者合并后的比例一直很高。这说明记者和编辑一直是虚假新闻的重要责任者,因此既是预防假新闻的关键人物,也是构建国际传播能力的重要担当者。其他(含自由撰稿人、无署名作者)自 2012 年起,通讯员自 2015 年起,开始作为虚假新闻责任者的比例逐渐提升,说明媒体要么需要投入更多资金,派驻更多的编辑、记者进行国际新闻的采编;要么需要加大对通讯员和自由撰稿人的事实核查能力培训。

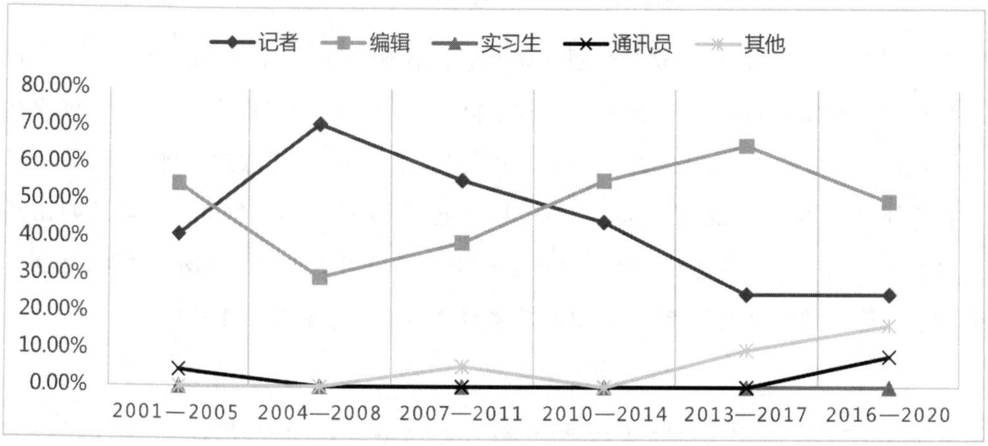

图 1　不同作者类型虚假新闻发生频率趋势图

2.自采和编译稿件是未来事实核查的重点

从图 2 可以看出，虽然转载的虚假国际新闻比例不到两成，但是 2006 年是一个拐点，在此之前一直呈下降趋势，在此之后则一直呈上升趋势。对此，为了提升中国媒体的国际传播力，可以针对国际媒体建立白名单制度，这样既能保证国际新闻报道的广度和效率，又能提升转载新闻的门槛，以有效防止国际新闻的转载失实。自采和编译一直在高位运行，虽有起落，但是两者合计一直在八成以上。说明失实新闻的主要来源还是在媒体内部，无论是防治假新闻还是提升国际传播能力，提升记者和编辑的专业技能，特别是事实核查能力都显得至关重要。

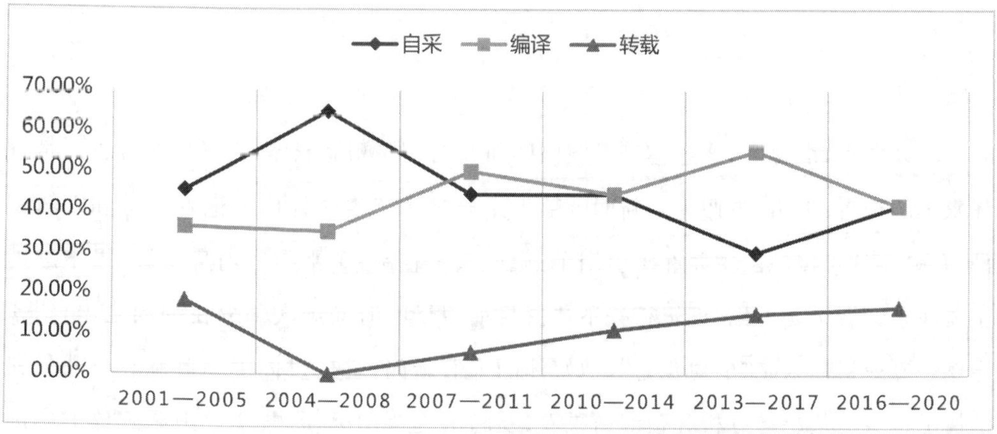

图 2　不同稿件来源虚假新闻发生频率趋势图

3.事实核查不严持续成为失实的主要原因

从图3可以看出,对于故意造假的国际新闻比例而言,2012年是一个拐点,在此之前相当长一段时间里,这个比例一直在下降,从2006年的四成下降到2012年的不到一成;2012年之后,这个比例一直在缓慢上升,在2018年增加到三倍,无论是新闻工作者还是媒体都不能掉以轻心。自2006年起,事实核查不严的虚假国际新闻比例一直在上升,在2015年达到七成。这说明此类失实原因造成的虚假国际新闻,是今后防治假新闻必须治理的重点领域,中国媒体需要不断完善事实核查机制。

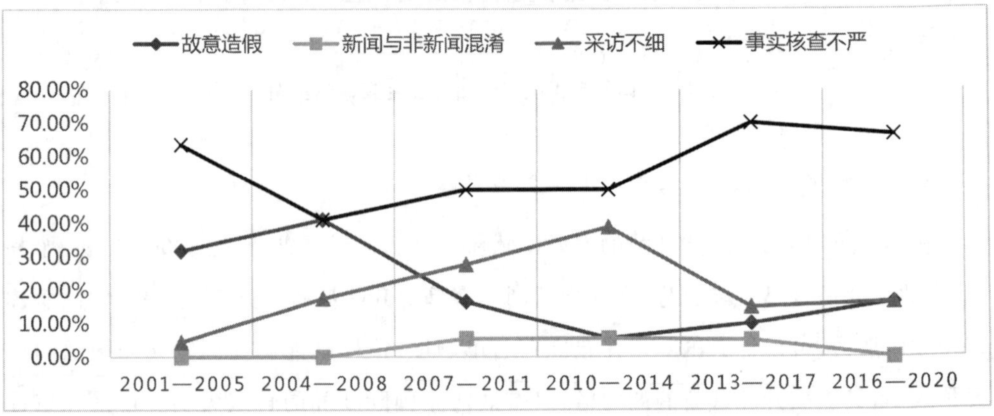

图3 不同失实原因虚假新闻发生频率趋势图

五、结论与讨论

(一)结论

研究发现,纸媒、网络媒体是虚假国际新闻的主要刊播载体,其责任作者主要是责任媒体的记者、编辑,虚假国际新闻的稿件主要来源于责任媒体的记者自采和编辑编译,其失实的直接原因主要在于引用了不真实、不权威、不平衡的消息来源,根本原因主要在于记者采访不细、编辑核查不严。目前纠错的时间绝大部分在一周之内,纠错主体是专业媒体,纠错的对象是其他媒体的虚假新闻,责任媒体主动道歉和自我处罚的情况很少。从趋势分析和预测结果看,要防治虚假国际新闻,建设中国媒体的国际传播能力,需要提升记者和编辑的新闻伦理和专业素质,培育广大受众的新闻素养,建立包括事实核查机制和纠错处罚规范在内的良好传播生态。

1.需要强化媒体的专业能力和国际视野

在后真相时代，尽管普通民众对事情的情感关注胜过对真实的关注，但是这丝毫不能成为记者和编辑放松事实核查的理由。在这样一个特殊的时代，我们有必要重温列宁的“报刊的有机运动”理论，这其实是在强调新闻的真实是一种发展的真实，新闻工作者应该不断地向前看和向后看，基于事件的发展不断地更正、更新事实和补充完善事实。在前述统计数据中，政治经济和文体娱乐议题的国际虚假新闻比较多，一个方面说明这类题材比较受国际受众欢迎，另一个方面说明这类新闻跨国采访和核实的难度比较大。对此，中国媒体特别是通讯社应该常态化向国外媒体和受众提供这类稿件和新闻，也要经常关注国外主流媒体涉及中国的这类报道，及时、主动地提供核查支持。

2.亟须培养受众的新闻素养和把关意识

2001—2020 年，在《新闻记者》评选的年度虚假新闻中，国际新闻的数量虽然整体上有下降的趋势，但是依然占有较高的比例。这说明受众的新闻素养整体还不高，虚假国际新闻还有继续传播的空间。提高受众的新闻素养，需要各级教育机构针对大、中、小学生进行新闻素养教育，提升他们对于虚假新闻的辨识能力。[①] 在后真相时代，人人都应有新闻素养，人人都应该是新闻的“把关人”。随着数字技术的深入发展，网络信息海量增长，专业媒体不可能对所有的虚假新闻进行及时纠错，这就需要借助广大受众的把关意识，让虚假新闻陷入“一场人民战争的汪洋大海”，从而无处藏身，从“消费端”反推媒体公信力的建立。

3.基于核查机制的传媒生态环境有待优化

中国的新闻工作者协会还可以在各家媒体白名单的基础上，进行资源整合，建立一个全国共享、在线可查的平台，提升中国媒体防治假新闻的“免疫力”。建立信用等级制度，作为新闻记者、编辑录用和升职的参考标准，也可成为媒体决定是否转载的重要依据。建立真相数据库，将所有发现的虚假新闻全部录入数据库。这样，一旦有人对新闻有质疑，就可以立即查询该数据库，或举报“可疑新闻”，从而获得更多人的关注。目前中国主流媒体尚未建立系统的核查机制，相反一些商业网络已经建立了打假

① HOUSAND B C. Fighting fake news: teaching critical thinking and media literacy in a digital age[M].Austin: Prufrock Press, 2018.

平台①。因此,一方面需要主流媒体发展开源核查技术,另一方面需要中国有关部门将各商业网站的打假平台实现整合,并实现开源,向社会开放。

(二)讨论

"传播力决定影响力,话语权决定主动权。"②在当下后真相时代,中国媒体的国际传播能力和国际话语权是体现中国负责任大国形象的重要方面和国际影响力的主要指标,也是中国全面深化改革开放、推动"人类命运共同体"建设的一个重要举措。诚然,万里长城不是一天能够建成的,中国媒体的国际传播能力建设也需要一个较长的时期。

现阶段防治"虚假国际新闻"的生产与传播,需要回归新闻的本质——真实、客观原则,建立可靠的事实核查机制,这就成为中国媒体建设国际传播能力的一个重要"抓手",既能起到夯实基础的作用,又有牵一发而动全身的效果。从某种意义上讲,提升新闻工作者的专业素质、对广大受众进行新闻素养教育、建立基于可靠核查机制的良性生态环境,就成为当下中国媒体建设国际传播能力的重要路径和策略。

〔罗自文,中国社会科学院大学新闻传播学院教授,博士生导师;楚颖盈,中国社会科学院大学新闻传播学院2021级传播学专业硕士研究生〕

〔特约编辑:涂凌波〕

① 龚书荀,宫丽珍,李子钒.事实核查新闻在新冠疫情期间的作用机制与效果困境探析:以腾讯较真查证平台为例[J].新闻文化建设,2020(6):83.

② 郑保卫,王青.当前我国国际传播的现状、问题及对策[J].传媒观察,2021(8):14.

精细化和动态化：主流媒体国际传播人才队伍建设路径探析①

Refined and Dynamic: Analysis of the Construction Path of International Communication Talent Team by China's Mainstream Media

◎ 曹晚红　牛文杰

Cao Wanhong　Niu Wenjie

摘要：建设新时代主流媒体国际传播专门人才队伍，是加快新型主流媒体国际传播能力建设，提升国际传播效能的基础保障。在国际秩序、社会环境与媒介技术发生深刻变革的全球传播生态中，主流媒体应当立足全球实践、对接国家战略需求，本文从动态化、精细化视角分析当前主流媒体国际传播人才队伍的结构现状、问题与建设目标，在确立新时代主流媒体国际传播人才队伍的专业性、主导性和引领性地位的基础上，探索适应我国国情、面向未来的国际传播人才队伍建设路径。

关键词：主流媒体；国际传播；人才队伍；建设体系

Abstract: Building a strong international communication talent team for China's mainstream media in the new era is the fundamental guarantee for accelerating the construction of international communication capabilities of new mainstream media and improving international communication efficiency. In the global communication ecosystem where the international order, social environment, and media technology have undergone profound changes, China's mainstream media should be based on global practice and align with national strategic needs, the article will analyze the current structure, problems, and construction goals of the international communication talent team of China's mainstream media

① 本文系国家社科基金重大项目"建强新时代国际传播专门人才队伍研究"（项目编号：22&ZD315）的阶段性成果。

from a dynamic and refined perspective, on the basis of establishing the professional, dominant, and leading position of the international communication talent team of China's mainstream media in the new era, exploring the path of building an international communication talent team that adapts to China's national conditions and faces the future.

Keywords: mainstream media, international communication, talent team, construction system

引 言

当今世界正处在一个国际关系与秩序不断重构、全球思想文化交流碰撞日益激烈的百年未有之大变局中，国际舆论环境、媒介技术和传播生态的深刻变化对新时代我国的国家传播能力建设提出了新的要求。我们要从乱象中看清本质，从历史维度中把握规律，习近平同志强调："要全面提升国际传播效能，建强适应新时代国际传播需要的专门人才队伍。"当前国际传播专门人才队伍呈现出包括政府和主流媒体、驻外企业机构、对外交流社团和民间传播力量等多元协同的趋势，其中，承载国家意识形态价值引领和舆论引导职责的新型主流媒体仍然在国际传播过程中发挥着"定盘星"的作用，因此，主流媒体人才培养是建设国际传播专门人才队伍的关键环节，它既关系到主流媒体在构建中国话语和中国叙事体系、争夺国际舆论话语权中能否发挥专业性、引领性作用，也对我国持续深化"媒体外交"、打造国际传播影响力至关重要。

但是，当前我国主流媒体国际传播人才供需问题较为突出，人才结构难以满足国际传播的现实需求，也迟滞于行业的转型发展，此外，人才队伍知识结构单一、专业素养不足、人才梯队未形成等现象也制约了主流媒体提升国际传播效能的进程，国际传播专门人才队伍建设体系亟待完善，建设路径亟待创新和转型。

那么，如何紧密对接国家战略需求，积极调整和优化国际传播人才的建设理念和建设体系，探索中国新型主流媒体国际传播专门人才队伍的建强路径？本文将从精细化、动态化视角分析当前主流媒体国际传播人才队伍的结构现状、问题与建设目标，在确立新时代主流媒体国际传播人才队伍的专业性、主导性和引领性地位的基础上，探索适应我国国情、面向未来的国际传播人才队伍建设路径。

“精细化与动态化”从“建强适应新时代国际传播需要的专门人才队伍”[①]这一要求出发。新时代是一个以移动互联网为代表的高新科技加速全球化进程的时代，是一个全球政治、经济、文化等变化影响国际关系格局的时代。[②] 基于这一背景，“精细化和动态化”就是要适应新时代给国际传播人才带来的新机遇和新挑战，强调人才培养视角的精细化和动态化。

“精细化”来源于管理学，是指为适应科技高速发展、媒介深度融合、全球传播生态巨变的新时代，国际传播人才队伍的建设应实现细分市场和用户，全方位牢牢把握市场变化和用户需求，制定人才队伍建设战略和人才精准定位；应实现细分主流媒体国际传播组织机构中的职能、岗位、激励等环节，完善体制机制，做到权责统一、奖罚分明，将人才队伍建设流程做细；实现细化分解每一个国际传播战略、决策、目标、任务，精准建设适应国家国际传播需要的人才队伍。

“动态化”强调要根据管理目标内外部情况的变化，及时调节管理过程中的方法、手段。在国际传播人才队伍建设中，主流媒体应及时、主动适应不断变化的国际传播环境和需求，调整人才队伍建设策略，实现主客体之间的动态适应与协调；在制订人才建设战略和计划时，主流媒体既要具有长远性和前瞻性，又要注意留有一定的弹性空间，当国际传播人才队伍内外部情况和环境发生变化时，也能迅速及时地进行相应调节，保障既定目标的实现，做到实时观察和接收人才队伍建设过程中的反馈信息，有针对性地对人才队伍建设的战略方针进行适时调整。

一、主流媒体国际传播人才队伍的结构特征

媒体竞争关键是人才竞争，媒体优势核心是人才优势。站在国情、世情与全球信息传播格局都在加速更新与重塑的新时代，用与时俱进的人才队伍建设理念来回应我国的国际传播人才需求是大势所趋，用动态化和精细化的视角来重新审视主流媒体国际传播人才队伍现状则是建设之基。

（一）能力与价值：主流媒体国际传播人才队伍界定

价值是表示客体的属性和功能与主体需要之间的一种效用、效益或效应关系的哲

① 习近平在中共中央政治局第三十次集体学习时强调加强和改进国际传播工作展示真实立体全面的中国[EB/OL].（2021-06-01）[2023-02-18]. https://baijiahao.baidu.com/s? id＝1701368045551709766&wfr＝spider&for＝pc.

② 曾雨荪，王海刚.三螺旋理论视域下国际传播人才培养的进路[J].出版广角，2022(14)：86-90.

学范畴。任何价值或价值关系都是一定历史条件下主客体之间的一种需要和满足需要的关系。① 时代重塑价值,当下国际政治云谲波诡,国际传播环境日益复杂,国际传播概念的内涵与外延不断更新,我国对国际传播人才的能力要求和价值需求也在不断变化。国际传播概念从被提出之时就强调是以国家为主体的跨国交流②,在长期的社会发展和传播实践中,国际传播概念中的传播媒介与传播主体都已发生变化。传播媒介随着大众传播技术的发展,演变为以移动客户端和 web3.0 为代表的新媒体;国际传播主体从单一国家转向政府和媒体、企业组织、个人等多元主体已基本成为共识。③

基于国际传播概念的变化,着眼于"适应新时代"的动态视角,国际传播人才队伍也需要进行精细化的界定升级。要构建多主体、立体式的大外宣格局,就要求我们整合多元传播主体,用立体多样的平台渠道来传递信息、内容、价值和观念。从传播实践来看,我们要打破过去固化的媒体行业分工思维,从动态化和精细化的视角重新对国际传播人才队伍进行反思与界定,将在不同维度从事国际传播工作、发挥跨国交流作用、承载国家形象价值的主体都纳入国际传播专门人才队伍中。目前,我们认为国际传播人才队伍包括专业化的主流媒体国际传播"主力军"、复合型的高校国际传播后备力量和多元化的民间国际传播人才,包括广泛的外交人才、语言人才、专家智库、企业人才、对外交流社团和个人等。

本文的研究对象是专业化的主流媒体国际传播人才队伍,时代的变化要求这支队伍中的人才是进入主流媒体国际传播"对口岗位"工作的"国际传播专门人才",价值的重塑强调的是人才队伍必须是专业化和职业化的,必须是一支具备专业新闻素养、过硬语言能力、正确价值导向、扎实业务技能、深厚人文素养和丰富国际传播实践经验的人才队伍。

(二)单一与迟滞:主流媒体国际传播人才队伍结构现状

长期以来,我国主流媒体国际传播人才队伍主要依托中央广播电视总台、新华社、《人民日报》和《中国日报》等中央级主流媒体的力量。在对主流媒体国际传播队伍的长期观察和相关文献研究的基础上,结合对《人民日报》国外分社近五年的招聘数据分析,我们发现,我国主流媒体国际传播人才队伍的结构呈现出四点特征。

---

① 毛华兵,闫聪慧.论价值共识[J].湖南社会科学,2023(1):22-28.

② FISCHER H D, MERRILL J C. International and intercultural communication[M]. New York: Hastings House,1976:410.

③ 胡正荣,王天瑞.能力与价值:新时代国际传播人才队伍培养的关键[J].中国编辑,2022(8):45-51.

从专业结构看，国际传播人才专业背景单一，迟滞于国际传播需求。由于国际传播对语言能力要求较高，因此大部分主流媒体的国际新闻记者、编辑专业背景都是外国语言、翻译类，导致主流媒体国际传播人才知识结构单一化。从《人民日报》国外分社近五年的校园招聘岗位要求来看，主流媒体对国际传播人才的专业要求依然聚焦在外国语言类、新闻传播学类、中国语言文学类、法学类、社会学类等人文社科类专业和经济学相关专业，人才专业背景依然相对比较单一，人才引进迟滞于多层次、立体化的国际传播需求，复合型、技术型人才缺乏。

从学历结构看，国际传播人才学历普遍较高，硕士以上学历人员占比较高。从近年来国内各大主流媒体对国际传播人才招聘的学历要求看，普遍要求本科以上或硕士研究生学历。以中国新闻社为例，截至 2021 年 12 月，该社的新闻从业人员共 2032 人，硕士研究生及以上学历占 37%，本科占 50%。① 其中男性占 53%，女性占 47%。从学历看，单纯的高学历要求迟滞于新媒体时代对复合型、技术型、专业型人才的需求。

从性别结构看，男性职工占比较大，女性职工占比逐年上升。从事国际传播工作的专门人员，长年需要被派驻到世界各地开展新闻采编工作，对身体素质和适应能力都有较高的要求，长期以来，由于国外不同地区的生活条件不同，有些地区甚至处于战争地区，主流媒体国际传播人才队伍中男性占比大于女性。但是，由于近年来人才招聘岗位不再有明确的性别要求，同时女性在国际传播领域的语言、文字优势较为明显，主流媒体国际传播队伍中的女性占比逐年提高。中国新闻社的新闻从业人员中，男性占 53%，女性占 47%。

从年龄结构看，按需吸纳高校应届毕业生，人才队伍逐步年轻化。中央广播电视总台、《人民日报》、新华社等主流媒体近三年的校园招聘中都设有国际传播人才岗位，且对本硕博毕业生的年龄有严格要求。为满足“构建具有中国特色的国际传播战略体系”的要求，各大主流媒体吸纳高校应届毕业生的力度逐年加大，随着青年人才的加入，主流媒体国际传播队伍整体呈现出年轻化趋势，在国际传播方面的知识和经验储备还不是很丰富，因此人才队伍出现“新老断层”现象，经验丰富、年富力强的高传播效能人才较为缺乏，骨干人才不足，人才结构相对单一，迟滞于复杂国际形势对国际传播工作提出的新要求。

① 中国新闻事业发展报告(2022 年发布)[R].北京：中华全国新闻工作者协会，2022：36-38.

二、厘清现状问题,明确建设方略

(一)实践观察:主流媒体国际传播人才队伍建设的问题

我国国际传播工作的总体目标是"加强顶层设计和研究布局,构建具有鲜明中国特色的战略传播体系",战略思维和系统观念应当成为开展国际传播各项工作的底层思维。然而,在主流媒体国际传播人才培养上,我们还存在着"泛而不精""求变在后""供需失衡"等问题。

1.人才布局还要加强战略性和系统性

主流媒体在国际传播实践中培养了一批国际传播人才,但是培养模式较为陈旧,缺乏与当前世情、国情与媒介环境变化相适应的、具备系统性和长期性的培养方略,也尚未形成规范科学、结构优化的人才队伍建设体系。从顶层设计看,长期以来,我国主流媒体国际传播人才队伍建设大多围绕国家传播布局和重点项目的实施而推进,缺乏战略思维和系统观念。如《中国青年报》的"一带一路"新闻团队,有 20 多名新闻人员入驻海外社交平台 Twitter,形成英文、汉语、法语等多种语言相互沟通交流的账号体系。① 但这种人才入驻模式往往是面向重点项目宣传的业务需求,而非具有预见性和前瞻性的全局化战略部署。因此,我国主流媒体的国际传播人才培养一定程度上倾向于应用价值,而忽略了从战略全局出发系统分析人才的能力与价值,未能对国际传播人才队伍进行系统规划和全面部署。

2.人才培养制度不够完善

从制度建设看,主流媒体体制机制限制了国际传播人才流动和人才供给规模的扩大。当下,主流媒体媒介融合进程向纵深推进,深化体制机制改革已成为主流媒体纵深融合的内在动力源泉和激活国际传播人才创作效能的重要力量。受主流媒体传统思维和事业体制属性影响,主流媒体的国际传播人才引进、保障和激励机制尚存在需要打破的桎梏。纵观《人民日报》近五年的招聘情况,其国际传播人才引进主要通过校园招聘,专业局限在外国语言类和人文社科类,学历要求高,用人方式为事业编制,较少面向业内人士开展社会招聘,这在一定程度上限制了业内骨干人才的流动,增大了青年人才的培养成本。事业编制用人方式虽能保证人才质量和产出效能,但其缺乏有

① 王冰灿.新型主流媒体国际传播力提升探究[J].文化学刊,2022(11):30-33.

效的激励机制，人才创新创造的主动性受到限制，且岗位数量有限制约了人才引进规模的扩大，面对国际传播需求，呈现出人才“供不应求”的局面。

3.人才培养梯队尚未形成

人才队伍引领性、接续性、示范性不强，亟须形成包括领军人才、骨干人才、青年人才、后备人才等在内的主流媒体战略人才成长梯队。

随着各大主流媒体吸纳高校应届毕业生的力度逐年加大，青年人才队伍逐渐壮大起来，主流媒体国际传播队伍整体呈现出年轻化趋势，但是，青年人才在国际传播方面的知识和经验储备还不是很丰富，需要高端领军人才和骨干人才的引领和培养，但在国际传播实践中，出现人才队伍“新老断层”现象，经验丰富、年富力强的高端人才较为缺乏。尤其是在移动社交平台越来越成为国际舆论斗争主要阵地的新时期，国际传播领域呈现出移动化、社交化、可视化、智能化的新趋势，国际传播人才要以技术赋能形成创新与突破，打造国际传播影响力，但是目前在国际社交媒体具有影响力的来自我国主流媒体的“意见领袖”较为稀缺。

中国日报社前社长朱灵在2016年全国两会上指出，国际传播人才培养还面临如下的问题和困境：国际传播队伍人员业务素质亟待提高，“人才库”不够大，突出表现在高端人才，特别是领军人才缺乏。①

4.人才专业素养有待提升

在作为国际传播主力军的主流媒体国际记者编辑队伍中，许多国际新闻记者编辑的专业为语言或翻译，新闻专业素养、技术能力较弱，对国际舆论场产品推广运营认知不足，尤其是能与西方媒体同台竞争、具有国际舆论引导力的意见领袖不多。本课题前期研究成果显示，在推特平台涉华议题的1218个意见领袖账号中，国内账号占比仅13%。而从国内账号构成来看，以政府力量为主，国内媒体从业者在涉华讨论中参与度很低，从而形成了推特舆论场中缺乏我国主流媒体声音。

总之，从人才队伍培养看，人才结构规划缺乏系统性、层次性与精准性，人才培养模式迟滞于全球媒介变革与局势变动。主流媒体在国际传播实践中培养了一批国际传播人才，但是面临国际传播格局中“西强我弱”的格局，其内部要素还不完善，人才没有明显分层限制了人才发展目标方向，人才培养缺乏基于世情、国情、区域地域的精细划分，致使“有话说不出，有理说不明，说了没人听”的情况依然存在。而且，在全球媒

① 曾婷韫.【关注两会】全国政协委员朱灵：重点媒体与高校应共同培养国际传播人才[EB/OL].(2016-03-08)[2023-02-18].https://sijc.bfsu.edu.cn/info/1098/1480.htm.

介变革与局势变动中,主流媒体的培养模式缺乏系统性和长期性,尚未形成规范科学、结构优化的人才队伍建设体系,致使其在人才梯队建设、人才专业素养强化和国际“网红”影响力提升方面还存在较大不足。

(二)重点聚焦:主流媒体国际传播人才队伍建设的目标

围绕国家战略需要,立足全球传播实践,结合主流媒体的媒体属性和现状,展望其国际传播人才队伍建设远景,从精细化和动态化视角出发,主流媒体国际传播人才队伍建设的重点包括战略性、专业化、复合型、技术性四个方面。

战略性。主流媒体承载国家意识形态价值引领和舆论引导的重要任务,国际传播人才培养应以国家战略和时代需求为出发点,充分熟悉认知战和信息战,把国际舆论引导和舆论斗争紧密结合,全面提升战略思维与战术素养,站位够高,“求变在前”,满足国家国际传播战略体系建设和提升国际话语权的需要。

专业化。国际传播人才应具备深厚的国际传播素养,在信息战、舆论战中以“主动、主导、主流、主见”设置议题,抢占舆论高地,提升我国主流媒体的国际话语权建构能力;创新拓展“媒体外交”,扩大朋友圈,构建广泛的国际媒体“统一战线”。

复合型。国际新闻传播人才队伍建设要辩证把握三个结合,打造复合型国际传播人才,一是家国情怀和国际视野结合,深刻理解党情、国情、社情和民情,并具备全球传播思维;二是夯实马克思主义新闻观,具备融通中外的新闻专业能力,政治素养过关,专业能力和业务素质过硬;三是良好的外语水平和跨文化传播能力相结合。

技术性。移动社交平台越来越成为国际舆论斗争的主要阵地,国际传播领域呈现出移动化、社交化、可视化、智能化的新趋势,国际传播人才要以技术赋能形成创新与突破,打造国际传播影响力。

三、培养模式精细化,建设路径动态化

国际传播人才具有服务于国家对外战略的基本属性,在能力结构和专业成长上具有特殊性和长期性,[①]面对主流媒体国际传播人才队伍在顶层设计、体制机制、培养模式方面存在的问题,坚持问题导向、目标导向和效果导向,从精细化和动态化视角出发,打造一支由中央和地方主流媒体共同构成的具备战略思维、复合能力、政治过关、专业过硬的国际新闻传播人才队伍。

---

① 范奎耀.关于构建国际传播人才终身教育体系的思考与建议[J].对外传播,2021(10):16-18.

（一）加强顶层设计，做到“求变在前”

以系统布局强化人才在主流媒体国际传播中的地位，着眼于人才建设的系统性、长期性和前瞻性。习近平总书记明确指出，“必须加强顶层设计和研究布局，构建具有鲜明中国特色的战略传播体系”。“中国特色”强调国际传播人才要胸怀“国之大者”，坚守中国特色社会主义道路、理论、制度与文化；“战略传播体系”强调国际传播人才队伍的具体培养应当是从个人能力到队伍体系的全面的、系统的、战略性的规划。在深刻理解国际传播“新形势”与“新任务”的基础上，我们亟须探索切实可行的发展蓝图与建设路径。

（二）深化体制改革，激活人才效能

在主流媒体媒介融合纵深发展的全媒体时代，体制机制问题已成为制约媒体发展的重要因素之一。体制机制的改革首先要在理念层面坚持正确的政治方向、舆论导向和价值取向，确保将党管媒体的基本原则贯穿于人才队伍的培养、管理、服务、引进等各个方面。在具体操作中，聚焦人才引进、人才培养、人才激励机制，并通过制度改革倒逼人才培养手段和方式的革新，激活人才效能，从而为主流媒体国际传播事业的发展提供所需的人才。

首先，创新人才引进机制。以往国际传播人才引进局限在以事业编制形式招录的高校应届毕业生，招聘专业也局限在了几个相对固定的专业，造成了人才实践经验缺乏、人才来源单一和专业背景不够多元的情况。面对这些问题，主流媒体一方面可以采用灵活用人方式，不再局限于事业编制，实施同工同酬，开拓人才来源，吸引行业内的高端人才、骨干人才加入，降低人才培养成本，增强业内人才流动，同时也注意吸纳兼具复合能力的多元专业背景人才，以适应多元化传播的要求。

其次，完善人才培养机制。建立注重能力、注重实绩、科学量化、择优晋升的管理和用人机制。在人才选拔提升方面，破除论资排辈的观念，建立注重能力和实绩、科学灵活的人员提升机制。对于具备一定国际传播素养和潜力的人员，往业务骨干的方向培养，并出台配套的特殊人才待遇制度，使员工获得最大化的提升空间，有效稳定人才队伍。

最后，完善人才激励机制。在激励机制上，对具体的考核标准进行细化，建立科学、合理与公平的考核激励制度。一方面，对国际传播人才的考核应当具有长期性，建立相应的动态监测和成效评估系统，动态考核绩效；另一方面，激励考核机制应当是多元且灵活的，根据岗位和产品特点形成补充性、差异化绩效考核指标，对非长期、非固定化的项目制团队进行动态激励，提高复合型人才和高精尖人才的待遇。

(三)做好系统分析，搭建人才梯队

当前我国主流媒体国际传播人才队伍结构规划缺乏系统性、层次性和精准性，系统性要求主流媒体把国际传播人才队伍当作系统工程来建设，确保内部各项要素齐全；层次性要求主流媒体要将国际传播队伍中的人才进行分层，一方面可以根据媒体规模分层为中央级主流媒体人才和地方性主流媒体人才，另一方面可以根据年龄、经验、业务能力等分层为领军人才、骨干人才、青年人才、后备人才，有针对性地进行人才梯队建设；精准性则要求主流媒体顺应新媒体时代精细化、分众化传播趋势，培养细分领域的国际传播人才。

赋能人才发展，打造领军人才。领军人才是指在媒体发展中最具竞争力、影响力、起到领军作用的人才，在主流媒体亟须提升国际传播能力、建设国际传播人才队伍的当下，更需要能够为国际传播战略落地提供支撑的领军人才①。通过完善高端人才使用机制和灵活高端人才激励机制，赋能专业人才发展，为有特长、有潜力的骨干人才提供新的成长舞台，破除论资排辈的观念，把能力和实绩作为主要标准提供晋升通道，推动骨干人才向领军人才转化。此外，创新人才引进机制，加大引进力度，大力引进主流媒体提升国际传播能力急需的内容生产、技术研发、战略研究等领域的高端领军人才。

完善培训体系，培养骨干人才。通过建立与时俱进、适应前沿技术发展、长期规划与短期提升相结合、具备科学性和系统性的在职培养体系，不断为现有人才队伍“充电”，打造复合型人才，为从业人员提供强有力的支撑与帮助，打造骨干人才②。

培育技术人才，弥补人才结构缺口。针对当前媒体发展对前沿媒介技术的迫切需求和媒体存量人才在技术领域的技能缺失，一方面媒体内部积极培育技术人才，另一方面通过引进新媒体技术研发人才和拥有大型互联网媒体公司技术场景应用经验的高精尖人才，提升媒体内部对新兴技术的认可度和主动适应度，弥补人才结构缺口③。

学界业界合作，定制化培养后备人才。加强与新闻传播类高校的合作，共同探索媒体行业的未来发展方向，定制化培养符合媒体行业国际传播需求的复合型、实践型、

① 李祖平，李佳颖.主流媒体主力人才的全媒体重塑与创造力突破[J].中国出版，2021(3)：33-37.

② 卜宇.十问：媒体融合传播的实践策略[J].传媒，2022(1)：21-26.

③ 曹晚红，余子奕，余思梦.智媒人才能力结构与人才培养现状探析：基于对媒体智能人才需求的调研[J].中国新闻传播研究，2021(6)：194.

创新人才①。以北京外国语大学为例，2019 年，学校委派国际新闻与传播学院携手新华社共建本科阶段“多语种国际传播实验班”项目②，按照新华社需求定向培养人才，毕业后对口输送。同时，还可以通过实习制、项目制和科研合作等多种方式，吸引更多有才华的年轻人加入媒体行业。

(四)大力转型“全媒”，塑造“意见领袖”

技术加持的全媒体时代，国际传播语态和国际舆论场话语权正在随着受众参与媒体传播方式的改变而改变，一板一眼的权威式主流国际传播主体生产的内容由于政治性过强、话语表述形态远离不同国家人民的生活等原因造成了传播效果弱化的现象，因此在主流媒体国际传播人才队伍内打造具备国际话语权的意见领袖迫在眉睫。

首先，提升人才队伍综合素质，尤其是适应当前互联网社交生态的技术素养和文化素养。注重培养人才对于全媒体特点、新媒体技术、互联网思维的学习与掌握，同时，学习民间传播主体的传播经验，加强人才对中国优秀传统文化创造性表达的思考与理解，为打造“意见领袖”奠定基础。

其次，根据主流媒体国际传播人员的个性特点、内容生产能力和社交媒体经营状况等，选拔出一批具有潜在传播价值的账户重点培养，请国际传播领军人才、民间优秀传播主体和高校研究人才对账户做长期建设、培养规划，为打造“意见领袖”助力。

通过多方合力来培养造就一批像 CGTV 主持人刘欣、王冠等融通中外的名评论员、名记者、名编辑、名制作人，打造一批精通新媒体产品运营、擅长与国际受众互动、传播“中国故事”的意见领袖。

〔曹晚红，中国传媒大学电视学院教授；牛文杰，河南开放大学润心书院助教〕

〔特约编辑：付晓光〕

① 任秋菊.“智能＋”背景下高校融合媒体人才定制化教育探究[J].新闻爱好者，2019(8)：88-90.

② 刘滢，林斯娴.当前国际传播人才培养理念与方案亟待系统性升级[J].对外传播，2021(10)：23-26.

国际传播前沿

沉浸与具身:基于混合现实(MR)技术的国际传播共通意义空间[①]

Immersion and Embodiment: A Common Meaning Space for International Communication Based on Mixed Reality (MR) Technology

◎ 邬建中　李玉珊　王本婷

Wu Jianzhong　Li Yushan　Wang Benting

摘要:当前国际环境日益复杂,意识形态、文化背景、政治操弄等问题成为国际传播的阻碍,而形成共通的意义空间是国际传播的关键所在。对此,作为国际传播基础设施的混合现实(MR)技术为我们提供了新的视野。混合现实(MR)技术通过影响国际传播主体的具身化实践,从"人—世界"转变到"人—技术—世界",数字化身成为进入虚实相融沉浸式场景的主要方式。在此基础上,通过数字化符号的意义表达、社会生活的场景共融,为国际传播构建了共通的意义空间,助力我国国际传播能力建设。

关键词:混合现实;技术具身;共通意义空间;国际传播能力

Abstract: In the current international environment, ideology, cultural background, political manipulation and other issues have become obstacles to international communication, and the formation of a common meaning space is the key to international communication, for which mixed reality (MR) technology as an international communication infrastructure provides us with new perspectives. Mixed reality (MR) technology transforms from "human-world" to "human-technology-world" by influencing the embodied practice of international communication subjects, and the digital avatar connecting material and technology has become the main way to enter the immersive scene of virtual and real integration. On this basis, through the expression of the meaning of

① 本文系国家社科基金项目"人工智能时代电视产业创新发展研究"(课题号:19BXW039)的阶段成果。

digital symbols and the change of social life, a common meaning space is built for international communication, and Chinese international communication capacity building is helped.

Keywords: mixed reality, technology embodied, common meaning space, international communication capabilities

习近平总书记在党的二十大报告中对“增强中华文明传播力影响力”作出重要部署,要求不断加强我国国际传播能力建设,强调“用好国际化传播平台,客观、真实、生动报道中国经济社会发展情况,传播中国文化,讲好中国故事”。[①] 2022 年 9 月 7 日,中国外文局局长杜占元在“人工智能与国际传播高峰论坛”中表示:数字技术创新促使国际传播生产要素不断实现优化组合,大大拓展了国际传播事业的发展空间,催生了国际传播事业高质量发展的新动能、新优势、新业态。[②] 中国正在以前所未有的发展速度进入全球视野,这要求中国在进行国际传播时必须适应全球化、多元化的发展,以带有中国基因的符号系统展示现代中国、科技中国、未来中国。当前中国国际传播实践中,传播者应主动将信息符号化,利用有共通意义的符号,在全球视角下建立平等、包容、相互尊重的文化交流空间,即与他者的共通意义空间,做到“看不见的说服”。[③] 在此背景下,如何借助新的传播技术构建国际传播共通的意义空间,促进国际传播能力建设,实现理想的国际传播效果?混合现实技术(后称 MR 技术)为我们提供了新的可能。

MR 技术支持的国际传播关键在于利用 MR 技术创造数字化沉浸式场景,跨越原生物质性场所和文化的限制,借助技术具身勾连起物质与技术,在数字化沉浸场景对受众的身体感官进行全方位的多模态交互。让受众凭借身体多种感官对混合现实的整体认知,深入地理解、接受来自不同国家的文化意义符号,在对意义符号达成共同理解的基础上推动国际传播数字化共通意义空间的形成。基于此,国际传播借助 MR 等技术,以高度的文化自信构建中国特色的沉浸式场景,在共通的意义空间中达成跨时空、跨国别、跨文化的数字共融,从而助力我国国际传播能力建设。

---

① 程曼丽,赵丽芳.不断加强国际传播能力建设(有的放矢)[N/OL].人民日报,2022-12-22[2023-03-24]. http://opinion.people.com.cn/n1/2022/1222/c1003-32591368.html.

② 刘彬.人工智能与国际传播高峰论坛在京举行 [N/OL].光明日报,2022-09-09[2023-03-24]. https://baijiahao.baidu.com/s? id=1743492851507716407&wfr=spider&for=pc.

③ 周丽,杨露露.探寻共通的意义空间:《大道之行》的符号学分析[J].传媒,2021,358(17):94-96.

一、混合现实:一种作为国际传播基础设施的技术

混合现实即 Mixed Reality,由保罗·米尔格拉姆(Paul Milgram)和岸野文郎(Fumio Kishino)两位学者在 1994 年第一次提出。他们认为 MR 即在真实世界和虚拟世界两个端点中处于中间位置的由真实和虚拟组成的集合,该集合在计算的基础上将真实世界和虚拟世界混合到一起,真实世界中的物理实体和虚拟世界中的数字符号都可以在这个新的可视化环境中共存并互动。MR(混合现实)技术与 VR(虚拟现实)技术、AR(增强现实)技术三者之间有较强的技术关联,都涉及现实世界和虚拟世界的交互,能够将现实世界融入将要展示的虚拟场景之中,但 MR 技术相较于后两者拥有更为广泛的概念内涵①。

互联网技术的飞速发展使当前国际传播实践不仅发生在真实环境和线下空间,MR 技术支持下的国际传播可以对受众的身体感官进行全方位的多模态交互,借助技术营造虚拟数字化沉浸空间,实现跨时空、跨国别、跨文化的数字共融。MR 技术基础上的元宇宙、AI 主播等大行其道,2021 年与两会相关的报道中,CGTN 让自创的 AI 卡通主播熊猫小墨以“两会观察员”的角色登场,区别于传统严肃政治场景中接地气的互动问答形式,再加上熊猫这一典型的中国符号,无形中塑造出不同以往的中国国家形象,获得不少海外网友关注,与其相关的报道累计获得 125 万全球阅读量②;2022 年全国两会时期,新华社新立方智能化演播室就借助虚拟空间、XR 等先进技术,超越时间和空间的局限,在演播室内打开“任意门”,将主持人通过场景的改造和变换“送上天”,使之登上中国空间站与王亚平代表面对面交谈,在新的虚拟场景中向其传达对于两会的期待③。从国家大事到文旅宣传,中国的传播实践深入与 MR 技术结合,让当前的国际传播也呈现出虚实交融、线下线上相混合的新特点,MR 技术不仅成为增强国际传播效果的助推器,也发挥着越来越基础性的作用。在此背景下,我们可以认为 MR 技术在一定程度上已经成为一种国际传播的基础设施。

喻国明认为,作为一种技术的算法,MR 技术已成为传播的基础设施。人与媒介

---

① TAMURA H,YAMAMOTO H,KATAYAMA A.Mixed reality:futured reams seen at the border between real and virtual worlds[J].Computer graphics&applications IEEE,2001,21(6):64-70.

② CGTN. AI 熊猫小墨喊你来答两会测试题![EB/OL].(2021-02-26)[2023-03-01]. https://weibo.con/3173633817/K3L6BbJRg.

③ 王烨.新华社推出首个沉浸式融屏访谈,运用 XR 等创新技术讲述人大代表履职故事[N/OL]. 新华每日电讯,2022-03-09[2023-03-24]. http://mrdx.cn/content/20220309/Page08DK.htm.

的关系正发生深层次变革,在算法媒介的帮助下,人终将成为广泛意义上的媒介。① MR 技术作为国际传播的基础设施,再一次将人与媒介之间的关系进行调整。在 MR 技术的支持下,人机之间的合作与交互更加深入,人们虽然无法直接触碰到物质实体,但是身体能嵌入场景之中,实现空间与空间的虚实交错,混合现实空间基于现实世界编织出不同场景,国际传播的场景将在真实世界与虚拟世界之间来回切换。由于这种虚实交错的场景具有深度的临场感和沉浸感,它在时间上永远在线,在空间上具有无穷延伸的连续性,可以使人们全身心地沉浸在虚拟数字空间和实体物质空间的交汇之中。此外,由于国际传播归根到底是由人来进行的,当人们"进入"MR 技术提供的交往场景,身体介入世界的新形式随之产生,使得传播场景在现实空间与虚拟空间聚合的基础上不断延伸,加深了人们对于场景内传播内容的认知。在此意义上,作为一种基础设施的 MR 技术为国际传播搭建起了新的平台。

二、MR 技术对国际传播主体具身化实践的影响

MR 技术通过具身认知对国际传播主体具身化实践产生影响。早期的认知主义范式与建构主义范式都属于第一代认知科学"离身认知"的范畴。随着情境认知和情境传播及情境化人工智能的热潮在认知科学领域的出现,认知科学得以更替,而第二代认知科学的出现将认知主体的"人"视为自然的、生物的、活动于日常环境中的适应性主体,认知就发生于其中②。具身认知理论正是第二代认知科学应运而生的产物,它的出现为国际传播提供了一个新的视野。具身认知认为人与世界本质上是互动的,现实依赖于认知主体的意识。将主体的认知置于物理的社会环境与文化、历史情境中,这也体现着主体适应协调的能力。而具身认知强调人的知觉与身体在进行认知活动时的作用,以及主体的身体、认知与环境的统一,这意味着人的思想、感知与记忆等内容通过身体来体验与感知。从这方面看来,具身认知克服了情境认知的缺陷,将认知看作具体的、参与的。认知并非是一个运行在人脑这个物理性"硬件"上的精神性"软件",而是有着这样一个逻辑——认知发生于人脑中,人脑存在于物理身体之中,而物理身体存在于环境之中,它们都体现着第二代认知科学的特征。梅洛·庞蒂认为,身体作为一种联系世界的重要手段,其与世界是共存的,因此他始终将身体放到特定

① 喻国明,杨雅,等.喻国明:从移动互联到算法互联,算法扮演着基础设施的角色[EB/OL].(2023-03-01)[2023-10-11].https://weibo.com/3173633817/K3L6BbJRg.

② 王靖,陈卫东.具身认知理论及其对教学设计与技术的应用启示[J].远程教育杂志,2012,30(3):88-93.

的时间、空间及环境中去体验。瓦雷拉等人认为，认知的产生需要依靠多种类型的经验，这些经验来源于身体①。这使人们开始重新注意到身体经验对认知的重要作用，也为未来进一步的理论应用与演进提供了方向。随着“身体性”理论的逐步成熟，技术哲学家唐·伊德在前人基础上提出了“三个身体”理论——即物质身体、文化身体、技术身体②。在《技术中的身体》这本书中，唐·伊德以技术现象学分析为基础来理解身体，但他发现过去的现象学派提出的身体缺乏了技术这个基本维度，仅仅只谈到身体的延伸，并未将身体与技术的关系进一步展开。在文化身体的问题上，伊德对福柯等学者进行了批判，他认为福柯等人对身体的社会文化性已进行较好的处理但仍有不足，因此他提出了技术视角下的身体。总之，唐·伊德的身体是建立在作为肉身的身体与文化身体的基础上的，这意味着身体的体验经历了三个过程，而不是指人拥有三个不同的身体。与人类学的理解不同，唐·伊德从技术的视角出发，其给予众人的是一种关于技术与身体的描述③。

在具身认知视角下，认知过程中身体与环境在不断进行着交互，这种交互是身与心依据特定环境发生的变化，从本质上来说是一种涉身性(embodiment)，也就是主体通过自身身体的感官来认识世界，并即时地反馈对于环境的感受，以此来与世界进行互动。具身认知利用技术建构起新的“认知系统”，受众可凭借具身认知提高对国际传播的感知能力。由此也推动了国际传播主体的具身化实践。在国际传播过程中，若要产生或增强“沉浸式”体验，则需增强传播者对传播内容的多种层面的感知，并支持传播主体与环境的交互。可看出具身认知理论中两个要点：首先，其强调身体及其与环境的互动性；其次，其强调身体的运动和运动行为对认知处理的关键作用。因此，在进行国际传播时我们可从以下三个方面提升传播效果：首先，应当建构起高度具身的传播环境，为国际传播提供多维度、多层次的综合性感官刺激；其次，应预先建立起多种形态的事物形象，使国际传播能够接触到更多内容，通过这些内容来进行深层次的思考空间的建设；最后，还要为国际传播提供用受众的物理身体进一步参与传播的机会，使传播者的身体与构造出的情境互动，进而促进认知的形成与深入。例如 2022 年张家界武陵源发布全球首个元宇宙平台“张家界星球”，通过让传播者身体在沉浸式场景中体验，还原张家界武陵源景区的万千奇峰，给国内外游客带来了身临其

① 瓦雷拉，汤普森，罗施.具身心智认知科学和人类经验[M].李恒威，译.杭州：浙江大学出版社，2010：139.

② 杨庆峰.物质身体、文化身体与技术身体：唐·伊德的“三个身体”理论之简析[J].上海大学学报(社会科学版)，2007(1)：12-17.

③ 杨庆峰.物质身体、文化身体与技术身体：唐·伊德的“三个身体”理论之简析[J].上海大学学报(社会科学版)，2007(1)：12-17.

境般的视觉体验。[①]

国际传播中的具身交互是在数字交互情境下利用身体进行的跨国境、跨文化交流,是一种全新的认知情境,即以身体作为主体将在不同情境中感知到的意象内化到心理空间。[②] 在这一交互过程中,传播主体将在身体和媒介技术的双重作用下进入"沉浸"状态,这种状态会在短时间内对意识产生影响,使之发生转变,主要体现为从有意识转变为无意识。对于某一传播主体而言,其在国际传播中实现认同从本质上来说是由外到内的映射转向过程,这一过程既涉及处于外部的物理空间,又涵盖处于主体内部的心理空间。由此可见,技术媒介的认知隐喻活动主要是指主体在情境中对自身归属与情境由来的判断。在这里,传播主体的认知隐喻不仅成为一种认知工具,也是一种想象方式,是传播主体在情境中将理解本身当作想象的行为。

在形成"沉浸"状态的过程中,媒介技术将表征映射加工成符号隐喻,使得主体的个体经验与可感知的环境进行互动协调来完成主体层面的认知形成和身份认同。传统的国际传播与对外交往主要是依靠主流媒体与社交平台的内容传播,对于传播内容的视觉观看是最主要的接收信息的方式,而视觉的参与是比较有限的。在 MR 技术的支持下,虚拟空间与现实空间共同打造的传播场景将调动受众的全感官参与,使其不再被动地接受内容,而是融入内容的创造之中。技术具身囊括了算法技术、交互技术、通信技术等,提升了国际传播的有效性,由于 MR 技术下的虚拟场景本身就是一种数字信息化,所以也就决定了其参与国际传播活动的行为主体也是虚拟数字化的。技术具身借由 MR 技术产生的"数字化身"是在国际传播交流中的主体,也是进行具身交往的声像综合体,在区块链技术的参与下,进行国际传播的主体获得了可认证、可流通的数字身份,在全球范围内进行对外传播。身体是身份的重要标识,数字化身可以被认为是一种符号标识,是物质身体的一种数字形象,它的外在形象可以与现实世界中物质身体的形象保持一致,也可以超越和突破现实,重塑一个与内心期待相符的数字形象,拥有全新的数字身份,并在 MR 技术构建的虚拟场景中表现出与身份相符的行为和态度。

"人们对于世界的认识并非世界的'镜像',而是身体构造和身体感觉运动系统塑造出来的。"[③]在人们对于世界的认知中,感官认知占有重要地位。因此,在对国家形

① 田小梦.移动云携手张家界,打造"张家界星球"景区元宇宙平台[EB/OL].(2022-12-25)[2023-03-01]. http://baijiahao.baidu.com/s? id=1753147645290953640&wfr=spider&for=pccontent.

② 肖瑶,吴耀辉,王之纲.从映射到吸纳:具身交互中"沉浸"的技术意向探究[J].传媒,2021(17):87-90.

③ 叶浩生."具身"涵义的理论辨析[J].心理学报,2014(7):1032-1042.

象的建构中，感官对于国家的感觉是国家形象生成的重要通道，尤其是在虚拟场景之中，脱域的限制被在场的状态取代，借助 MR 技术生成的“数字化身”，传播主体通过全感官的体验，在云端感知国家形象和进行国际传播成为触手可及的事情。并且国家形象的传播历程也会被平台记录下来，国家的多元特质被转化成数据留存在虚拟空间之中，进行着展演和表现，形成国家“数字化身”，这种国家形象的“数字化身”实现了虚拟场景对现实场景的加强。以数字化身参与国家对外传播也将会成为主要方式，通过虚实融合的场景进行具身交往，我们能够获得比实在空间更真实的临场感。伴随着进入虚拟场景的硬件设备的完善以及虚拟场景空间的稳定，“数字化身”可以实现多平台的融通，成为参与国际传播的主力军，例如 MR 技术支持下大量的 AI 合成主播以及数字孪生人物洛天依、柳夜熙、冯小殊等，包括新华社的 AI 人工合成主播小小浩等，特别是虚拟主播冯小殊作为冬奥会期间的 AI 虚拟气象主播，以央视《天气预报》主持人冯殊为训练目标，借助数字孪生虚拟人技术，准确学习冯殊本人的面部肌肉协同关系，以和蔼可亲的姿态播报气象指数，这种“数字化身”与现实人物的互动形成的虚拟交往正不断拓展民间外交边界，也成为国际传播的助推器。①

三、MR 技术助力构建国际传播共通意义空间

国际传播是随着全球化发展不断进行的跨越不同行为主体进行的跨文化信息交流与传播活动，作为传播活动的一种，在传播的过程中难免会出现传播的隔阂和障碍。在国家之间话语传播的过程中，受众对于传播信息不是毫无保留地接收，而是会根据自身原有的认知与信息进行不断交互后选择性地辨别接收。这一过程会受到受众自身的思维方式、价值观念、情感维度等多种因素的影响，出现“认知论障碍”(epistemological obstacles)。② 这背后反映出的是受众因社会背景不同存在的文化差异所导致的认知惯性，这种认知惯性又会致使他们对新的传播信息产生抵触。

国际传播中这种由文化差异带来的传播隔阂问题更加凸显。爱德华·霍尔在其著作《超越文化》中提出的高低语境理论认为，作为两种不同的文化模式，高语境文化指信息交流过程中极为依赖所处的交流情境，需要经过编码进行传输交流的内容非常之少；低语境文化则正好与其相反，言语本身的意义更为重要，所以更依赖于言语本

① 郑湘琪. 小冰虚拟人类开拓新场景：AI 虚拟气象主播“冯小殊”亮相中国天气[EB/OL].(2022-02-07)[2023-03-24]. https://tech.huanqiu.com/article/46if1Lr49RZ.

② BACHELARD G. The formation of the scientific mind: a contribution to a psychoanalysis of objective knowledge[M].Manchester:Clinamen Press Ltd.,2022:1-8.

身,也就是说,大量信息编入了显性的代码之中。① 来自高语境文化的信息交流中,信息发出者与信息接收者之间的信息交流可以不言而明,而低语境下文化交流必须要将信息内容清晰地表露出来,中华文化更多地体现高语境的特征,西方文化则属于低语境文化。高低语境文化之间承载的意义并不相同,对于西方受众而言,中国进行对外传播的时候所给出信息内容不明确,他们很难理解其中的深刻内涵。中华文化传承博大精深,但是我国在国际传播的过程中由于面临着主客体的差异,进行对外文化传播时倾向于宏大叙事,习惯于以"我"为本位进行传播,在本土化方面薄弱,这便会导致霍金斯和米卢斯提出的"文化折扣"。面对以上国际传播难题,明确文化传播中高低语境交流和符号意义交换的前提,即传播双方拥有共通的意义空间,成为国际传播达到理想效果的关键所在。

学者郭庆光认为共通的意义空间包含两层含义:一是对传播过程中的符号有着共通的认识和理解;二是较为接近的生活经验和文化背景。② 现有的研究多依据符号学理论,从上述第一个层次出发,阐明对符号和意义的共通理解对构建共通意义空间、增强传播效果的重要作用。作为基础设施的 MR 技术的出现和广泛应用则涵盖上述两个层面为国际传播构建共通的意义空间带来新的契机。MR 技术作为底层的技术逻辑嵌入社会信息传递和人们日常交往的全过程中,与大数据、人工智能、算法、VR 等技术融合发展,塑造着现实空间中的信息流动方式,虚拟数字空间成为社会各主体生存的又一栖息地。尼葛洛庞蒂在其著作《数字化生存》这本书中,总结并提出了数字化生存的四种典型特征,即"分散权力、全球化、追求和谐与赋予权利"。③ MR 技术重新塑造人与媒介的关系,融合真实世界与虚拟世界,在赋予不同主体平等权利的基础上创造出一个意义共通的表征空间,空间内不同个体可以进行跨时空、跨地区、跨文化的广泛连接、实时互动。

首先,在国际传播中,基于 MR 技术构建共通的意义空间体现在为空间内主体提供数字化符号,并在情感共鸣的基础上达到意义共通。索绪尔把符号看作人类表达与交流的工具,通过能指和所指以及符号之间的聚合关系来揭示人类活动之间的关系,符号的包容性和独特性使之在国际传播中能够潜移默化地传达国家形象。例如新华网组建的 XR 视觉实验室,开发并广泛地运用 MR 技术,将其常态化地应用于新闻报道中,并在其成立的数字人实验室中,打造出虚拟数字人"筱竹",结合中国式意象符号

---

① 霍尔.超越文化[M].何道宽,译.北京:北京大学出版社,2010:77.
② 郭庆光.传播学教程[M].北京:中国人民大学出版社,2011:44.
③ 尼葛洛庞帝.数字化生存[M].胡泳,范海燕,译.海口:海南出版社,1996:268.

宣传传统文化、城市形象和企业品牌[①];各地方的文旅也将各地的特色符号融入虚拟空间之中,长城、西湖、敦煌莫高窟以及各地的美食都被开发成数字符号,我国最新的国家宣传片中就融入了大量的特色符号,打造了具有中国特色的社会记忆,将更多的符号融入中国故事,融入国家形象中。[②] 在国际传播过程中,现实空间内的文化符号通过 MR 技术的增强被上传存储到虚拟空间,同时传播主体可以通过技术具身以类似 AI 主播的"数字孪生"的虚拟形象对数字化符号进行传播,多感官结合的可视化、可感化的数字符号更容易唤起处于不同文化背景下主体自身的情感。情感是主体进行创作和传播的内驱力,情感的共鸣可以更好地体现不同文化群体之间的主体间性,提高个体对他人情感的准确理解和反应的能力。也就是说在虚拟环境中,情感可以丰富文化传播的语境,降低文化折扣的程度,提高文化间的互动交流。MR 与 AR、VR 等技术之间的融合发展,AI 合成人物、虚拟主播等数字主体成为国际传播的文化载体,将中华文化内容和思想精神嵌入其中,并在多感官的参与下呼唤来自不同文化背景下群体共通的情感体验,例如 CGTN 互动"十三五"就以网购为故事线,加之中国"互联网+"的典型特色符号,借助可视化的方式为国内外受众揭示数据背后生活"小变化"映射出的国家"大发展",贴近普通生活的内容引起国内外受众共通的情感体验,让受众通过每个场景的交互身临其境地感受中国日新月异的变化。[③] 文化以数字化的形象符号潜移默化地参与到虚拟的文化传播当中,让他者在具身的基础上产生更立体、全面、多元的文化体验,这种具身体验可以加深不同文化群体间的交流,促进情感在虚拟环境中的交融,形成共鸣,消弭其中的刻板印象,在意义的共通中增强其对中华文化的认同和理解。

其次,基于 MR 技术构建的国际传播共通意义空间还体现为在技术支持下形成的脱域性交往,这种全新的交往形态使过去各自分离的生活经验和文化背景在一定程度上得以共享。梅罗维茨提到"电子媒介最根本的不是通过内容来影响我们,而是通过改变社会生活的'场景地理'来产生影响"。[④] 在电子媒介的作用下,以物质场所为基础的场景的界限被打破,新媒介会带来场景的分离与融合,并通过改变社会生活场

① 王可然.新华网组建 XR 视觉实验室,推进混合现实技术在新闻报道中广泛应用[EB/OL].(2023-02-08)[2023-03-24].https://www.163.com/dy/article/HT2P83S10512B07B.html.

② 人民日报客户端.最新国家形象网宣片《PRC》[EB/OL].(2023-03-12)[2023-03-24].http://politics.people.com.cn/n1/2023/0312/c1001-32642633.html.

③ CGTN.五年之间 | 互动"十三五"——网购改变生活[EB/OL].(2021-02-27)[2023-03-01].https://m.weibo.cn/3173633817/4609273928094744.

④ 梅罗维茨.消失的地域[M].肖志军,译.北京:清华大学出版社,2002:6.

景地理的方式影响思维和社会行为方式。MR技术营造的真实世界和虚拟世界组成的集合,即这样一个通过改变“场景地理”来影响不同主体对内容感知的国际传播共通意义空间。在此空间内,传播主体在MR、VR、AI等技术的影响下创造出虚拟沉浸式场景,通过技术具身将部分现实物质世界进行迁移,并将中华优秀的文化纳入虚拟场景之中,形成可随时触碰的国家虚拟场景。在2021年两会期间,新华社推出的“5G沉浸式跨屏访谈”,借助5G、CAVE技术、MR等先进技术,在演播室内重现代表委员所在的空间,演播室与人民大会堂两个真实空间得以在虚拟中重叠交错,在有限的真实环境中呈现出1V1等比例还原的虚拟场景①;在2021年东京奥运会期间,新华社的新立方智能化演播室中,主持人突破时空的界限与东京奥运会首金获得者杨倩实现跨国同屏访谈,身处东京的杨倩本人和射击馆、新闻发布厅等场景在技术的支持下被“挪移”到了北京的演播室内,虚拟空间与现实空间融合,场景的持续变换为海内外观众带来身临其境的特殊体验。② 根据以上技术带来的场景“流变”,传播中的主体可以突破现实物质世界中时空的枷锁,一定程度上脱离原有的文化背景和社会关系,在新的意义空间中感受不同的文化,实现脱域性交往——社会关系从彼此互动的地域性关联中,从通过对不确定的时间的无限穿越而被重构的关联中脱离出来。③ 这种脱域性交往使过去在国际传播中各自所处的分离式生活文化场景在一定程度上得以共享,人们可以暂时脱离现实中血缘、地缘关系形成的连接,亲身体验来自他国的文化和氛围,在新的交往形态中实现意义的共通。

最后,在MR技术的支持下,以共通的意义空间为基础,以数字化为纽带,国际传播中各种传播情景不断融合和裂变,出现了梅罗维茨所主张的“中区”。而国际传播主体以物质身体为基础,与文化身体交织的“技术身体”,可以被看作进化的“中区”代表。“中区行为可以指任何两个或多个以往不同情景的融合所产生的行为。”④中区的演员尽可能地适应观众的在场,但仍将能隐藏的都藏起来。“新技术倾向于分隔现存的社会信息系统。允许个人形成更深的后台和更前的前台和行为风格,而新技术具有的融合现存的信息系统趋势,导致了侧台或中区行为。”⑤随着社交媒体、元宇宙等新媒介

① 薛园.天涯若比邻:这组“酷炫访谈”实现“空间穿越”[N/OL].新华每日电讯,2021-03-06[2023-03-24].http://www.xinhuanet.com/2021-03/06/c_1127175151.htm.

② 新华网.想和奥运冠军“面对面”?新华社“洋记者”:走起![EB/OL].(2021-08-02)[2023-03-24].http://www.xinhuanet.com/sports/2021-08/02/c_1211273512.htm.

③ 吉登斯.现代性的后果[M].田禾,译.南京:译林出版社,2000:18.

④ 梅罗维茨.消失的地域[M].肖志军,译.北京:清华大学出版社,2002:47.

⑤ 梅罗维茨.消失的地域[M].肖志军,译.北京:清华大学出版社,2002:48.

的发展，国际传播中人们接收的信息正在变得碎片化、个性化、扩展化，国际传播中的情景正在不断融合、裂变，多个国际传播情景的相关性与复杂性不断增加。① 因此，国际传播中的共通意义空间也需要与之适应的中区。在 MR 技术的支持下，进行针对共通意义空间的国际传播情景的大数据挖掘，并进行自适应生产，形成适应受众个性化需要的“一对一”国际传播服务，成为 MR 技术支持下的具身化国际传播增量。在对国际传播数据进行分析、重组的基础上建构中区化的“国际传播共通意义空间”，从而进行“精确国际传播”。

因此，借助 MR 技术，以梅罗维茨的中区为定位，以国际传播情景的裂变和融合为基础，国际传播中的共通意义空间成了新的传播情景融合“新中区”，它一方面迎合国际传播情景需要，在前台表现为跨文化的沉浸与具身，展现为一个个国际传播情景；另一方面通过后台的 MR 及 AI 智能技术，产生传播情景的融合、裂变和增殖。如对 MR 传播情景 1 融合裂变出传播情景 n＋1，甚至 MR 传播情景 n＋2，n＋3……n＋n。② 而新国际传播情景之间、新旧国际传播情景之间又会不断地融合、裂变。不断拓展国际传播情景的多样化和可能性，同时对原始传播情景产生多维度回馈，从而不断扩大国际传播的共通意义空间。

其相关流程见图 1。较粗的线条表现裂变、增殖：

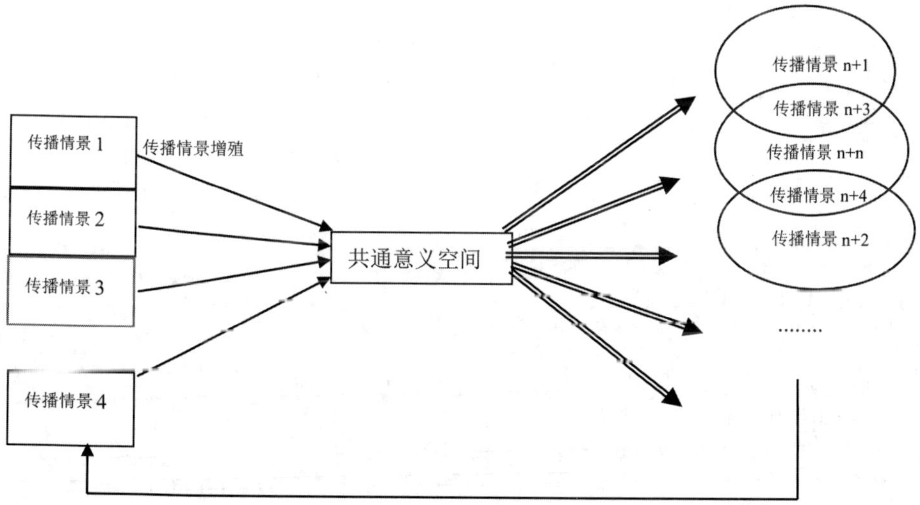

图 1　国际传播共通意义空间增殖图

① 邬建中.身体、遮蔽与新中区：对 AI 合成主播技术具身的反思[J].现代传播（中国传媒大学学报），2022，44(1)：98-103，125.

② 邬建中.身体、遮蔽与新中区：对 AI 合成主播技术具身的反思[J].现代传播（中国传媒大学学报），2022，44(1)：98-103，125.

四、结语

借助MR技术,以沉浸式场景和技术具身为基础,以数字化符号为表达,国际传播共通的意义空间得以实现。它一方面迎合当前我国国际传播的需要,创造了一个平等包容、互相尊重的文化交流空间,在对数字符号理解的基础上达到情感共鸣,实现意义共通。另一方面通过MR、VR、AI等技术支持,改变社会生活的"场景地理",促进国际传播脱域性交往方式的形成,使我们得以亲身感知与自身不同的文化氛围,构建起共通的意义空间,这种共通的意义空间又可以在MR技术的支持下不断进行自我增殖,助力我国国际传播能力建设。

〔郭建中,四川外国语大学新闻传播学院教授;李玉珊,四川外国语大学新闻传播学院硕士研究生;王本婷,四川外国语大学新闻传播学院硕士研究生〕

〔特约编辑:付晓光〕

情感部落:网络视频国际传播中的个人叙事与媒介共情[①]

Affective Tribe: Individual Narratives and Mediated Empathy within International Communication of Online Videos

◎ 蒋俏蕾　景嘉伊

Jiang Qiaolei　Jing Jiayi

摘要: 随着媒介生态的深刻变革与国际局势的复杂挑战,与传统宏大叙事相对应的个人叙事日益在网络视频的国际传播中引发关注。本文从媒介可供性视角出发,对在国际视频社交媒体平台上活跃的个人创作者李子柒和中国奚的YouTube频道进行深入探析和系统比较,通过计算扎根的方法对视频文本及其线上反馈展开研究,发现两位博主网络视频的国际传播过程都体现出了以个人化叙事要素作为创意黏性策略引发媒介化共情,进而形成传播者网红化和受众粉丝化的现象。叙事与共情的理论价值,值得引发网络传播中更深的思考与理论构建,研究发现也为我们通过全媒、全民系统提升国际传播能力建设的具体实践提供了思路和建议。

关键词: 国际传播;个人叙事;媒介共情;情感公众;计算扎根

Abstract: Witnessing challenges due to the profound transformation of media ecosystem and complicated international situations, individual narratives, compared to traditional grand narrative, have received much attention regarding the international communication of online videos. From media affordance approach, this study investigated and compared the popular YouTubers Li Ziqi and Itzik as case studies. Based on textual analysis of the videos and online responses via computational grounded theory framework, the findings indicate

① 本文系教育部哲学社科重大攻关项目“新时代中华文化走出去策略研究”(项目批准号:18JZD012)和清新计算传播学与智能媒体实验室研究支持计划的部分成果。

that as for both Li Ziqi and Itzik, individual narratives were utilized as creative strategies to cause mediated empathy, so as to make the two YouTubers become influencers and their audiences as fans. The theoretical significance of narrative and empathy should be more valued for theoretical building. Meanwhile, implications and suggestions for improving international communication strategies and practice via all kinds of media and all people were also provided.

Keywords: international communication, individual narrative, mediated empathy, affective publics, computational grounded theory

一、研究背景

近年来媒介生态环境发生着深刻变革，随着社交媒体和移动终端等媒介技术形态的蓬勃发展与日益普及，信息传播者与接收者的边界不断消解，在日趋碎片化的网络传播中涌现出越来越多的个人化叙事形态。[①] 在互联网传播的分享和互动中，人们的情感交流与共鸣共振可以跨越国界，并在国际传播中扮演重要的角色。[②] 或无心插柳，或悉心经营，在专业的机构化媒体之外涌现出一批带有鲜明个人特征的中国网红博主，活跃在国际网络视频社交平台上并收获了大量的海外粉丝，李子柒和中国奚就是其中的典型代表。

2019 年起，古风美食类个人博主李子柒海外爆红现象引发国内广泛关注。截至 2022 年底，"李子柒 Liziqi"YouTube 主页发布原创视频 128 条，观看量近 30 亿次，订阅数 1,740 余万，成为首位订阅数破千万的中文视频创作者，并不断刷新由其创下的 YouTube 中文频道订阅数的吉尼斯世界纪录，一度成为现象级的传播热点事件。[③]

"中国奚 Itzik"（希伯来语"איציק הסיני כאן בבייג׳ינג"）[④]是由中央广播电视总台亚非中心希伯来语部"小溪工作室"开设的 YouTube 频道，是官方媒体以个人视频博客（Vlog）的方式面向以色列进行的小语种传播。截至 2022 年底，该账号共有 2.25 万订

① 杨波淑.宏大叙事与碎片化：全球化进程中互联网传播及其意义[J].现代传播，2019(11)：138-143.

② 史安斌，蒋俏蕾.以媒为酶"催化"人类文明的共生共荣[J].中国记者，2022(2)：94-97.

③ YouTube.李子柒主页[EB/OL].（2022-01-05）[2023-03-01]. https://www.youtube.com/channel/UCoC47do520os_4DBMEFGg4A.

④ YouTube.中国奚主页[EB/OL].（2022-01-05）[2023-03-01. https://www.youtube.com/user/CRIHebrew?reload=9.

阅者(以色列人口总计960余万[①]),制作并发布原创视频324条,累计观看量约4,100万次,开创了我国外语类网红国际传播的先河。主要出镜者奚啸琪(Itzik)在以色列形成了"网红效应",多次受邀参加当地人物专访、联合报道和粉丝见面会,极具典型意义。

尽管李子柒和中国奚在主播身份、目标定位和呈现内容等方面存在明显差异,但均通过网络视频的国际传播成为海外拥趸甚众的网红博主,他们创作的视频具有鲜明的个人特征和风格,与受众建立起强烈的情感联结。基于此,本文聚焦视频社交网站YouTube平台上的中文创作者李子柒和小语种创作者中国奚,探析新媒体语境下国际传播的特点与影响。

二、文献综述

可供性(affordance)的理论视角源于生态心理学,最初用以解释人与环境的交互关系。[②] 随着媒介环境逐渐发展成人们生活环境的重要组成部分,可供性视角应用于传媒研究的解释力也日渐受到关注。[③] 本文以媒介可供性理论为指导,探讨媒介生态环境深刻变革与国际传播环境空前复杂相结合的现实语境下,网络视频作为具体形态在海外社交媒体平台上传播的特点与效果。[④] 具体而言,本文聚焦由网络视频的媒介特征所带来的多元叙事可能性,探究以李子柒和中国奚为代表的网络红人视频博主在国际传播中所运用的叙事策略,分析相关视频如何通过自身特质的经历呈现、场景还原以及个性表达等方式,帮助海外受众打破认知壁垒、了解中国,从而通过建立情感纽带来收获大量稳定的粉丝群体,并通过分析视频社交媒体平台上的反馈信息来解读作为传播者的视频博主与作为接收者的粉丝之间的关联互动,尤其关注双方在情感层面的共鸣。

(一)网络传播中的多元叙事

叙事(narrative)是指特定主体运用语言或其他媒介来再现发生在特定时间和空

① 以色列中央统计局数据显示,截至2023年1月,本国居民人数为968万。考虑到订阅人数和以色列人口总数的比例关系,可以说中国奚在以色列的本地传播是非常成功的。获取地址为https://www.cbs.gov.il/he/pages/default.aspx。

② GIBSON J. The ecological approach to visual perception[M]. New York: Psychology Press, 2015:290-293.

③ EVANS S, PEARCE K, VITAK J, et al. Explicating affordances: a conceptual framework for understanding affordances in communication research[J]. Journal of computer-mediated communication, 2017, 22(1): 35-52.

④ 姜飞,张楠.国际传播与跨文化传播2021年研究综述[J].全球传媒学刊,2022,9(1):93-111.

间里的事件,同时指涉讲述行为(叙)和所述对象(事)两个维度。① 叙事不仅是一种文本类型的展示过程,也是人类理解并组织个体经验、进行生活交际的基本实践形式。② 作为人类话语活动的重要组成部分,叙事的意义很大程度上来源于叙述者、叙述文本和受述者间的相互作用以及三者与所处社会历史情境间的内外关联。这种互动建构过程并非自然为之,必须借助某种物质载体的中间传送和再呈现功能才能得以实现。因此,不论是传统的口语、文字、绘画、舞蹈、戏剧,还是伴随信息传播技术进步发展起来的电影电视、电子游戏和虚拟现实,都具有面向大众的叙事功能。传播媒介在形式上的特性带来了特定的媒介语言学特征,不同类型的创作者、接收者对文本的容纳度、偏好度都不同,会对叙事过程和方式产生至关重要的影响,而这恰恰是被叙事研究长期忽视的。③

在以口语、文字和印刷媒介为主导的前大众传播时代与传统媒体时代,社会叙事体系以体现秩序和等级为核心,往往为社会权力阶层和知识精英所掌控,通过抽象化、标准化的语义系统进行所指,因而只能在特定范围内产生影响。以广播、电影电视等电子媒介为标志的大众传播时代的到来,缩小了叙事传播的时空限制,在覆盖度、时效性和灵活性上有了显著提升,大型传媒机构以及少数符合大众媒介表达需求的个体,以善写、善说、善演的优势脱颖而出,通过单向的线性传播模式成为叙述控制方。这种模式根植于现代工业社会的理性主义发展逻辑,具有高度组织结构化、系统规范化特征,更强调社会控制功能的实现,个体的差异性和主动性因而被忽视。④ 以互联网为代表的数字技术的普及,不仅融合了文字、图片和音视频媒介的优势,还通过其分布式技术架构相继在终端、内容和人际关系三个层面实现网络连接,能够通过关键词搜索、标签关联、算法推荐等具体手段实现文本汇聚,让叙事的生产方式、反馈机制和评价体系都发生了巨大变化,带来了网络传播中叙事形态的转向。

长期以来,占据主流的西方经典叙事学采用结构主义的视角,以文本为中心,将叙事作为相对独立的封闭系统,在研究中一般围绕故事(story)和话语(discourse)两个指代层面展开。其中,故事层面关注叙述的内容,多将内含的人物、事件、情节和背景等信息作为静态符号进行呈现;话语层面关注叙述的形式,注重不同身份的主体如何

---

① 申丹,王丽亚.西方叙事学:经典与后经典[M].北京:北京大学出版社,2010:2,13.

② BRUNER J. Life as narrative[J]. Social research, 1987, 54(1): 11-32.

③ PRINCE G. Narratology and translation[J]. Language and literature, 2014, 23(1): 23-31.

④ 姜楠.感性选择:互联网群体传播中的主题关系建构[J]. 现代传播,2021(1):66-73.

综合运用语法、修辞、逻辑等技巧产生出以不同语态、语式和结构为区分的核心叙事类型。[①] 这种研究路径关注到了语言这一符号系统的内在结构和成分间的相互关联，有助于快速发现各类叙事作品的基本结构和基础特征，但由于限定在文学批评和社会语言学领域，它被指出研究模式过于简化，以静止的共时观看待所有叙事类型，无法对多元媒介形式及其所处语境进行充分解释。在后结构主义思潮影响下，叙事学经历了较大规模的后经典转向，不再聚焦于单一的文学性书面叙事，而是将叙事学与心理学、社会学等跨学科领域结合，极大丰富了叙事学的分析工具和研究范畴。[②]

不同于口语、文字和电子媒介，互联网的碎片化和协作性特征使其与传统叙事模式形成明显区别。首先事关叙述主体的差异性，其核心是控制权问题，着眼于叙事文本是被平等地分享给参与者还是被特定个体保留。互联网技术的可供性打破了传统信息生产者的垄断地位，基于个体情感和认知的社会化群体传播环境成为主流，无论是专业组织机构还是个体用户，都能以叙述者和受述者的双重身份参与到叙事之中。[③] 叙事者们不仅通过阅读、点赞和转发行为表达立场，形成和扩大文本影响，也通过转述、整合、评论、解构和重构方式对元叙事进行改写、创造新的文本。[④] 这些杂糅的信息实践不仅是用户间的交互行为，更是具有高度创造性和解释性的文本生产实践，在形式和意义双重维度上都具有扩张力，甚至可能形成与元叙事完全相反的议程。[⑤]

其次关乎文本组织的线性度差异。互联网非线性的开放特征，打破了传统叙事"过去—现在—未来"的时间顺序和"开始—中间—结尾"的组织线索，叙述者灵活运用正逆时序，将不同时空加工到同一场域，呈现出及时而非完整的叙事文本风格。叙事的意义不仅在于文本自身的设计，还要面向多元参与者及其所在的广阔社会语境。碎片化的"小故事"(small stories)成为网络空间内最受欢迎的文本形式，往往具有五个共通点，即以普通人生活而非宏大事物作为叙事视角切入；具有极高的媒介延展性，可跨平台进行传播；受现实和虚拟两个环境特征的同步影响；在表征上是多模态和多符号的，同一文本中可以嵌入文字、图片、音视频，甚至沉浸式体验，但仍用链接或帖文的

① 马丁.当代叙事学[M].伍晓明，译.北京：北京大学出版社，2005：154.

② HERMAN D, PHELAN J, RABINOWITZ P, et al. Narrative theory: core concepts and critical debates[M]. Columbus: Ohio State University Press, 2012: 3-28.

③ 隋岩.群体传播时代：信息生产方式的变革与影响[J].中国社会科学，2018(11)：114-134，204-205.

④ GEORGAKOPOULOU A. Small stories research: a narrative paradigm for the analysis of social media[M]// SLOAN L, QUAN-HAASE A. The SAGE handbook of social media research. CA: SAGE Publishing, 2016: 266-281.

⑤ 范明.论互联网群体叙事的意义流动[J].现代传播，2021(4)：153-157.

简单形式来承载;同步面向体量庞大、差异巨大且不可预见的受众开展叙事。

最后还体现在主客体互动的差异上。网络叙事的本质是互文性(intertextuality),在事件相关体与核心价值观的固定框架下,互文既指叙述者和受述者间的双向建构,也指同一叙事文本在不同平台上的多形态呼应,还指文本集合体内部元素间的互动与共生,是一种多向的持续性共建过程。[①] 有学者提出用叙述者主体行为的"正文本",指代受述者参与行为的"副文本",以及正副文本作为整体与其时间线上的前、后、同步文本间关联的三个层次,来拆解网络叙事的互文生成机制。其中,正文本包括叙述者所在平台特征、身份特性、遣词造句、行为举止以及能影响叙事效果的其他所有自发设计。副文本指能辅助正文本完成意义建构的周边元素,包括受述者的赞评转、标题、表情包和语种使用等丰富形态,它们组合为一个包容性极强的附着空间,具有烘托情境、激发情感的强大功效,能够响应、强化或摧毁正文本的既有意义。[②] 本文将采用该思路对相关案例展开分析,从而系统探究网络视频国际传播中的叙事发展过程。

(二)情感公众与情感化传播

随着媒介生态环境的深刻变革,传媒研究也从均质化大众的假设转向探讨不同语境下日益多元的公众类型。"情感公众"(affective publics)是指经由网络技术赋权的、通过情感表达被动员起来的、相互联系或不联系的网络化公众形式。[③] 情感公众的概念对于研究国际传播具有重要的意义,帕帕奇拉斯(Papacharissi)根据对Twitter上关于"中东剧变"和"占领华尔街"两场社会运动中标签使用的研究,将网络公众视为情感部落(feelings of community),主张在考察媒介技术与公众舆论、集体行动间的关系时,应充分重视情感在其中发挥的中介效用和联结功能。

关于情感公众的形成机理,帕帕奇拉斯着重从两个层面展开具体论述。首先,媒介技术可供性是情感公众形成的重要动力。[④] 互联网技术,特别是社交媒体的可持续性(persistence)、可复制性(replicability)、可扩展性(scalability)、可检索性(searchability)和可分享性(shareability),让参与者的公开表达被自动记录并永久化数字存档,其他传播主体据此进行再加工和再生产成为可能,通过标签和算法逻辑进一步将松散的话语材料转化为可索引的叙事文本,经由用户间的不断分享,被持相似

① 陈先红,宋发枝.跨媒介叙事的互文机理研究[J].新闻界,2019(5):35-41.

② 隋岩,唐忠敏.网络叙事的生成机制及其群体传播的互文性[J].中国社会科学,2020(10):167-182,208.

③ PAPACHARISSI Z. Affective publics: sentiment, technology, and politics[M]. New York: Oxford University Press, 2015: 125-134.

④ 杨逐原,郝春梅.媒介空间中的情感演化研究:基于情感具身性的视角[J].全球传媒学刊,2022,9(6):53-67.

体验与观点群体看到的可能性不断增强，由此形成了可供情感互动的公共空间。① 最后，尽管技术推动参与者在物理层面实现了聚集，但真正形成并维系公众身份联结的仍是情感内核的稳固性。传统研究出于解释的便利性，往往将情感简化为非理性，造成了这一解释变量的长期缺位。事实上，作为一种先验式的情绪感知强度，情感与公众对未发生事件的主观性预期紧密关联，是公众内化日常经验并采取相应行动的关键。在社会运动中，公众往往被归属性或团结性的故事结构激励，将情感投资作为线上参与的主要形式，其过程的参与感与效能感都能获得明显提升。考虑到情感的自反性特征和在此基础上形成的一致性共鸣环境，即使参与个体选择结束情感进程，共同体内的情感流依然得以保存，能够持续影响其他被动参与者加入进来，有机会在更大范围内形成声势。②

情感公众概念的提出，将社交媒体上的公共文本视为一种软性的情感化叙事结构，这种以情感为中介变量来解释虚拟空间与现实空间互动关联的理论模型，重新强调了公众参与传播活动的感性驱动基础，对于学界重新检验数字时代中公众话语的生产和不同群体间社会关系的建构议题具有重要的意义。互联网技术变革带来的身体缺场式“脱域”与共时性“嵌入”并存的人际交往模式，弱化了地域、社会资本、权力制度关系等带来的身份理性色彩，打破了传统的信息生产、分配、交换和消费链条，赋予了参与者主动选择与建立现实中难以接触到的关系网络的极大可能性，公众通过多渠道、多形式地接收、合成、再传播行为，使杂糅的信息产品和价值观念不断涌现并形成浩大声势，深刻改变了传统公共空间的生成逻辑。

尽管对情感公众的关注始于社会运动，但随着当下传播景象的极大繁荣，在娱乐消费、跨国别和跨文化沟通、政治宣介、健康传播等更加丰富多元的围绕日常生活开展的广泛的信息交往实践中，都出现了因事结缘、因趣聚集的情感转向。③ 这些现象引发了国内学者的关注，并对其内涵与外延进一步拓展。④ 通过对既有研究的梳理发现，尽管公众的情感化传播取向已逐渐成为共识，但其具体的作用机理仍有待细致探究。特别是传统研究将互联网参与者视为典型的弱连接型互动模式，认为在时间分

① BOYD D. Social network sites as networked publics: affordances, dynamics, and implications [M]// PAPACHARISSI Z.A networked self: identity, community, and culture on social network Sites. New York: Routledge, 2010: 39-58.

② PAPACHARISSI Z. Affective publics and structures of storytelling: sentiment, events and mediality[J]. Information, communication & society, 2016, 19(3): 307-324.

③ 蒋俏蕾，陈宗海，陈欣杰.延续与变化：我国新闻学情感研究现状分析[J].中国出版，2021(10)：17-23.

④ 潘文建，韩立新.新闻用户视角下灾难报道的“情感性策略仪式”研究[J].全球传媒学刊，2022，9(6)：68-83；王超群.共情与正义：美国弗洛伊德事件抗议运动中的情感动员[J].全球传媒学刊，2022，9(4)：100-116.

配、情感强度、亲密度和互惠性等方面均投入有限,难以维持长期聚合,[①]但从现实需求来看,众多传播主体已不再满足于通过单个话题吸引志同道合之人的暂时聚集,而是希望将受众偶发性的情感诉求转化为稳定性的情感依赖,凝聚固定群体参与到长期的传播进程中,以实现不同的传播目的。因此,把握网络视频在国际传播特定语境中情感公众的特质,深入研究视频不同叙事策略的情感触发与演进路径,从而建立和维系较为稳定的情感互动以达成更为有效的传播效果是本文的另一着眼点。

三、研究方法

本文聚焦网络视频的国际传播,选取李子柒和中国奚的 YouTube 频道作为典型案例展开研究,通过将量化与质化相结合的计算扎根方法对视听文本及评论反馈进行数据挖掘与主题分析,从而分析阐明相关视频的叙事特点与国际传播效果。

(一)案例研究与系统比较分析

案例研究是"综合运用多种收集数据和资料的技术与手段,通过对特定社会单元中发生的重要事件或行为的背景、过程深入挖掘和细致描述,呈现事物的真实面貌和背景,从而在此基础上进行分析、解释、判断、评价或者预测"。[②] 区别基于大规模抽样调查的量化统计分析,案例研究具有超越个体经验事实、辅助一般理论建构的力量。[③]进行案例研究的基本过程包括明确研究问题、提出理论假设、确定分析单位、形成连接数据和假设的逻辑、解释研究结果等。[④] 基于账号关注度、国际传播影响力、内容典型性、实践创新性等因素考量,本文选取李子柒和中国奚的 YouTube 频道进行案例研究,深入分析其叙事策略与特点。

(二)计算扎根研究

计算扎根研究是将计算传播的方法技术与扎根理论的基本原则相结合的研究框架。[⑤] 首先,本文通过计算机辅助技术对相关视频及其反馈数据进行检索和抓取。其

① GRANOVETTER M. The strength of weak ties[J]. American journal of sociology, 1973, 78(6):1360-1380.

② 王金红.案例研究法及其相关学术规范[J]. 同济大学学报(社会科学版),2007(3):87-95,124.

③ 卢晖临,李雪.如何走出个案:从个案研究到扩展个案研究[J].中国社会科学,2007(1):118-130,207-208.

④ 殷.案例研究:设计与方法[M].3 版.周海涛,主译.重庆:重庆大学出版社,2004:25.

⑤ NELSON L. Computational grounded theory: a methodological framework[J]. Sociological methods & research, 2020, 29(1):3-42.

次，对于获取的视频文本，本文基于扎根理论的基本原则和启发性工具展开主题分析，在获取的视频数据间识别、分析和判断中心主题或关键模式。通过熟悉数据、初始编码、寻找主题、检验主题、定义并命名主题等递归式的具体执行步骤[①]，来揭示并呈现相关视频的叙事特点。在叙事主题编码过程中，本文借鉴奇普·希斯（Chip Heath）和丹·希斯（Dan Heath）提出的"创意黏性"理论，对相关案例视频的关键主题进行编码分类，从而展开主题分析。[②] 同时还借助数据挖掘的方法与技术，对李子柒和中国奚的 YouTube 频道中视频的观看量、点赞量、评论文本、用户画像等大量的数据信息进行挖掘探究，并借助词频分析、数据可视化等形式手段对相关网络视频国际传播的受众反馈进行描述与阐释。

四、研究发现

（一）网络视频国际传播中的个人化叙事凸显创意黏性

创意黏性理论认为，黏性是流行事物具有的让人印象深刻的附着力，是衡量用户行为忠诚度的重要指标，从信息传播角度看，特定观点能否被受众认知、认可和认购，主要取决于六大因素：(1)简约（simple），关键是分解创意核心，并用精炼方式进行表达；(2)意外（unexpected），目的是打破期待、违背直觉，利用信息缺口的好奇心理论，用惊奇吸引注意，用兴趣维持注意力；(3)具体（concrete），借助身体行为和感官信息，将一切抽象概念具体化为日常生活图景，常见手段包括画面联想、实物化、图像代替文字等；(4)可信（credential），通过借助外部权威或丰富内部细节呈现、统计数据、个人经验的方式，为受众提供信用背景；(5)情感（emotional），让受众关心在乎，可通过建立情感联结、诉诸自身利益、寻求身份认同来实现；(6)故事（stories），是信息的具体组织形式，能够产生模仿和鼓舞的双重力量，是激发他人采取行动的关键。

根据对李子柒和中国奚在 2022 年 12 月 31 日前发布的 452 条视频进行分析，我们共得到 1,576 条创意黏性叙事要素（见表 1）。其中，李子柒的叙事要素分布较为集中，在 128 条视频的 476 个叙事要素中，"简约"最为凸显（128），紧接着是"具体"（127）和"可信"（127），以及"情感"（83）、"意外"（6）和"故事"（5）。中国奚的叙事要素分布更

① BRAUN V, CLARKE V. Using thematic analysis in psychology[J]. Qualitative research in psychology, 2006, 3(2): 77-101.

② HEATH C, HEATH D. Made to stick: why some ideas survive and others die[M]. New York: Random House, 2007: 14-18.

为多元,要素数量为前者的两倍多。在325条视频的1,099个要素中,由高到低分别是“具体”(288)、“可信”(287)、“情感”(177)、“简约”(139)、“意外”(126)和“故事”(82)。

表1 李子柒和中国奚视听文本的叙事编码表

	李子柒		中国奚	
类目	数量/个	占比	数量/个	占比
简约	128	26.89%	139	12.65%
意外	6	1.26%	126	11.46%
具体	127	26.68%	288	26.21%
可信	127	26.68%	287	26.11%
情感	83	17.44%	177	16.11%
故事	5	1.05%	82	7.46%
总计	476	100%	1,099	100%

分析结果显示出简约是李子柒和中国奚共有的最突出的叙事特征。首先,简约体现在视频文本和媒介平台YouTube的既有属性上。有限的时长设置、直观的画面冲击、精良的制作手法和场景、直白的表达方式等,都让二人的视频更易吸引受众并获得快速传播。其次,简约体现在精炼的主题选取和清晰易懂的叙事逻辑上。李子柒的主题呈现一以贯之,通过时间逻辑和镜头美化,将复杂的食物制作过程进行线性化、简单化处理,即使毫无对话和旁白解释,海外受众也可以通过画面快速捕捉信息、达成理解。中国奚的表达逻辑简洁,通过重复加强记忆点,借助“回答一个问题”“描述一个现象”“展示一个场景”等小切口来回应大问题,帮助不具备相关知识与背景经验的以色列受众迅速厘清因果关系、了解事情原委,从而进入相应的情境。

基于编码与分析我们可以发现,具体与可信是两个案例中最广泛使用的叙事策略。李子柒通过浸入真实的田园场景、还原食材的生长和制作流程、展示农务劳作的具体细节、设计贴切的人物衣着与所讲方言、增设生活气息浓厚的出镜人物等方式,将抽象的东方异域田园风光日常化为具体的生活图景,使不具备类似生活体验的海外受众能够超越想象边界、认同视频内容的真实性。而作为具有官方新闻从业者背景的中国奚,则更多以呈现中以两国当代社会发展实景、进入关键环节、营造在场感来提升视频可信度,如在文化类选题上主谈相关群体的个人经历,在新闻类选题上通过采取街头随机采访、引用权威信源和统计数据、加强与以色列官方媒体的联合制作等具体方式，保证个人观点均有人物或事实支撑。在全球新冠疫情期间，中国奚策划了“战疫Vlog”“与中国人并肩的以色列朋友”“抗疫直播”等系列报道，以第一人称的自拍方式展现居家隔离、物资采购和社区管理等生活日常，剪辑痕迹较轻，以纪实性增强真实性，并有选择地与以色列媒体进行合作发布。这对于缓和西方受众长期以来对我国官方媒体传播内容的警惕心理，消解因文化差异和意识形态分歧等造成的跨文化沟通难点具有明显的辅助作用。这种借助个人化叙事打造网红型主播的模式，强调了具体化的个体身份特征、亲身经历和主观话语的作用，使受众倾向于依照传播者的叙事立场进行解读，极大提升了国际传播内容的可信度。

叙事分析结果还呈现出，对于情感的选择性应用在网络视频国际传播中也较为突出，体现了拉近心理距离、建立情感联结的媒介化共情的尝试与努力。李子柒的情感显露较为含蓄委婉，一方面集中体现在营造温暖和谐的家庭氛围，突出与祖母的亲情关系，展示孝顺、善良等东方文化所推崇的美好品质。这使其超越了一般的古风、美食垂直功能类博主，能以人类相通的情感认同凝聚海外受众，加深受众对博主个体形象的立体认知。另一方面还体现在她利用中国传统节气进行商品植入，在特定场景中抒发阖家团圆、遥寄相思、回忆童年等情绪，以达到超越虚拟寄托、推广个人品牌、动员粉丝进行经济变现的目的。中国奚因其视频主题更加多元，在聚合长期保持兴趣度的固定受众上难度更大，因此更加注重对情感的综合调动，并通过直接的语言表达、夸张的肢体动作以及丰富的情境烘托进行情绪传递。其最典型的表现手法是反复强调中国人对希伯来语的学习热情、对犹太民族的正面评价、对以色列生活方式的好奇心和探索欲，来拉近博主与目标受众的情感距离。值得注意的是，在2020年全球新冠疫情流行的第一年中，中国奚共发布了119条视频，其中83条相关视频采用了情感叙事，比例高达70%。这不仅贴合了受众出于自身健康利益需求来了解中国抗疫进程的心理，更在于唤醒病毒无国界、人类命运共同体休戚相关之情，成为抵制国际传播环境中相关谣言、偏见与歧视的有力武器。

需要说明的是，尽管“意外”和“故事”的叙事要素体现得较少，但在关键时刻的使用可以提升视频的整体表达。“意外”多用于以违背直觉的惊奇吸引海外受众的注意力，进而填补其对中国认知的信息缺口、打破刻板印象。比如，李子柒善于使用原始材料制作食物和生活用品，一定程度上挑战了西方受众对现代工业体系的固定认知，以田园风光、东方文化的异质性增强新奇感。“故事”则多用于通过个人亲身经历，还原事件的前因后果，梳理发展的整体脉络。例如，中国奚善于选用出镜个体，多为在以色列的中国人或在中国的以色列人，涵盖留学生、经商者、政府人员、游客等不同群体，贴合亲身见闻分享个人体悟,更具灵活性和说服力。这两种叙事策略在使用上与“具体”“可信”和“情感”要素相辅相成,适时添加可让内容的呈现更加流畅自然。

在整体叙事分析的基础上,本文还对播放热度最高的前十位视频展开进一步分析(见表2),发现李子柒前十位视频中“简约”“具体”和“可信”作为叙事要素的数量均为10,“情感”为9,“故事”和“意外”则为0;中国奚视频中“具体”和“可信”均为10,“意外”和“情感”为7,“简约”为6,“故事”为3。其中,“简约”“具体”与“可信”作为叙事要素的分布与整体视频的分布比例大致吻合,体现了两位视频创作者个人化叙事中对这三类要素的使用,成为吸引受众兴趣的通用基础;而李子柒前十位视频中的“情感”叙事占比达23.08%,中国奚的“意外”叙事占比达16.28%,明显高于整体叙事中的17.44%和11.46%,这表明在重要情境和适当话题中有目的地选择使用“情感”和“意外”元素,对增强受众吸引力产生了明显的促进作用,可以成为提升网络视频国际传播吸引力的关键要素。

表2　李子柒和中国奚播放量前十位视频与整体的叙事对比

	李子柒		中国奚	
类目	前十位视频	整体	前十位视频	整体
简约	25.64%	26.89%	13.95%	12.65%
意外	0	1.26%	16.28%	11.46%
具体	25.64%	26.68%	23.26%	26.21%
可信	25.64%	26.68%	23.26%	26.11%
情感	23.08%	17.44%	16.28%	16.11%
故事	0	1.05%	6.97%	7.46%

(二)网络视频国际传播中粉丝作为情感公众的媒介化共情

为了分析相关网络视频国际传播的效果,本文分析了案例频道粉丝群体作为情感公众的反馈情况,以呈现相应情感化传播中的共情程度。基于获取到的反馈数据,本文重点关注了接收者的评论态度取向和观看规模效应两个维度,并通过数据爬取、词频分析、可视化呈现等方法,来评估李子柒和中国奚个人化叙事的传播效果,即是否与受众建立了正向的情感联结、促成受众的粉丝化转向以形成长期稳定的情感公众群体。

在网络多模态传播中,表情符号是反映受众情感的重要指标。本文通过对评论中出现的Emoji表情符号进行抓取和分析发现，出现最多的前十位表情均属于正面情感导向型(见表3)，如“爱心”“大笑”“点赞”“亲吻”“鼓掌”等，显示出受众对两位视频博主积极正向的情感。值得注意的是，中国奚的评论区中还不乏“中国国旗”和“以色列国旗”的表情符号，且在疫情期间二者多与“爱心”“祈祷”等积极情绪的表情连用，直观地呈现出评论者对两国关系的美好期待，显示了积极正向的传播效果。

表3　李子柒和中国奚评论区前十位表情比较

	李子柒	中国奚
排序	表情	表情
1	❤️	❤️
2	😍	😆
3	👍	👍
4	😘	😍
5	👏	😁
6	😊	😀
7	🥰	🤣
8	😆	🙏
9	💖	😊
10	💕	🤩

本文抓取了李子柒视频的209,128条英语评论进行词频分析(见图1)，为保持语言呈现的一致性，将中国奚下方的15,940条希伯来语评论翻译为英语进行词频分析(图2)。在剔除代词、数词、冠词、介词、连词、系动词、情态动词、助动词等后进行词频分析。结果显示，二者排名前十的最高频词中均含有博主的名字——李子柒(LiZiqi)和中国奚(Itzik)，以及“视频”和“爱”，充分显示出通过视频文本的个人化叙事成功地塑造出了国际传播网红的效果。受众的评论绝大部分围绕着喜爱的博主而展开，呈现出李子柒和中国奚成为国际传播网红的晕轮效应。李子柒相关评论中的高频词还包括“喜欢”“制造”“美丽的”“观看”“看见”“生活”“中国人”“感谢”等，中国奚相关评论中的高频词则包含“中国人”“以色列”“中国”“人们”“感谢”“世界”“好”“了解”等，均为积极的情感表述。除此之外，评论中还有大量海外受众借助翻译软件专门进行的中文评论、以表达对两位中国博主的尊重与喜爱。比如：“我想用中文写，中国人民也可以阅读，希望软件翻译了正确的内容。非常感谢您提供的所有视频，感谢您给予我们的关

爱。祝中国人民健康。”“我们很爱你们在中国！中国和以色列总是好朋友！”等等。

图 1　李子柒评论词云

图 2　中国奚评论词云

通过对两位中国博主海外受众的反馈进行分析可以发现,海外受众响应了视频传播者的叙事策略与情感表达,对博主的形象塑造以及博主展现出的中国文化元素产生了正向的情感共鸣,并由此促成大量的普通受众转化为粉丝,成为对博主展开持续关注和强烈回应的情感公众,进一步成就了李子柒和中国奚在海外社交媒体平台上的大规模走红。尤其是在全球新冠疫情期间,两位中国博主视频的评论区收到了大量来自海外粉丝受众的关心和祝福。

在视频社交平台上,点赞是反映受众情感偏向的一项重要指标。通过对点赞量进行分析发现,李子柒和中国奚的视频均保持了很高的受众喜爱程度量级。截至 2022 年 12 月 31 日,李子柒在 YouTube 平台上共发布 128 条原创作品,累计获得近 30 亿次播放量,平均每条视频观看量逾 2,300 万次、点赞量 26 万次、评论量 1.7 万条(见表 4)。其中,热度最高的《年货小零食特辑》引发超 1.1 亿次观看、146 万次点赞和超 5 万条互动评论。通过对全部 2,305,466 条评论文本的所属语言进行分析,我们得到排名前八位的语言分别是英语(67.6%)、中文(13.3%)、西班牙语(4.3%)、俄语(3.4%)、阿拉伯语(2.4%)、韩语(1.5%)、日语(1.1%)和泰语(1.1%),此外还涉及葡萄牙语、意大利语、法语、越南语等 90 多种语言,可见博主李子柒的视频已跨越了语言文化的障碍,通过视频社交媒体平台在海外得到了广泛传播。

表 4　李子柒视频播放量前十位统计表

排序	视频标题	观看量/次	评论量/条	点赞量/次
1	年货小零食特辑	119,524,132	52,926	146 万
2	吃得满足,嗦得过瘾,辣得舒坦,就一碗柳州螺蛳粉	79,701,846	35,377	78 万
3	瓜间一壶酒——西瓜和葡萄的一生	75,255,040	44,240	105 万
4	吊柿饼	70,639,729	19,358	54 万
5	竹沙发|为生活添一抹淡雅绿意,用砍下的竹子制些物件儿	63,346,325	58,141	116 万
6	棉……棉花的一生,我保证下次想个新系列名字哈哈哈	54,136,420	37,295	82 万
7	紫米南瓜的一生 ……还有花生	53,748,136	36,172	74 万
8	抢在番茄掉果之前,全收回来弄点好吃的——红宝石番茄	50,503,310	21,841	54 万
9	黄瓜的一生	47,554,785	32,074	64 万
10	寒意渐浓的深秋,来碗暖人心脾的蜂蜜柚子茶可好	47,227,432	10,578	39 万

截至同一时间,中国奚发布的 324 条视频累计播放量约 4,100 万次,获得约 10 万次点赞和近 2 万条评论。热度最高的前十个视频中(见表 5),《Itzik 走出家门向您展示北京 2 月 5 日情况》《Itzik 第二次结束隔离,探访北京某商场》等 4 条均与全球新冠疫情有关,对阐释中国抗疫进展起到了很好的促进作用。因数据表现良好,中国奚获得了 YouTube 在 2020 年 2 月 4 日至 29 日进行的免费主页推荐。通过对 4,534,214 条标注网络接入地的观看数据进行统计,我们看到以色列本土观看数达 4,172,359 次,占总量的 92%,此外还有来自美国(128,355 次)、加拿大(14,891 次)、英国(9,873 次)和德国(7,181 次)等 50 多个国家的受众。对全部视频下方的 16,957 条评论文本的所属语言分析也得到了印证,希伯来语使用量为 15,940 条,占总数的 94%。这充分显示出中国奚面向以色列受众精准化的内容定制策略,成为针对海外小语种国家定向传播的成功范例。

表 5　中国奚视频播放量前十位统计表

排序	视频标题	观看量/次	评论量/条	点赞量/次
1	Yael 第一次来以色列的感受	222,023	287	5,849
2	Itzik 走出家门向您展示北京 2 月 5 日情况	168,110	294	2,491
3	Itzik 第二次结束隔离,探访北京某商场	159,385	714	7,134
4	疫情期间被问得最多的问题:Itzik 如何学希伯来语	145,351	1,010	8,330
5	中国人如何谈论以色列	115,805	278	1,274
6	在以色列庆祝成年礼的中国女孩儿	115,689	147	2,441
7	为什么中国人都认为犹太人和以色列人聪明	110,313	358	2,315
8	什么?中国人也吃以色列小吃 Malawach 吗?	90,432	175	1,949
9	Itzik 一分钟教你用筷子吃饭	89,327	79	1,364
10	刚出院的李先生讲述新冠康复过程	85,481	141	1,402

五、结论与讨论

随着新媒体技术的发展和普及,以社交媒体平台和视频形态为代表的全媒体传播为个体的多元表达提供了条件,逐渐消解了国际传播领域长期以专业化、机构化为主导的宏大叙事,出现了以高度个性化、碎片化、情感化和流动化为主要特征的个人叙事转向。同时,也改变了传统传播者和接受者的特征及其线性关系,在人人都有“麦克风”的时代,人人皆有可能参与到国际传播的具体实践当中,推动跨文化传播中的情感交流与共鸣共振。

基于此背景,本文从媒介可供性的视角出发,选取了在海外社交媒体平台上产生突出影响的李子柒和中国奚的 YouTube 频道作为典型案例,采用计算扎根的研究框架,将量化和质化的方法与技术结合起来,综合采用数据挖掘、主题分析、词频分析、可视化呈现等方法和手段,探究网络视频在国际传播中的叙事策略与传播效果。通过对视频文本和受众反馈的分析我们发现,网络视频的国际传播中多种个人化叙事要素成为创意黏性密码,视频文本中的叙事策略和情感调动可以帮助海外受众跨越语言障碍、文化认知及意识形态差异,在国际传播中起到正向联动的促进作用,从而吸引并聚拢起大量的海外粉丝,并通过触发正向的情感共鸣转化为情感公众,进而实现长期稳定的情感联结并形成正向交流的情感部落。因此,在当前深度媒介化的语境下,国际传播领域应关注媒介可供性,通过吸纳叙事研究与情感分析的视角,拓展现有的理论框架,并特别关注叙事的个人化转向与数字媒介化共情的形态与可能性。[①]

当今世界正经历百年未有之大变局,国际传播既面临着渠道呈现广泛、互动成本低廉、受众用户下沉与价值取向多元的震荡,也遭受着狭隘的民族主义、单边主义、民粹主义等复杂态势的冲击,情感化传播与以情绪引导为主的“后真相”态势在传播过程中不断凸显。尽管有一批国家级旗舰媒体已先行出海探路,但在传播效能的达成上仍有待加强。特别是在外部舆论环境更为复杂的后疫情时代,经由政府部门、主流媒体构建的传统叙事主体、叙事文本、叙事方式、受众预设都面临着突出挑战,创新变革的现实需求更加紧迫。为了全面提升国际传播效能,新时代的国际传播能力建设应充分挖掘全媒体潜能,动员全民参与形成国际传播的最大同心圆,以期在国际传播中形成情感上的共鸣共振。

在实践层面,本文发现,基于个人化叙事和媒介化共情形成的个体传播者网红化与受众群体粉丝化是李子柒和中国奚海外成功的突出表现。李子柒的海外走红或属无心插柳之举,她通过有效发挥民间个体的原创能力,为广泛的海外受众展示东方生活美景,唤醒其田园情感向往,以实现个人品牌与商业价值为导向;而中国奚视频的国际传播则为精心打造的成果,尽管身为国家媒体的专业人士,但其以个人身份出镜、流利使用希伯来语调动受众的积极情绪与情感,在展示中国议题时所受的意识形态阻力较小,在针对以色列的跨文化传播中取得了良好的效果。尽管二者在主体属性、创作目标、受众群体、内容设定等方面存在着明显差异,但都充分利用了视频社交平台的技术特点,围绕自身特征运用个人化叙事策略激发媒介化共情,积极塑造网红身份,以此推动受众向粉丝转化,从而建立起具有更加持久稳固情感联结的情感公众,在受众反馈过程中培养其对视频制作发布者的持续兴趣度和认同感。与此对应的是,海外受众在简约、意外、具体、可信、情感和故事的叙事黏性法则作用下,以数字媒体为中介,对传播者产生了正向的情感投射与追随,从而对博主设置的相关议题具有更高的接纳度和认同感,基于共情基础而形成粉丝效应。这种“网红—粉丝型”传受关系的形成,消解了议题的屏障性和严肃性,既蕴藏着粉丝群体的动员与消费可能,也拓展了国际传播的思路与策略。

既有研究显示,相较于非叙事性信息,叙事信息在受众的态度塑造上具有更强的

① 蒋俏蕾,陈宗海,张雅迪.当我们谈论媒介共情时,我们在谈论什么:基于可供性视角的探索与思考[J].新闻与写作,2022(6):71-85.

说服力及持续影响力。① 因此,借鉴李子柒和中国奚的成功案例,新时代背景下的国际传播可以加强对传播叙事和情感的理论研究和实践探索。其一,在传播主体方面,可以突破以政府部门和官方媒体为主的传统信息发布者模式,发掘跨文化传播主体身份特征的多样性,鼓励更多个体参与国际传播实践,以个体化叙事丰富传统的宏大叙事议题。一方面,应关注以李子柒为代表的民间个人网红博主,在国际传播中呈现更加原创的、多元的、潜移默化的,甚至突破意识形态屏障的、接纳度更广的叙事文本;另一方面,也要重视以中国奚为代表的具有专业背景的网络意见领袖的培育,通过个体视角探索国际新闻的叙事创新,直面回应海外受众关切的问题,对海外受众进行精准细分,系统地推动跨文化传播的建设与提升。诚然,在善用个人化叙事方式在传播中的吸引力、可信度和感染力的同时,也要谨慎注意人格化的国际传播中可能出现的因为网红个人"塌房"而带来的负面连锁反应。其二,在传播受众方面,要善用以视频为代表的社交媒体平台,发挥其直观性、互动性等技术特点,打造具有个人魅力的网红博主,从而实现从议题公众、情感公众再到粉丝公众②的海外受众培育与升级。其三,在传播文本方面,要关注叙事内容与策略可能带来的影响。③ 流行地缘政治学(Popular Geopolitics)研究认为,受众通过消费流行文化及其相关文本,基于系列叙事而形成的粉丝身份认同,会影响公众对地缘政治含义的阐释、消费与认同。④ 因此,国际传播应善于从流行文化的媒介形态与叙事文本中发掘传播价值,既展示中国文化的独特魅力,也考虑海外受众的接纳效果,将对博主的个人喜爱提升到对中华文化的理解、对中国的认知,以情感共鸣消解现实屏障。

〔蒋俏蕾,清华大学新闻与传播学院长聘副教授,博士生导师;景嘉伊,中国社会科学院新闻与传播研究所助理研究员〕

〔特约编辑:付晓光〕

---

① OSCHATZ C, MARKER C. Long-term persuasive effects in narrative communication research: a meta-analysis[J].Journal of communication, 2020, 70(4): 473-496.

② Zhang Weiyu. The internet and new social formation in china: fandom publics in the making[M]. NY: Routledge, 2016: 160.

③ MCLAUGHLIN B. Tales of conflict: narrative immersion and political aggression in the United States[J]. Media psychology, 2020, 23(4): 579-602.

④ LATHAM A. China in the contemporary american geopolitical imagination[J]. Asian affairs, 2001, 28(3): 138-145; DITTMER J, DODDS K. Popular geopolitics past and future: fandom, identities, and audiences[J]. Geopolitics, 2008, 13(3): 437-457.

国际传播的零界面：智能音箱 Alexa“聊新闻”评估研究①

The Zero Interface of International Communication: Evaluative Research on the “Chat News” Function of the Alexa Smart Speaker

◎ 仇筠茜 张鸿茹 韩 萌

Qiu Yunxi Zhang Hongru Han Meng

摘要：本文以全球市场占有率最高的 Alexa 智能音箱为研究对象，以 2022 年北京冬奥会期间监测收集到的新闻问答对话构建语料库，分析其“聊新闻”的特征。研究发现，人工智能音箱与人类用户展开无界面的新闻对话流，技术上是将一系列基于声音的“询问—回答”单元连接起来。智能音箱在“聊新闻”中表现出的主体性体现在它对于新闻对话的引导，人机传播关系渐具对称性。在国际新闻的视角下，Alexa 聊新闻时表现出四个层次引导逻辑：关键词引导、话题引导、情绪引导、价值引导。价值引导隐蔽嵌入智能语音音箱赖以运作的数据库和推荐算法。零界面的国际传播并非真的无界面，而是将界面后置到了新闻传播的基础设施中，而且现阶段存在着消息来源同质、语料库偏狭等问题。基于上述发现，本文对智能媒体时代我国大型媒介活动的国际新闻分发提出改进建议。

关键词：人工智能；国际新闻；人机传播；奥运会；价值观；计算传播

Abstract: This study examines the news question-and-answer conversations that took place between Alexa smart speakers and human users during the 2022 Beijing Winter Olympics. Using technology affordance theory, the study analyzes the characteristics and trends of the “news chat” information flow. The study finds that the news dialogue flow between artificial intelligence speakers and human users is structured as a series of voice-based “question-answer”

① 本文系国家社科基金青年项目“人工智能时代新闻生产的边界重构与价值观引领研究”（批准号：19CXW008）阶段性成果；本文系中国传媒大学课题“智媒多向性与人机协同研究论文工作坊”（批准号：JG23202001）阶段性成果。

units, arranged in a tree form consisting of both vertical and horizontal guidences. This structure allows smart speakers to guide news dialogue, resulting in a more symmetrical form of human-machine communication with zero interface. The study also identifies four levels of guidance affordance in Alexa's news chat feature: keywords guidance, topic guidance, emotion guidance, and value guidance. The latter is implicitly embedded in the corpora and databases that smart voice speakers rely on to function. The study concludes that the international communication of zero interface is not truly interfaceless, as the interface is "black boxed" and located behind the infrastructure of news dissemination. This stage reveals critical characteristics such as homogeneous sources of information and narrow corpora in this comparatively new context of international news dissemination.

Keywords: artificial intelligence, international news, human-machine communication, Olympic Games, values, computational communication

读新闻、听新闻、看新闻、刷新闻之后,智能语音助手为人们提供了另一种接触和消费新闻的形式——聊新闻[①]。在中国,百度公司的小度、喜马拉雅公司的小雅、阿里巴巴公司的天猫精灵等智能语音音箱让人们使用语音命令就能获取新闻。在欧美,截至 2021 年底,苹果公司的 Siri、亚马逊公司的 Alexa 和谷歌公司的 Google Assistant 等语音助手逐渐占有市场,占有率分别是 26.4%、20.5%、10.2%。[②] 人们在从事已经占用双眼和双手的活动时,可以通过问答的方式,更加便捷、个性化地获取新闻资讯。路透社数字新闻报告指出,通过移动设备的新闻消费正在增加,人们越来越多地使用智能语音助手来获取新闻[③],自 2018 年开始,智能语音助手作为接收新闻的重要渠道,受到社会广泛关注。随着 OpenAI 公司在 2022 年底、2023 年初先后推出 ChatGPT 和 GPT4 大规模预训练自然语言模型并开放 API 接口,"聊新闻"将会更普

① 王晓培,令倩."聊新闻":新闻对话机器人对新闻分发方式的再定义[J].现代传播(中国传媒大学学报),2017,39(12):166-168.

② Statistic. Smart speaker unit shipments worldwide from 3rd quarter 2016 to 1st quarter 2022, by vendor[EB/OL]. (2022-06-01)[2023-03-16]. https://www.statista.com/statistics/792598/worldwide-smart-speaker-unit-shipment/.

③ 资料来源:Newman, Nic, Richard Fletcher, Antonis Kalogeropoulos, David AL Levy, Rasmus Kleis Nielsen, *Reuters institute digital news report 2018*。

遍、更深入地嵌入人们的日常信息生活和新闻阅听活动中。

智能媒体也带来了国际传播生态的变迁。从大众媒体到网络媒体，跨国界的媒介事件建构逐渐表现出全球化①、网络化②、杂糅化③特征。随着算法推荐、自然语言处理等人工智能技术加速新闻创新，国际新闻的生产、分发、消费和反馈语境再一次发生变革，研究者将传媒的生态性变化称为智媒时代④、智媒趋势⑤。

从1956年达特茅斯工作坊确定研究方向以来，AI技术发展已有近70年历史，其间经历至少三次资金撤离和技术瓶颈的寒冬期，直至21世纪初由于在数据、算法和算力三个支柱上取得质的发展，AI技术迎来大规模应用创新。“图灵测试”（Turing Test）是在定义人工智能（Artificial Intelligence，简称AI）时被广为采纳的操作性定义，指当真实人类不能区分究竟哪个是人类的输出、哪个是机器的输出时，就判定机器具有了人工智能。这是从结果（而非过程）来判定的。给出这一定义的天才计算机科学家、密码学家阿兰·图灵（1912—1954年）本人曾经用“地理大发现之前的非洲”来比喻人工智能研究：在地理大发现之前，航海家和探险家们只知道有一片大陆叫作非洲，但等人们真正登陆、测绘、生活之后，这些地方才被命名为肯尼亚、埃塞俄比亚等。类似地，人工智能是一片未及阐明的领域，科学家细致研究之后，才会界定出具体的分支。⑥ 目前，这些具体的分支包括机器学习、神经网络、机器人、自然语言处理等。

部分AI技术被转化后，以“技术体”形式进入商用和民用。以下从传播生态、传播技术物、数字新闻业三个层面来阐明智媒趋势的含义，进而介绍本文的研究问题。

一、文献综述

智媒趋势并非某种具体技术的描述，而是传播技术进化中的生态变迁带来人机关系重构。

---

① REESE S D. Globalization of mediated spaces: the case of transnational environmentalism in China[J]. International journal of communication, 2015(9):19.

② THUSSU D K. International communication: continuity and change[M]. London: Bloomsbury Publishing, 2018.

③ CHADWICK A. The hybrid media system: politics and power[M]. New York: Oxford University Press, 2017.

④ 张梦，陈昌凤.智媒研究综述：人工智能在新闻业中的应用及其伦理反思[J].全球传媒学刊，2021，8(1)：63-92.

⑤ 彭兰.智媒趋势下内容生产中的人机关系[J].上海交通大学学报(哲学社会科学版)，2020，28(1)：31-40.

⑥ Copeland. What is Artificial Intelligence? [EB/OL]. (2000-10-18)[2023-03-16]. http://www.alanturing.net.

(一)智媒生态与人机传播

智媒生态是使用智能技术来限定媒介生态的进展。媒介生态(Media Ecology)的概念于1968年由尼尔·波兹曼提出,兰斯·斯特拉特(Lance Strate)总结媒介生态学派与之前传播学研究的三个不同①:第一,将技术物视为媒介,而且技术物包括电器、铁路等,极大拓展了传播研究的对象;第二,对不同传播媒介做细致区分,而不同媒介具有不同的偏向(bias),促成社会以其他可能性为代价向某个方面变迁;第三,媒介技术是人与环境的中介,这个过程也被称作媒介化(Mediation)。彭兰认为,智能技术、虚拟现实与增强现实、大数据等技术推动生态重构,智能家居、可穿戴设备带来全方位的信息化和数据化,人与物体、人与环境展开对话,智能设备扮演媒介角色②,人工智能技术与人类用户共存共生的生态正在形成③。

在传播技术与社会变迁的宏观视域下④,人类的部分脑力、体力活动被智能机器替代,"人—机"的沟通和关系需要被重新审视。人机传播(Human-Machine Communication,简称HMC)是传播生态智能化变迁下的子领域,研究者古兹曼(Andrea L. Guzman)等人呼吁将智能体视为与人对等的传播者,从功能视角、关系视角和形而上视角展开研究。⑤ 关系视角下,人工智能具有类人属性(human-like character),拥有社交语境中的语言线索和非语言线索,并且拥有社会角色,打破以往人类传播理论中的人类中心主义假设,人机关系的地位未必低于人际关系。杨保军等也把人和智能体之间的关系总结为辅助、协作、共融三种,强调人的主体性与智能体的拟主体性之间的关系。⑥

本文的第一个研究问题是:智能音箱Alexa聊新闻时的人际关系表现出哪些类人属性?是否表现出对新闻对话的主导性趋势?

(二)智能音箱"聊新闻"的技术逻辑

除了宏观生态层面的人机关系,智媒研究在物质性层面关注技术体、技术物的特

① STRATE L. Media ecology[J]. Communication research trends, 2004, 23(2):1-48.
② 彭兰.未来传媒生态:消失的边界与重构的版图[J].现代传播(中国传媒大学学报),2017,39(1):8-14,29.
③ 张洪忠,任吴炯,斗维红.人工智能技术视角下的国际传播新特征分析[J].江西师范大学学报(哲学社会科学版),2022,55(2):111-118.
④ HAPPER C, PHILO G. The role of the media in the construction of public belief and social change[J]. Journal of social and political psychology, 2013, 1(1): 321-336.
⑤ GUZMAN A L, LEWIS S C. Artificial intelligence and communication: a human - machine communication research agenda[J]. New media & society, 2020, 22(1):70-86.
⑥ 杨保军,孙新.论人主体新闻与智能体新闻的关系[J].新闻界,2022(8):4-13,57.

征。以Alexa为代表的智能音箱本质上是一种技术体。所谓技术体(Bodies of Technology),指技术通过技术体得以落地,就像转基因技术通过转基因玉米来体现,智能语音助手是包括自然语言处理技术、算法推荐技术、文本转语音技术等的载体。智能音箱也被视为技术物(Artefact),以物的形式嵌入人们的日常新闻信息活动中:今日头条对推荐算法的应用是通过用户界面(User Interface,简称UI)体现出来的。不过,智能音箱作为物理设备通过声控来实现交互,用户界面不局限于屏幕,人机交互以“零UI”的形式存在。① 智能音箱的用户直接与设备对话,设备对请求作出响应。使用者从专家型用户向新手型用户转变。② 研究显示,相比于“看新闻”诉诸人的视觉感官,“听新闻”诉诸人的听觉感官,唤起听众的想象,说服效果更强③。

智能音箱的新闻聊天在智能语音助手(Intelligent Personal Assistants,简称IPA)的基础上运作,和新闻对话机器人(News Chatbots)有所区分。对话机器人指以对话形式呈现新闻资讯的双向互动程序④。早在2016年,包括CNN、NBC、《纽约时报》、《华盛顿邮报》、美国大西洋媒体旗下的Quartz在内的多家新闻媒体就采用聊天机器人分发新闻消息,通过搭载Facebook Messenger和Telegram社交平台或者网页浏览器路径与用户互动。2017年6月,中央人民广播电台与阳光传媒总公司联合孵化名为“下文”的新闻客户端,其定位是新闻对话机器人,探索对话形式的新闻资讯使用方式,具有对话式的文体、拟人化的呈现、社交化的分发、用户深度参与、趣味性的话语风格等特征。⑤

和对话机器人相比,智能语音助手最重要的特征是零界面,人机对话完全依靠声音引导开展,形式上是由一系列“询问—回答”组成的。调查数据显示,智能语音助手的常用功能有播放音乐、询问事实、查看天气、控制其他智能设备等。⑥ 路透社新闻研

---

① LINDBERG O. Zero UI[EB/OL].(2006 10 17)[2023-03-16]. https://medium.com/net-magazine/zero-ui-dabeb2bc6aeb.

② DIBITONTO M, LESZCZYNSKA K, TAZZI F, et al. Chatbot in a campus environment: design of LiSA, a virtual assistant to help students in their university life[C]//Human-Computer Interaction. Interaction Technologies: 20th International Conference, HCI International 2018, Las Vegas, NV, USA, July 15 - 20, 2018, Proceedings, Part III 20. Berlin: Springer International Publishing, 2018: 103-116.

③ 喻国明,王文轩,冯菲.“声音”作为未来传播主流介质的洞察范式:以用户对语音新闻感知效果与测量为例[J].社会科学战线,2019(7):136-145,282.

④ 王晓培,令倩.“聊新闻”:新闻对话机器人对新闻分发方式的再定义[J].现代传播(中国传媒大学学报),2017,39(12):166-168.

⑤ 方朝晖,夏德元.聊新闻:中央人民广播电台的新闻创新与启示——基于新媒体项目“下文”对话机器人的考察[J].编辑学刊,2018(6):48-51.

⑥ LOPATOVSKA I, RINK K, KNIGHT I, ET Al. Talk to me: exploring user interactions with the Amazon Alexa[J]. Journal of librarianship and information science, 2019, 51(4): 984-997.

究中心发布的《声音的未来及其对新闻的影响》报告显示，人们使用智能音箱获取新闻更新(news updates)应用频繁，位列第五，新闻的消费方式向声控交互发展。[①]形式上，“聊新闻”是由一系列与新闻相关的“询问—回答”(query-answer)构成的对话流，而在每一则“询问—回答”之间，智能音箱会主动加入具有连接功能的语句，提示用户将对话开展下去。Alexa 的对话流中，连接功能的语句包括两类：结束语指对一则回答完成的语音示意，例如“这则消息对你有帮助吗?”引导语用于提示用户继续对话，例如“想知道冬奥会的更多消息，你可以对我说：继续播报冬奥会新闻”。如果用户重复这句话就开启了下一则对话。

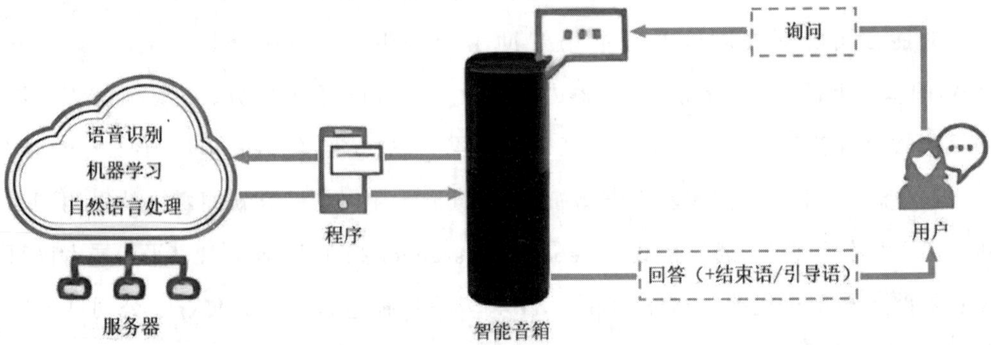

图 1　Alexa“聊新闻”的对话流示意图

图 1 中，智能音箱及其左侧部分说明 Alexa“聊新闻”的技术逻辑，智能音箱及其右侧部分说明人机关系如何体现在新闻聊天的形式中。可以看到，引导语在新闻对话的进行中起连接作用。随着支撑“聊新闻”对话的机器学习模型不断进化，自然语言处理技术也在深化，新闻对话的信息流在关键词上进行连接，那么是否还会在主题和情感上进行扩展，也是尚未被数字新闻学研究探索的问题。本文的第二个研究问题是：Alexa 的引导语将“聊新闻”的对话流引导到什么方向？换句话说，引导出来的对话在关键词、情绪和话题上是否存在趋势性特征？

需要说明的是，虽然在实证资料上分析“聊新闻”看似仅停留在现象描述层面，但其中实则蕴含着智媒生态结构性变迁中重构数字新闻学理论的学理潜力。在新闻冗余、机构权威消解、算法把关取代专业编辑的现状下，人们希望机器成为什么样的“把

① NEWMAN N. The future of voice and the implications for news[J]. Reuters institute digital report，2018.

关人"?[①] 在智能体的生态性变化面前,各行各业都可以透过技术可供性视角开展研究。但是,各行各业都有特殊性的前提和价值拥趸。因此,将新闻业的公共性、人民性等规范的价值纳入研究前提,就要求我们从学理的层面明晰介入在新闻传播的智媒生态化变迁中的技术物示能。[②] 甚至,当考虑到国内新闻和国际新闻的规范性差异时,我们在经验层面对智能语音助手的人机互动特征作出分析也会有所不同,其中都蕴含着在技术哲学视角下将智媒技术纳入数字新闻学理论建构的初步探索。

(三)国际新闻传播中的价值观

智能技术物具有意向性[③],风险和不确定性由此产生[④],再加上智媒技术物的设计者有意或无意地嵌入自己的文化价值观[⑤],使得智能技术的应用及其治理伦理都具有独特性[⑥]。智能媒体时代的国际传播研究中,有必要对价值嵌入的物质载体、技术逻辑展开实证研究,以期对隐匿的价值风险进行预判。

世界上每日发生的诸多事件中,只有少数被选择进入新闻加工和传播。这个选择过程依据新闻价值观(News Values)展开。价值观(Values)是其上位概念,指在一定社会条件下,人的全部生活实践对自我、他人和社会所产生的意义的自觉认知。[⑦] 社会价值观对新闻价值观产生影响。[⑧] 不同社会形态、媒介体制、新闻历史的影响下,实践的新闻价值观有所区别。总体而言,以欧美为代表的西方新闻将关注权势精英、坏消息(负面消息)、反常消息等作为价值标准[⑨],并据此选择和加工新闻。中国新闻体制下,新闻媒体主张以正面报道为主,提供解决方案(而不是揭露)为主的建设性新闻,

---

① NECHUSHTAI E, LEWIS S C. What kind of news gatekeepers do we want machines to be? Filter bubbles, fragmentation, and the normative dimensions of algorithmic recommendations[J]. Computers in human behavior, 2019(90):298-307.

② FORD H, HUTCHINSON J. Newsbots that mediate journalist and audience relationships[J]. Digital journalism, 2019(7,8): 1013-1031

③ AYDEDE M, GUZELDERE G. Consciousness, intentionality and intelligence: some foundational issues for artificial intelligence[J]. Journal of experimental & theoretical artificial intelligence, 2000, 12(3): 263-277.

④ YAMPOLSKIY R. On controllability of artificial intelligence[C]//IJCAI-21 Workshop on Artificial Intelligence Safety (AISafety2021). 2020.

⑤ HUMPHRY J, CHESHER C. Preparing for smart voice assistants: cultural histories and media innovations[J]. New media & society, 2021, 23(7): 1971-1988.

⑥ 陈小平.人工智能伦理治理:一种新型问题的底层逻辑和创新探索[J].生命科学,2022,34(8):983-989.

⑦ 朱贻庭. 伦理学大辞典·修订本[M]. 上海:上海辞书出版社, 2011.

⑧ Gans H J. Deciding what's news: a study of CBS evening news, NBC nightly news, Newsweek, and time[M]. Illinois: Northwestern University Press, 2004.

⑨ HARCUP T, O'NEILL D. What is news? News values revisited (again)[J]. Journalism studies, 2017, 18(12): 1470-1488.

以推进国家治理体系与治理能力的现代化。[①]

国际传播层面，跨国的新闻传播在本质上是一种价值观的输出和交互。[②] 第一，传媒体制差异在国际新闻中得以保留和体现，例如有研究比较国际新闻遴选，发现美联社偏爱天灾人祸，新华社重视和平与发展。[③] 第二，由于国际新闻采写成本较高，国际媒体之间相互转载广泛存在，国际新闻在播报角度和价值观上也表现出同质性。例如，Bockzkow 就发现，网络化条件下的新闻表现出同质性，带来了媒体越多、新闻越少[④]的隐忧。Denis 等人研究发现国际新闻机构之间存在新闻交换现象：发达国家之间国际新闻的交换数量较大，而发展中国家之间的新闻流通还受人口数量、相对距离等因素的影响。[⑤] 第三，具体到中国的对外传播工作进展来看，语言鸿沟、文化区隔造成客观上的传播障碍[⑥]，西方媒体可能对中国新闻有忽略和误读。在国际性赛事和仪式的呈现中，部分英文媒体沿用西式新闻专业主义逻辑将冬奥会政治化，报道负面消息。[⑦]

中国举办的奥运会在国际新闻舞台中表现出同质性还是异质性，这一特征在智能交互中又如何体现，成为本文关心的问题。人工智能的创新应用使国际传播朝着数据化、智能化方向发展[⑧]，国际新闻的价值观竞合也出现新的空间和形式。智能技术物在国际传播中已被广泛应用，算法平台吸引和赋权跨国界、跨语种用户[⑨]，社交机器人的舆论操控、跨国商业集团的自动化品牌营销等实践，智能化的语言生成技术让传播过程产生了更多的不确定性。[⑩] 作为新渠道和新传播主体的智能语音音箱在形式上是新闻文本的载体，但其交互风格却发生了变化。媒介生态学家艾吕尔认为，技术媒介还会对价值观产生影响，特别是会让社会中业已占据主流的价值观得到更有效的传播。[⑪]

---

① 唐绪军.建设性新闻与新闻的建设性[J].新闻与传播研究，2019，26(S1)：9-14.

② 程婷婷.论国际新闻的政治价值观输出[J].新闻传播，2011(5)：58-59.

③ 柳小娟. 中西方新闻价值观的对比与分析[D].上海：复旦大学，2009.

④ BOCZKOWSKI P J, DE SANTOS M. When more media equals less news: patterns of content homogenization in Argentina's leading print and online newspapers[J]. Political communication, 2007, 24(2): 167-180.

⑤ WU H D. Homogeneity around the world? Comparing the systemic determinants of international news flow between developed and developing countries[J]. Gazette (Leiden, Netherlands), 2003, 65(1): 9-24.

⑥ 王瑜.大众传媒视角下民族传统体育文化的国际传播策略研究[J].新闻界，2014(18)：34-38.

⑦ 杨风娇，张贵徽.北京冬奥会的国际社交媒体平台传播策略[J].对外传播，2022(1)：59-62.

⑧ 沈浩，袁璐.智媒时代我国国际传播的媒介特性与技术路径[J].中国新闻传播研究，2022(2)：3-14.

⑨ 朱鸿军，郑雨珂.数字时代算法对国际传播的格局重构[J].对外传播，2022(11)：9-12.

⑩ 张卓.智能传播时代我国国际传播探究[J].传媒，2022(5)：59-61.

⑪ 资料来源：ELLUL J, *The technological society*, A Vintage Book, 1964。

本文的第三个研究问题是：Alexa在播报国际赛事时是否表现出价值观偏向？具体包括：冬奥会赛事消息的情绪分布和话题分布如何？“聊新闻”的消息源具有基于全网搜索的异质性，还是基于主流新闻机构间的同质性？

二、研究设计

本文选择2022年冬季奥运会期间的新闻对话作为研究对象。北京成功举办2008年夏季奥林匹克运动会后，又于2022年承办冬季奥林匹克运动会，成为奥运会自1896年创建以来的首座双奥之城。举办国际大型活动有益于城市品牌形象[①]和国家形象的国际传播[②]，是一种媒介化仪式的跨文化、全球化的建构。[③] 这类体育赛事播报涉及体育、政治、经济等诸多新闻条线，吸引全世界的媒体记者采访报道，是我们观察智媒时代国际传播的典型样本。

数据收集方面，考虑到相比于新浪或推特等算法推荐新闻界面，零界面的智能语音音箱运作所依托的语料库处于更深的黑箱中，[④]数据难以通过爬虫获取。本文参照美国西北大学尼古拉斯·迪亚科普洛斯(Nicholas Diakopoulos)教授及其合作者在美国总统弹劾事件期间对Alexa智能音箱展开的研究设计。[⑤] 第一步，通过亚马逊公司的微任务众包平台MTurk招募访谈者，征集到一般用户与Alexa聊天的6个提问方式(见表1)的表述。第二步，在冬奥会召开期间，研究者每日22:00固定时间(UTC-6)采用这六个提问语句对Alexa进行提问，每个提问语句的空白处依次嵌入6个实体词：①奥林匹克(Olympics)；②冬季奥林匹克(Winter Olympics)；③北京运动会(Beijing Games)；④北京奥林匹克(Beijing Olympics)；⑤北京(Beijing)；⑥中国(China)。值得说明的是，研究者服从Alexa给出的新闻引导，重复其提示语展开问答，以得到尽可能多的新闻内容。从2022年2月4日北京冬奥会开幕至2022年2月20日闭幕，17天内共计得到742则问答内容，构成本文的文本语料库，响应率(response rate)达97.8%。

---

① ZHANG L, ZHAO S X. City branding and the Olympic effect: a case study of Beijing[J]. Cities, 2009, 26(5): 245-254.

② PANAGIOTOPOULOU R. Nation branding and the Olympic games: new media images for Greece and China[J]. The international journal of the history of sport, 2012, 29(16): 2337-2348.

③ RIVENBURGH N K. The Olympic Games: twenty-first century challenges as a global media event[J]. Sport in society, 2002, 5(3): 32-50.

④ 仇筠茜，陈昌凤.黑箱：人工智能技术与新闻生产格局嬗变[J].新闻界，2018(1):28-34.

⑤ DAMBANEMUYA H K, DIAKOPOULOS N. “Alexa, what is going on with the impeachment?” Evaluating smart speakers for news quality[C]//Proc. Computation+ Journalism Symposium. 2020.

表1　6个提问方式的表述

	英文表述	中文表述	问答总数
提问 A	What happened {during / to / in / on / with / at the }________?	________发生了什么?	129
提问 B	What's going on {during/with/at/in/on}________?	________正在发生什么?	123
提问 C	Can you tell me about (the)________?	和我讲讲关于________?	148
提问 D	What is new {with/on}________?	________有什么新鲜事?	217
提问 E	Brief me about (the)________?	简单说说________。	115
提问 F	Anything new about (the)________?	有什么关于________的新闻吗?	10

数据处理方面,我们首先使用“AI智能语音转写听翻平台”将所有收集到的语料库转写成文字,随后进行文本翻译和校对,最终整理出52,000余英文单词的录音,翻译至中文后为98,000余字,形成经验语料库。后文引用的新闻内容均为中文译本。

我们同时使用计算传播分析方法和传统内容分析方法处理数据。计算传播分析方面,本文使用Python的NLTK自然语言处理库对英文文本进行情感分析,使用LDA主题模型类下的Log_Perplexity方法分析引导性新闻对话中的话题分布和指向。传统内容分析方面,本文采用传统内容分析中的编码方法,对每一则回答在来源、时效类型、声音属性、是否重复、是否提到COVID-19、是否与2022北京冬奥会相关、是否与2008北京夏奥会相关、是否与政治相关等方面进行编码。在“聊新闻”语境下,时效类型包括:①新闻,指报道2022北京冬奥会期间对应日期24小时内的政治、经济、体育等方面的文本;②旧闻,不属于编码表中“新闻”界定的具有新闻属性的文本,并在之前监测周期内“聊”过;③简介,指对奥运会或某一事物的描述性表达,如场地、时间等方面的介绍;④简报,指2022北京冬奥会赛事信息及获奖情况统计。

三、人机关系渐具对称性

无界面新闻对话在技术逻辑上是将一系列基于语音的询问回答单元串联起来。在这个过程中,智能体的主体性逐渐加强,人机关系渐具对称性。

(一)新闻问答的声音特征

Alexa在聊新闻时采用三种声音来源:广播和电视新闻的声音、拟人声语气词、语音助手的声音。首先,智能音箱聊新闻时的声音特性使自带声音(广播和电视台)的内容具有更强的可供性，可被优先检索。这类声音在整个语料库中占比为68.5%，其中引用频次最高的是路透社（Reuters）和福克斯新闻（Fox News）的新闻片段。2023年2月17日居然出现了包括现场收录原声、情绪性对话的广播剧。为达成拟人化的交互效果，智能音箱还经常在对话中增加拟声词例如“emm”等。

最为常见的是智能语音助手的内置声音，包括新闻对话的引导语和结束语，以及将网络文本转化为语音播报。例如，对2022北京冬奥会场地和开闭幕时间、中国地理位置和人口规模、冬奥会地位及现代奥运会灵感来源的介绍等内容的播报均来自维基百科的文本转音频。这些声音均为女性特征。尽管包括Alexa、Cortana、Google Assistant、Siri在内的智能系统开发公司都宣称这些技术产品是没有性别的，但有研究质疑这些说法的可靠性，并发现智能系统特征一定会让用户采用类人的（personify）、性别化（gendered）的方式来认知智能助手。① Alexa默认女性特征声音播报新闻的方式虽也是一种刻板“音”象，但和中国大陆地区新闻客户端中的性别声音与新闻体裁对应的情况有所区别。②

（二）智能语音助手渐具主体性

从语料库的频次分布来看，智能语音助手在新闻对话中逐渐占据主导性的地位，主要体现在其引导性对话数量的增加。如图2所示，在监测周期17天内，我们一共收集到742则问答，平均对话时长为22分35秒/天。除去2月17日系统故障（虚线不计入统计），其余监测时间内，在每天都采用相同的对话询问规则之下，人机交互的对话数量、问答时长都呈增长态势。

具有引导性的对话是“聊新闻”的重要特征。Alexa“聊新闻”的连接语句包括结束语和引导语两类，在我们收集的742则问答构成的语料库中，有结束语的问答共出现552则，占比为74.3%。引导语共出现208次，占比为28.0%，也就是说有三分之一的连接性语句都能为用户指出“聊新闻”的关键词或方向。直至观测的最后两天，含有引导语的对话内容占比接近半数，智能体的主导性增强，人机关系渐具对称性特征。

① 资料来源：ABERCROMBIE G, CURRY A C, PANDYA M, et al, *Alexa, Google, Siri: what are your pronouns? Gender and anthropomorphism in the design and perception of conversational assistants*, 2021。

② 黄雅兰.声音的性别：新闻客户端自动语音播报中的刻板“音”象[J].全球传媒学刊，2021，8(1)：108-125.

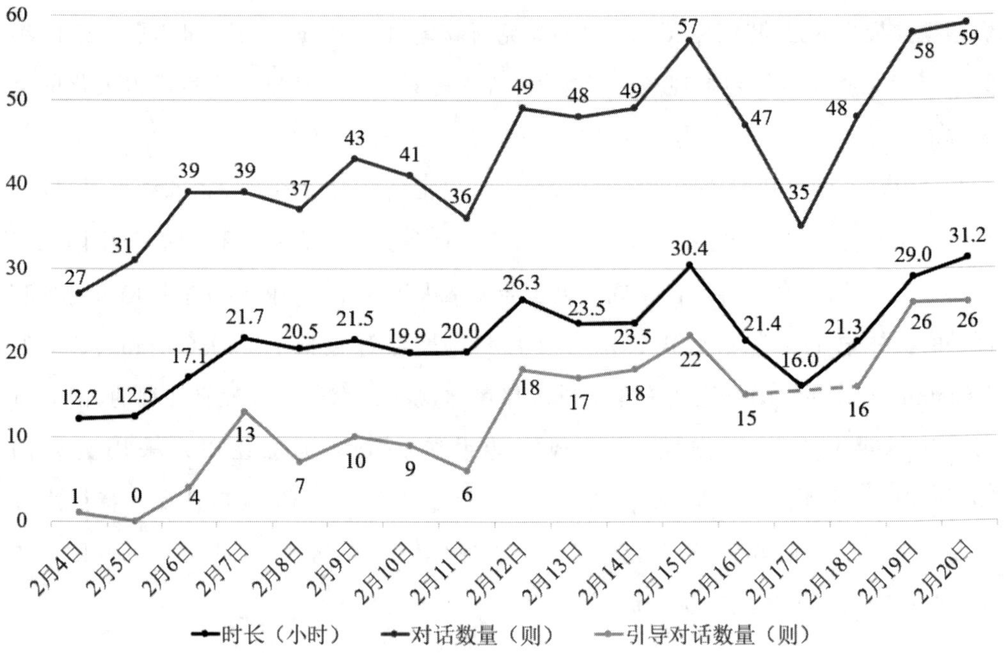

图 2 每日问答时长、对话数量及引导对话数量统计

四、新闻对话的引导特征

传统上,交互引导可以通过界面设计、鼠标和键盘等接触式要素的统筹设计来完成。智能语音助手则通过非接触式技术引导、零 UI 设计使人机互动转向自动化和场景相关。① 通过细读、讨论和统计分析,我们总结出新闻对话引导中的三条线索:关键词引导、话题引导、情绪引导。

(一)关键词引导

语料库中的 208 则引导语为我们提供了了解 Alexa 智能语音如何与人"聊新闻"的重要线索。早期出现的结束语并不具备引导性,而是开放的问题,"这对你有帮助吗""你的问题被解决了吗"。非引导性的结束语数量逐渐减少,引导关键词的数量逐渐增加。

所有引导提问中,有 132 则(63.5%)依据关键词展开,76 则(36.5%)提问不包含

① IQBAL M Z, CAMPBELL A G. Potential security and privacy issues in zero UI touchless technology[J]. International cybersecurity law review, 2022, 3(1):131-137.

前面回答中的关键词，可进一步分为“横向引导”和“纵向引导”两种类型。

横向引导指 Alexa 提示句与问答不属于同一事件或话题。横向引导用于扩展“聊新闻”的话题范围。当 Alexa 无法回答用户提问或仅能提供简短回答时，其经常出现。例如，2 月 14 日面对提问 B“冬奥会期间发生了什么”，Alexa 对北京冬奥的举办地及开闭幕时间进行简介后，引导用户提问：继续播报，请说“关于白宫的新闻”。“白宫”既未出现在回答当中，与提问 B 的关键词也无关。横向引导中出现频次最多的三个关键词是白宫、美联社、(其他年份的)奥运会。此外还有知名的运动员、政治经济名人的名字。在国际新闻中，明星、政府机构一直是具有新闻价值的要素，换句话说，新闻的价值判断存在于横向引导中。

纵向引导指 Alexa 提示的语句与本则回答、下一则回答都属于同一事件或话题。纵向引导在已有回答的基础上，引导受众对新闻对话中的内容细节进行更进一步的挖掘。出现频次最高的三个关键词是：冬季奥运会、美国、奥密克戎(或 COVID-19)。例如，2 月 8 日面对提问 C“你能告诉我北京奥运会发生了什么吗”，Alexa 给出的回答是：援引路透社报道，周三，北京奥组委公布，2 月 8 日在奥运会相关人员中共发现 5 例新冠确诊病例……想要了解相关问题，只需询问“在奥运会相关人员中发现了多少新冠病例”。这里，Alexa 引导用户进一步就“相关人员的新冠感染情况”来提问，这个引导与回答部分具有相同关键词，属同一主题。另一例关于俄罗斯花样滑冰运动员，其姓名“卡米拉・瓦利耶娃”成为高频引导词。赛前一周，瓦利耶娃因为兴奋剂检测呈阳性被俄罗斯反兴奋剂机构禁赛，24 小时后又被临时解禁，曲折的故事性使这件事具有较高的新闻价值和舆论热度。监测周期内，Alexa 一共 9 次出现以瓦利耶娃为关键词的引导语，例如：想要获得更多相关和热门的内容，你可以问我，卡米拉・瓦利耶娃的最新消息(或任何消息、发生了什么)。

如图 3 所示，在研究文本收集的前五天，横向引导多于纵向引导，说明 Alexa 内置算法在找话题，试图通过丰富对话内容吸引用户的兴趣，是“泛聊”新闻。之后，新闻对话中纵向引导的比例越来越高，属于“深聊”新闻。基于关键词的对话引导值得新闻创新团队继续深入挖掘。按日的统计数据也说明了纵向引导的发展潜力。

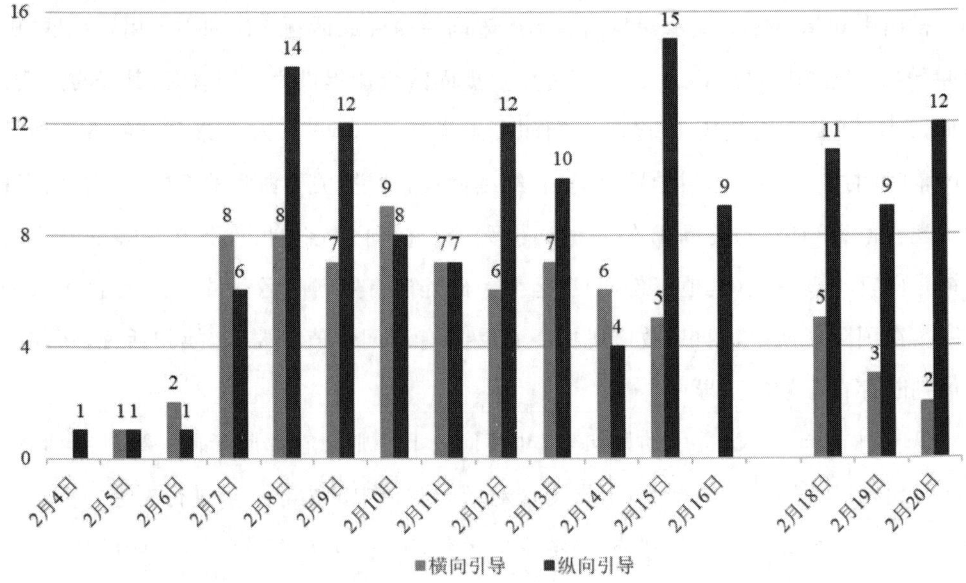

图 3 监测期间内有具体指向的引导性提问所属类别统计

(二)话题引导和情绪引导

"聊新闻"的引导特征不仅基于关键词,还更进一步表现在主题和情感上。采用潜在狄利克雷分配(Latent Dirichlet Allocation,缩写 LDA)处理语料库并调用该主题模型类下的 Log_Perplexity 方法分析,本文基于困惑度数值提取出 5 个主题。基于各主题下频次最高的前 30 个关键词,我们给 5 个主题分别命名为:焦点仪式、奥密克戎、国际热点、赛事背景、赛况奖牌,并统计了各主题在横向引导、纵向引导上的分布(见表 2)。

表 2 话题分布与横纵向引导的对应关系

序号	话题命名	高频词汇	纵向引导	横向引导
1	焦点仪式	流行、仪式、国际奥委会、台湾……	**13.6%**	**14.5%**
2	奥密克戎	病例、路透社、2022、新冠……	12.9%	5.3%
3	国际热点	中国、兴奋剂、俄罗斯、运动员……	**53.8%**	**73.7%**
4	赛事背景	冬天、周二、下雪、周日……	6.1%	6.6%
5	赛况奖牌	金牌、女性、团队、决赛……	13.6%	0

Alexa在谈论冬奥会新闻的过程中，表现出向特定国际舆情、焦点事件话题进行引导的趋势。有超过七成（73.7%）的横向引导语和超过半数（53.8%）的纵向引导语都将“聊新闻”的话题引向了国际热点事件。出现频次最高的新闻是关于兴奋剂的，如2月16日Alexa在介绍乌克兰运动员兴奋剂检测情况后，引导用户提问：你可以问我，关于世界反兴奋剂机构（World Anti Doping Agency）的最新消息？研究者依据提示重复了问题，得到回答如下：路透社报道，世界反兴奋剂机构主席维托尔德·班卡表示，他希望俄罗斯当局改变该国的兴奋剂传统，并对青少年花样滑冰选手卡米拉进行彻底调查……总体上，Alexa“聊新闻”的话题关注发生概率低、丑闻或轰动的争议性事件，在技术上是为了激发用户持续互动的意愿，在价值上体现出经典欧美主导的新闻专业主义价值观。更值得玩味的是，在国际热点事件这一主题下，中国、俄罗斯两个国家的名称都是高频出现的词，分别排第一和第三。

除国际热点事件外，Alexa将对话引导至焦点仪式，在横向和纵向上的比例分别是14.5%和13.6%。相比于横向引导的“泛聊”，Alexa在引导用户就同一话题展开“深聊”时更倾向于引导用户就赛况与奖牌、新冠疫情的更多细节来发起询问。除了疫情这 特殊背景，其他特征与传统的奥运会新闻播报要点一致。

Alexa引导用户谈论北京冬奥会新闻时，表现出整体正面情绪、纵向引导负面情绪的特征。情绪引导的特征与话题引导的负面消息倾向形成反差。情感分析结果显示，所有的横向引导得到的回答均为正面情感。通过正面情绪引导促成对话的不间断，是内嵌于智能语音助手的技术逻辑的体现，如何在我国的对外传播工作中将这一规律付诸实践值得进一步探究。相较之下，纵向引导回答的情绪分布表现为负面（43.5%）多于正面（39.1%）的特征，例如关注赛事举办时的恶劣天气、激烈竞争和不公平裁判等。不过，纵向引导、负面情绪的对话难以为继，均在两轮问答之内结束。

“聊新闻”所体现的基于声音交互的方式打破了长期以来学界将技术视为人机互动中介的概念，“泛聊”和“深聊”概念的提出为在人工智能条件下的新闻创新提供了思路。在人机关系传播（HMC）语境下，“聊”不再单是一个信息交换的过程，还是用户对自己、对媒体从业者、对智能语音助手所属社会角色定位的手段。

五、价值观隐蔽嵌入新闻问答

强调智能技术渐具传播主体地位的同时，我们也必须看到已有的社会价值观和人类行动者价值观的内嵌。[①] 价值内嵌可从消息来源、播报主题两个方面来分析。

(一)消息源具有模糊、同质的特征

经典新闻学和数字新闻学研究都将技术物视为传播消息渠道(message channels),但社交机器人(social bots)、聊天机器人(chat bots)等智能产品却被设计为消息源(message source)[②],人们通过与之交互来完成新闻的查询、阅听、讨论等,这挑战了以往数字新闻研究中对传者、内容、渠道的界限划分,我们呼吁研究者从本体论层面完善数字新闻理论。

我们发现,语料库中存在大量消息来源不明的新闻对话,87 条没有交代消息来源,28 条播报称这一则消息是“根据网站(according to the web)”但未给出消息源名称。来源有机构(含媒体)名称和网址两种形式,现对同一机构的不同呈现方式进行合并[③],得到消息源及出现频次如表 3 所示。

表 3 消息源排名前 11 位的机构名称及对应频次

序号	来源	频次	创建时间	机构属性
1	路透社(Reuters)	299	1851 年	市场化媒体
2	福克斯新闻(Fox News)	41	1996 年	市场化媒体
3	维基百科(Wikipedia)	32	2001 年	非营利组织
4	芝加哥论坛报(Chicago Tribune)	24	1847 年	市场化媒体
5	美国有线电视新闻网(CNN)	12	1980 年	市场化媒体
6	美国消费者新闻与商业频道(cnbc.com)	10	1989 年	市场化媒体
7	意大利冬季运动联盟(fisi.org)	6	1921 年	非营利组织
7	韩国频道(Korean.com)	6	1995 年	市场化组织
9	哈特福德新闻报(Hartford Courant)	4	1764 年	市场化媒体
9	纽约每日新闻(New York Daily News)	4	1919 年	市场化媒体
9	美国全国公共广播电台(NPR)	4	1970 年	非营利组织

① 严三九,袁帆.局内的外人:新闻传播领域算法工程师的伦理责任考察[J].现代传播(中国传媒大学学报),2019,41(9):1-5,12.

② LEWIS S C, GUZMAN A L, SCHMIDT T R. Automation, journalism, and human - machine communication: rethinking roles and relationships of humans and machines in news[J]. Digital journalism, 2019, 7(4): 409-427.

③ Fox news 、foxnews.com 、fox.org 合并为福克斯新闻(Fox News),cnn.com 和 CNN 合并为美国有线电视新闻网(CNN),NPR 和 npr.org 合并为美国国家公共电台(NPR),Wikipedia 和 Wikipedia.org 合并为维基百科(Wikipedia),Insider 和 insider.com 合并为知情(Insider)。

经查证，上述 11 个消息来源中，7 成属于市场化媒体，除路透社、韩国频道、意大利冬季运动联盟外，其他均来自美国，包括运营维基百科的非营利组织——维基媒体基金会总部也位于美国。消息源集中在欧美地区且均为受市场导向的媒体类型，表现出极高的头部同质性，这成为价值观隐蔽嵌入的源头。

中国虽然是 2022 北京冬奥会的东道主，但中国媒体的英文报道却并未成为 Alexa 的主要消息来源。中国环球电视网（CGTN）账号（@CGTNOfficial）在 Facebook 平台共发布与 2022 北京冬奥相关的推文 428 条，[①]新华社制作专门的网页（http://xinhuanet.com/beijing2022），以中文、英语、法语、俄语等 10 种语言报道冬奥故事。但监测期内，上述英文内容均未进入 Alexa“聊新闻”的语料库。唯一的例外是 2 月 15 日针对提问 C“你能告诉我有关北京奥运会的情况吗”的回答提及新华社“……新华社是中国国家媒体机关。美国有线电视新闻网……想要了解更多相关资讯，可以问：新华社的最新新闻”，新闻来源是福克斯新闻，相当于福克斯新闻对新华社进行了简单介绍，并转述了其有关 2022 北京冬奥会理念的报道。重复该条回答的结束语“新华社的最新新闻”，智能音箱播报的内容为对一家有关内容传输网络的公司（a content delivery network company）的介绍，完全与新华社无关。

（二）侧重突发、争议和负面的政经类新闻

新闻对话语料库中，12.9%关涉政治和经济话题，侧重负面新闻、争议话题及突发事件，这些内容对应以“中国”为关键词的提问 E、D 和 F。考虑到表 3 所示的消息源同质性特征，西方主导的新闻价值观嵌入智能语音对话的现状也不足为奇。

以下举两例说明智能语音助手在聊新闻时对突发、争议和负面政治经济类新闻的偏好。2 月 8 日和 9 日，新闻对话引导用户讨论哔哩哔哩审核员猝死事件：中国的哔哩哔哩法人周二表示，……将雇用 1000 名新的内容审核员，并密切关注其员工的健康状况。……上周因为微博平台一名用户称其员工在春节期间长时间工作后死亡，受到公众的关注。争议话题如谷爱凌的国籍问题：代表中国参加 2022 年北京冬奥会的自由滑雪运动员谷爱凌在周二赢得女子自由式滑雪大跳台金牌后，回避了有关其公民身份的问题……此外“聊新闻”的内容也涉及台湾、新疆、冬奥会闭环管理等争议性话题。

Alexa 智能新闻对话语料库中，“北京”的符号意义远大于其地理意义。以“北京”（Beijing）为核心词汇进行提问，较少得到与北京城市形象相关的内容，更多是中国政

① 刘思雨，季峰. 主流媒体国际体育传播与国家形象建构：CGTN 报道北京冬奥会的议程举隅[J]. 体育学刊，2023，30(1)：20-26.

府的政策,以及冬奥组委的言论。情感分析结果显示,负面回答占全部内容的两成(125 则),且其中近四成(32 则)出现在以“中国”(China)为关键词进行提问时。通过不平衡的话题分布可以看出 Alexa 的算法推荐逻辑聚焦突发、争议和负面,其中暗含的负向价值需要被警惕。

(三)语料库偏狭,限制新闻对话的多元化

分析发现,Alexa 的语料库十分有限,因为在本文所涉及的智能新闻对话语料库的 743 则对话中,就有 112 则旧闻,占比达 15.1%。本文把旧闻分为两种。

第一种是旧的新闻,指所涉事实已经失去时效性,不足以成为新闻。例如 2 月 6 日针对提问 E,Alexa 给出的回答是“今年冬奥会将在俄罗斯索契举行,赛时为 2 月 7 日至 23 日”。显然,这一回答与当时情况不符,因为俄罗斯举办索契冬奥会的时间实则是 2014 年。

第二种旧闻是指对新近发生的事实的报道,但因为已经“聊过”,即之前已经出现在语音对话中,对用户来说已经失去了新闻价值,从而变成了旧闻。例如,“……原定于周日举行的第二轮女子坡面训练被取消。冬奥会一切向好。周日,北京下起了冬奥会开幕以来的第一场大雪,让这座城市有了真正的冰雪运动的外观和感觉,山上也有了新的雪。(此前)所有冬奥项目都是在人造雪上开展的……”在监测期间,这则文本分别引自福克斯新闻、韩国频道两个消息源,在 2 月 13 日、14 日、15 日、17 日、19 日五天出现,共计 12 次。自 2 月 15 日起,相关回答全部引用来自韩国频道的内容,角度单一,仅陈述“北京迎来冬奥会以来第一场雪”。冰雪运动在韩国颇受欢迎,关注度与点击率等数据增加被检索概率。

表 4 统计了不同提问方式对应的旧闻,其中 Alexa 引导语“播报下一则新闻”(Next story)引出的旧闻数量较多。出现频次前三位的旧闻是:COVID-19 疫情数据播报、运动员的抗议活动、美国推行的“印太战略”,重复出现的旧闻是对隐蔽价值观的折射。例如,针对在 2 月 15 日至 2 月 20 日的提问 D,Alexa 援引《芝加哥论坛报》作为消息源,提及“奥运选手就气候变化和乌克兰问题发表意见”共 7 次,内容摘译为:……抗议活动长期以来一直受到国际奥委会的限制……运动员们就气候变化和乌克兰问题发言,但有些人……保持沉默。相同提问的回答中出现重复内容说明,经过对话,具有针对性的推荐开始出现。

表 4 旧闻回答占比高的提问统计

序号	问题	频次
1	Next story.(下一条)	30
2	What's going on in China?（中国发生了什么）	9
3	Can you tell me about China?（你能讲一讲中国吗）	8
4	What's new in China?（中国有什么新鲜事）	7
5	Brief me about China.(对中国进行简介)	5

此外，“美国加大对印太地区的投入”，出现在 2 月 11 日、13 日提问 D 及其引导语的回答中，共计 4 次，来源均为路透社网站，内容摘译为：周五，美国宣称要向印太地区投入更多外交和国防资源……拜登政府表示将关注从南亚到太平洋岛屿的每个角落，以巩固其世界强国的地位。中国官方媒体最早于 13 日播报过这则新闻，但并未被 Alexa 收录和检索。

“旧闻”集中在以“中国”(China)为关键词提问得到的回答之中，反映出 Alexa 对与中国有关的新闻素材收集不足、视角偏狭，无法全方位、多角度地展示中国形象，为中国国际传播在智媒时代的布局提出挑战。

六、结论与讨论

人们总是以技术设计者和创造者未曾预料的方式来使用新兴技术。以人工智能、算法和数据中心主义的技术应用在其固有逻辑中运行，使得新闻学的守望和价值理念相形见绌。智能语音助手 Alexa 不仅是“零 UI”的新兴应用设备，更是了解我国国际传播现状的前瞻窗口。本文通过实证语料库的分析，发现智能设备在新闻交互中逐渐生成了类人主体的主导性，与传统新闻消费研究中的人类中心主义假设相区别的是，人机关系渐具对称性，机器成为新闻使用中的类主体。智能体的主导性通过引导新闻对话流来完成，在关键词、情绪、话题、价值观上都具有引导性。

智媒时代的国际传播逐渐转型为舆论声量竞争与技术实力较量并存。一方面，关键词、情绪、话题、价值观等多维度的引导性反映出人机传播的新转向，厘清人机交互的具体面向，有利于明晰国际传播的方向，“深聊”和“泛聊”的形式，增强了人机交互，使得智能语音助手开始成为宏观的社会结构中的一部分，这也意味着国际传播主体更加多元；另一方面，偏狭的数据和语料库成为国际传播的束缚，智能语音助手内置的数据不仅是各国媒体业务能力的体现，也对我国国际传播布局的机遇点提出启示和警示。

价值观隐蔽嵌入“聊新闻”的问答是最值得引起国际传播研究者和从业者注意的方面。基于此，本文就智媒时代的国际传播提出两点思路供参考：第一，对智媒生态中国际新闻传播的价值内嵌的现状、社会背景、技术逻辑形成清晰的认识。在国际传播分析中抛弃传播技术中立的立场，明晰价值嵌入所依托的新闻检索数据库、消息源业已成为智能新闻的信息基础设施。同时，西方的新闻专业主义价值观中本身蕴含的负面消息偏好、国际新闻同质化、国际体育赛事新闻政治化等倾向通过这些基础设施得以延续。我们应充分认识到智媒生态下国际新闻传播对之前国际传播历史和数据的路径依赖，放弃依靠智媒浪潮来实现国际传播弯道超车的幻想。第二，加强人机关系视角下国际新闻创新和细分研判，发现国际传播的机遇点。在重大新闻策划和布局中，我们应针对不同智能媒体的技术逻辑进行策划，增加国际传播声量。以本研究的智能音箱为例，可以准备音频类新闻内容、与焦点事件相关的建设性信息，丰富新闻的数据库和消息源，提高被用于用户语音查询的可见度。

〔仇筠茜，中国传媒大学新闻学院副教授；张鸿茹，中国传媒大学新闻学院研究生；韩萌，北京广播电视台新闻广播中心主任记者〕

〔特约编辑：涂凌波〕

新媒体研究

青少年网络文明建设中的算法隐忧：黑箱、控制与依赖[①]

The Hidden Concern of Algorithm in the Construction of Youth Network Civilization: Black Box, Control and Dependence

◎ 燕道成　苑文楠

Yan Daocheng　Yuan Wennan

摘要：依托着个人导向、社交导向、技术导向等运作逻辑，算法使青少年的网络文明生态呈现出行为准则数据化、技术影响隐蔽化、算法作用机制常态化的表征。其隐藏的权力属性与控制手段也为青少年的网络文明建设带来隐忧：算法黑箱导致信息误差与网络巴尔干效应；在算法的隐性控制下青少年的自我规训与自我审查；因算法依赖，青少年主体性缺失，思维逐渐同质化。对算法进行优化需要完善透明性与公共性的运作逻辑，兼顾价值理性与工具理性的技术倾向，还需培育青少年的网络辨析能力与批判性思维。将算法逻辑嵌入网络生态，让青少年发挥主观能动性，共建健康且清朗的网络文明生态。

关键词：网络文明建设；算法技术；青少年

Abstract: Relying on the operation of individual orientation, social orientation, technology orientation and so on, the algorithm makes the network civilization ecology of teenagers present the characteristics of the data of behavior rules, the hidden influence of technology, and the normal action mechanism of the algorithm. Its hidden power attribute and control means also bring hidden worries to the construction of youth's network civilization: the algorithm black box leads to information error and network balkan effect; teenagers' self-discipline and self-censorship under the implicit control of algorithm; because the algorithm relies on the lack of teenagers' subjectivity, the thinking is

① 本文系湖南省社科基金重大项目"学术湖南"精品培育项目"青少年网络文明建设体系研究"（22ZDAJ006）的研究成果。

gradually homogenized. To optimize the algorithm, it is necessary to perfect the operation logic of transparency and publicity, take into account the technical tendency of value rationality and instrumental rationality, and cultivate teenagers' ability of network discrimination and critical thinking. The algorithm logic is embedded in the network ecology, and the teenagers play their initiative to build a healthy and clear network civilization ecology.

Keywords: construction of network civilization, algorithm technique, teenagers

随着信息总量的不断增长,依靠人工编辑的信息分发模式已无法满足当下媒介环境的要求,同时,受众对于个性化的产品与服务提出更大需求,算法技术在此背景下被广泛开发使用。算法可以被定义为:"通过对数据的组织、控制、计算等一系列操作,以确定问题的解决方式,包含了输出和输入两部分。"①在网络中算法更多地被作为一种调配工具来用于资源与信息的分发,而随着技术的进步,算法技术已经越来越多地参与到社会之中,在政府决策、企业监管、日常生活中随处可见。"每一种技术既是包袱也是恩赐,不是非此即彼的结果,而是利弊同在的产物。"②算法虽然给予人们诸多便利,但技术本质是一把双刃剑,除去隐私泄露、信息茧房等直观的不利影响,算法这种技术背后所隐含的价值导向和权力控制更是我们需要深入思考的问题。

中国互联网信息中心(CNNIC)2022 年发布的《第 50 次中国互联网络发展状况统计报告》显示,截至 2022 年 6 月,我国网民规模达 10.51 亿,其中,处于 10～30 岁的青少年数量约占整体网民数量的 30.7%。毫无疑问的是青少年已成为网络的主力军,青少年在网络中的言行无疑会影响主流意见。网络文明体现着"人类社会进入信息网络社会后的进步状态及其积极成果"③,网络文明建设已成为提高社会文明的必然要求,而青少年的网络文明建设已成为数字强国的重要议题。算法作为各平台主体不可避免使用的技术,对于青少年的网络文明建设产生了重要影响,在一定程度上,算法的应用有助于主流价值观和正面社会风尚的触达,能够制约不良内容的传递,但由于当前存在多元的信息主体与传播节点,青少年的主观能动性也在不断增强,已进入"人找信息"和"信息找人"双重路径并行的时代,我们必须要看到算法在发挥作用的同时也会对青少年的网络文明建设带来一些不确定的影响。了解算法的基础运作机制以及算

① 张萌.从规训到控制:算法社会的技术幽灵与底层战术[J].国际新闻界,2022,44(1):156-173.

② 博斯曼,何道宽.技术垄断:文化向技术投降[J].科学中国人,2019(11):80.

③ 张瑜,闫聚群."网络文明"的概念辨析[J].青海社会科学,2014(6):154-159.

法作用下青少年网络生态的表征呈现，进而分析青少年网络文明建设中的算法隐忧，有助于优化算法逻辑，促进青少年网络生态的健康发展。

一、算法的运作机制及算法作用下青少年网络生态的表征呈现

算法推荐是通过“数据、算法和算力的复杂组合而动态构建起信息供给与用户需求之间的个性化适配关系”①。简单来说，算法推荐就是抓取用户的信息后进一步形成具体的用户画像，完成对用户的标签化，将标签与具体内容相互对接，进而实现信息内容与产品服务的个性化定制与推送。了解算法内在的运作机制以及算法作用下青少年网络生态的表征有助于后续对其影响的具体探讨。

（一）算法的运作机制

传统的信息分发行为主要依托于人工编辑，智能技术的发展则使算法在收编人工编辑的同时整合了用户的数字化数据，从而形成独特的信息服务分发模式。目前可以将算法的运作机制与依据简单分为三种类型。

1.以个人为导向

算法中最常见的是基于用户的个人数据进行演算和推荐的类型，它在运作时需要经历这样的流程：首先，提取个人的信息并将其进行分类和标签化，如青少年的性别、年龄、所在地、爱好等因素；其次，将用户个人的特征与内容进行匹配建模，并根据信息的反馈不断更新完善；最后，对已有的数据库进行人工编辑，完成信息内容的个性化推送。基于内容的个性化推荐是对用户数据进行收集、存储与分析，形成基于个人特征的用户画像，最后生成与当前用户兴趣爱好最相近的推荐内容。② 这是算法推荐最简单和普遍的运作形式。

2.以社交为导向

新媒体时代，用户之间的社交也成了算法运作的一个重要依据，用户不再是独立的个体，而是成为一个个传播的节点，积极地参与到传播网络的构建中。算法在运作过程中，也将用户的社交网络作为一个重要的判断标准，其会为具有社交关系的用户推送相似内容，用户可以通过“朋友在看”“朋友点赞”等窗口获知其他人的关注要点和

---

① 张林.智能算法推荐的意识形态风险及其治理[J].探索，2021(1)：176-188.

② 林爱珺，刘运红.智能新闻信息分发中的算法偏见与伦理规制[J].新闻大学，2020(1)：29-39，125-126.

日常生活,以关联式的规则发掘用户可能感兴趣的内容。这种以强关系为基础的算法运作可以增强用户的安全感和熟悉感,引导用户更加积极地在网络中进行展示与交互,从而增加用户的内容接受度与社交参与度。

3.以技术为导向

以技术为导向的算法推荐是相对来说最为复杂的算法运作,它需要基于庞大的数据库,以数据分析、算法预测等方式对用户的行为爱好进行更加长远的预测和判断。如以协同过滤的方式,若用户对某事物曾有过关注行为,则推断日后进行推送的成功概率较高;或通过用户当前感兴趣的内容推断用户对其相关内容兴趣较高。随着5G、大数据、云计算等技术的成熟,这种算法机制被更加广泛地应用在生活中。通过计算机模拟人脑的思维和智慧,使得庞大的数据信息实现了整理匹配的颠覆式革新,改变了社会多个领域的生产方式和运行结构。[①]

(二)算法作用下青少年网络生态的表征呈现

人们创造了技术,技术则塑造了这个时代,人与技术相互交织、相互作用。在算法的加持下,青少年的行为模式被引导与规制,青少年的网络生态也呈现出了独有的特征。

1.技术影响隐蔽化

算法技术在对青少年网络生态施加影响时,往往以一种隐蔽的方式进行,难以被察觉。青少年在算法的隐蔽性引导下,接收到的信息与现实存在着一定偏差,但他们处于其中时往往很难意识到拟态环境的存在,因此,他们潜移默化地受到算法主体的影响,在无意识中被信息环境改造和制约。

虽然算法作为一种技术本身并无善恶,但算法一旦被运用,就不可避免地与意识形态和资本价值产生联系,"技术中立"于现实中难以实现。在算法的运作过程中,算法主体会有选择性地展示部分内容,也会有选择性地屏蔽某些内容,这种运作并非直观对某些观点的赞扬或否认,而是以热搜排行榜、推送弹窗等形式隐蔽化地对信息内容的重要程度进行排名,从而达到宣传自身理念的目的。作为一种重要的交流中介,信息如何呈现、呈现什么、呈现的先后顺序都隐含着算法主体的操纵。资本逻辑和权力逻辑往往渗透于信息收集、选择时的价值判断中,隐藏于信息推送和数据过滤时的

---

① 谢春芳.算法推荐时代大学生精神需求的困境及应对[J].青少年学刊,2022(5):7-14.

价值标准中，呈现于对用户的价值引导和思想操纵中。①

2.行为准则数据化

算法基于各种数据运行的特性，使得网络环境中的评判标准与思维方式逐渐被数据化与量化。美国学者尼葛洛庞帝在1995年出版的图书《数字化生存》中写道："计算不再只与计算机有关，它决定了我们的生存。"②数据与算法构建起了一种全新的生活方式，我们不仅能够享受到更多数字化的产品和服务，而且我们的价值观和行为准则也在不断被改造，"数据因而成为影响、干预关系的一种新手段"③。

除去个人信息如性别、年龄、住址、行为习惯等浅层信息的数据化，更深层次的如行为准则、思考方式、评判标准等因素也在算法的影响下不断被量化。当前，网络中的评分行为普遍，如软件评分、淘宝评分、豆瓣评分等，任何个体、群体都可以参与到其中，其涵盖的范围也非常广泛。在一定程度上，评分的普遍存在可以成为规制网络不良行为的一种有效机制，但这种机制的过度使用也会带来数字拜物教的盛行。青少年长期处于这种环境中，虽然有助于其理性、直观地思考，但若是缺失正确引导也会导致其思维固化，对事物的评判标准单一化，缺乏从人文角度观察世界的视角。

3.算法作用机制常态化

算法在网络生态中的作用是长期化、常态化的，这种影响与作用日积月累，以此完成对青少年的"涵化"与"拟态环境"的构建。青少年的网络生态构建与各信息内容平台密切关联，算法也在这种生态构建中起着常态化的作用。

一方面，随着媒介平台化的快速发展，各平台之间存在着激烈的竞争，平台自身预设着不同目标，或是价值观念的宣传，或是提供更加个性化的产品和服务从而抢占受众、提高获利，在这种前提下，算法的应用是一种普遍化、常态化的现象，各平台都不可避免地使用算法来提升自身的竞争优势；另一方面，信息是日常生活与决策顺利进行的保障，而当前海量的信息带来的信息浪潮使个人无法单纯依靠自身进行信息处理，信息过载使受众不得不依赖于平台来进行这一环节，接触平台与算法成了信息有效获取的前提，青少年无法完全摆脱算法在其中的作用和影响。算法技术以一种常态化作用机制的样态，渗透于青少年与网络接触的行为中，长期作用于青少年的网络生态建设。

① 赵爱霞，王岩.算法推荐与新时代主流意识形态建设[J].云南社会科学，2021(3)：112-118.

② 尼葛洛庞帝.数字化生存[M].胡泳，范海燕，译.海口：海南出版社，1997：15.

③ 彭兰."数据化生存"：被量化、外化的人与人生[J].苏州大学学报(哲学社会科学版)，2022，43(2)：154-163.

二、青少年网络文明建设中的算法隐忧

技术一边给予人类便利,一边不断对人类的认知和实践进行挑战。① 算法形塑了新的分发模式,还带来了人与技术间关系的大变革,由此产生了不同于传统技术时代的风险。在青少年网络文明建设的过程中这种隐忧同样存在,下文将从算法自身固有的缺陷、算法对青少年的控制、青少年对工具的依赖三个角度进行分析。

(一)技术自有属性:算法黑箱

算法作为一种复杂化的技术,其本身需要云计算、大数据、区块链等数字化技术的协同运作,而其自主性的特征以及算法主体赋予的意义特征更使得算法理解难度增大,这种技术本身自有的特性在某些情境下梗阻了青少年网络文明的建设。

1.过程非透明带来的信息误差

根据霍尔的编码与解码理论,信息的传递是“发出信息—接收信息—解读信息”的过程,在这一过程中,许多因素会对信息传递的最终效果产生影响。而算法本身特有的隐蔽性和非透明性,会使信息在传递的过程中更容易被“噪音”干扰,从而影响信息传递的最终效果,这种不透明性被称为算法黑箱,即算法运行的某个阶段“所涉及的技术繁杂”且部分人“无法了解或得到解释”②。

算法黑箱的存在一方面源于算法自身技术门槛过高,它涉及许多常人无法接触到的数字技术,青少年虽然可以感知到算法的运作,但作为普通受众的他们无法了解其分类、计算、处理、推送的具体逻辑。除此之外,计算标准的多元与复杂也是算法黑箱的重要成因,除了与受众个人因素相关的个性化推荐,算法还受到算法主体的价值取向、数据的获取渠道、技术的发展水平等因素的影响,其整体的评判标准复杂多样,不同的算法主体其运作逻辑也各不相同,这也使算法本身的可理解性下降。

算法黑箱的存在使算法的运作过程存在着不透明之处,技术运作的具体流程被遮蔽,青少年无法理解为何被推送、如何被推送,对于数据的来源是否正当、信息的内容是否正确、选择性的推送行为是否合理产生疑虑。多元信息主体均参与到信息的流动

---

① 毛湛文,孙曌闻.从“算法神话”到“算法调节”:新闻透明性原则在算法分发平台的实践限度研究[J].国际新闻界,2020,42(7):6-25.

② 仇筠茜,陈昌凤.基于人工智能与算法新闻透明度的“黑箱”打开方式选择[J].郑州大学学报(哲学社会科学版),2018,51(5):84-88,159.

中，各种内容混杂其间，信息呈现去中心化的趋势，由于黑箱的存在，青少年无法有效辨别信息的真实性与有效性，在信息接收和信息解读的过程中被不断干扰，难以完整获知信息内容，与主流观点间的互动出现断裂。而算法主体与青少年之间的信息不对称性更加剧了黑箱的存在，消解了青少年的判断能力与监督权力，此恶性循环给青少年的网络文明建设增加了难度与风险。

2.内容不确定导致巴尔干效应

新媒体环境下，受众获取信息的渠道多样，算法的存在更使得不同信息的触达效率大不相同，这就使得网络呈现的内容具备了一定的不确定性，难以形成传统媒体环境下相对一致的价值导向。同时，在信息的二次传递过程中，算法的存在使信息无法完整地得到传递和解读，不同圈层间产生壁垒，网络形成类似地缘政治巴尔干半岛的信息孤立与分化现象。

这种孤立与分化不利于媒体作为社会公器发挥作用，媒体需要社会各阶层在此进行沟通交流，从而实现主流群体意见的整合与统一，这种整合与统一的前提是有效的互动和信息的流通。"'圈层'是网络社群的一种具体形态，就是一些有相似特性的网络用户在某个他们共同喜好的网络平台上聚集，形成一个个网络聚合体。"①青少年在互联网络中因差异性的属性特征形成不同圈层，信息内容的不确定性则强化了青少年的分裂化，不同圈层中的青少年具备独特的话语方式与行为逻辑，对于信息的感知也具备差异性，在算法的作用下其封闭性愈发增强，信息的流通与互动在圈层建立起的壁垒间被隔断，这使得主流一致的观点难以在青少年间形成。

算法技术赋能多元信息主体的参与和多元信息的传播，非主流性的话语依托着算法得以在互联网中壮大发展，塑造了当下去中心化、扁平化的传播形态，网络生态中信息内容的不确定性与复杂性加剧，主流话语的辐射力与影响力被消解和稀释。青少年在此传播形态下对网络与社会环境难以形成完整感知，不仅不利于主流意识形态在青少年网络环境建设中发挥引领作用，也会导致青少年被分割成碎片化的群体，形成固化的圈层与僵化的思维观点，使青少年的网络生态呈现出分裂化且有被不断加深的趋势。

(二)青少年网络文明困境：算法控制

算法不仅作为一种技术手段而存在，其强大的数据把控能力与广泛的辐射范围能

① 陈志勇."圈层化"困境：高校网络思想政治教育的新挑战[J].思想教育研究，2016(5)：70-74.

够构建新的互联网络规则,从而使青少年在其控制下形成新的行为模式。

1.量化评价下的自我规训

算法技术的应用不仅局限于对信息的分发,在社会层面如一些行业性的决策与统筹中,算法也发挥着不可忽视的作用,如通过算法进行数据处理以实现对事物评价的量化呈现。前文提到算法加持下青少年的网络生态呈现出行为准则数据化的特征,虽然它有助于人们理性判断,但长期处于量化评价的包围下也会带来一系列问题。

在各类平台中,内容产出成了被算法异化的目标,青少年作为网络平台内容产出的一大主力,也面临着被异化、成为"算法囚徒"的风险。当前的算法技术将数字劳动者的行为量化,通过直观的数据呈现对其劳动进行排名分类,无形之中将劳动者带入"重流量、轻质量"的怪圈,使得劳动者成了互相攀比、畸形工作的数字劳工。在此过程中,青少年不断地进行自我规训,乃至于群体间的规训。法国学者福柯将规训定义为:"通过所选择的技术,按照预定的速度和效果,使后者不仅在'做什么'方面,而且在'怎么做'方面都符合前者的愿望。"[①]例如,在偶像塑造这一方面,微博、豆瓣等平台利用简单的算法技术,将偶像的热度和评价与粉丝的贡献紧密联系,为打榜、点击、评分等数字劳动赋予一定意义,引导作为粉丝的青少年自愿参与到长期化、碎片化的数字劳动中。青少年们在算法的作用影响下,往往忽视事物本身的价值,而将数据作为唯一的评判标准,加剧了网络生态乃至社会整体的内卷与无意义焦虑。纪律既增强了人体的力量,又减弱了这些力量。[②] 算法增强了青少年在功利经济角度的能量,但同时又弱化了他们的主体性,以纪律的形式操纵其成为服从的、训练有素的数字劳工。

2.圆形监狱中的自我审查

算法的运作逻辑起源于对受众信息的获取,如通过对其年龄、性别、地区、偏好等表层信息以及行为习惯、用户关系等深层信息的提取,完成对受众的大致定位,从而根据这种定位完成算法的推荐。在此过程中,受众的个人信息与发布内容被获知并分析,由于算法的隐蔽性,这种信息的获知通常是在无意识下进行的,其获知的信息有许多涉及人们的隐私信息。

这种没有期限和范围的信息提取本质是一种"监视",长期处于这种被动的信息泄漏环境,青少年会陷入数据所构建的圆形监狱中,这种圆形监狱会引发其进行自我审查,消磨青少年的个体价值,引发其不安与焦虑的情绪。如在社交媒体平台上,算法基

① 福柯.规训与惩罚[M].刘北成,杨远婴,译.北京:生活·读书·新知三联书店,1999:156.

② 福柯.性史[M].姬旭升,译.西宁:青海人民出版社,1999:156.

于青少年的社交关系进行同质化内容的推荐，或是依据通讯录、定位等信息进行用户推荐，而用户若想隐藏自身，只能采用“停用”或“沉默”等方式，以此来避免被算法监控。对于已经发布和呈现的内容，青少年会不断进行自我审查，当其认为这一信息可能会给自身带来麻烦时，如虚拟身份在现实的暴露、他人的批判和攻击等，他们会将这些争议性内容删除或取消标记。在这个过程中，青少年出于风险规避的心理来约束自我。

自我审查的行为虽然并非是算法主导，但却是被算法引发的，它通过一种胁迫和调节的方式去重塑青少年在网络中的行为习惯，任何呈现在网络上的信息与内容都被算法所笼罩与注视。这种监视与控制不仅存在于当下，数字化记忆的长期留存使遗忘变得困难，信息一旦发布便不再由个人所完全掌控。完善记忆的寒蝉效应会改变我们的行为。[①] 当前网络中存在的“挖坟”“观光”等现象时刻警示着网络使用者谨慎行事，在发布信息前慎重考虑信息披露的后果能否承担，无间断的自我审查与隐性的技术控制遏制了青少年的表达和创作欲望，沉默成了更安全的选择，开放、多元的青少年网络环境在这种控制和监视下难以形成。

(三)工具与人：算法依赖

算法强大的赋能性以一种正面反馈的作用方式不断强化青少年的行为，通过积极的心理暗示与个性化需求满足吸引青少年的注意力，但由此形成的算法依赖在长期作用下会给青少年的个体发展带来一系列衍生问题。

1.主体性缺失下单向度的人

不可否认的是，算法作为一种工具的确在一定程度上满足了受众多样化、个性化的需求，为用户构建起了相对舒适的信息环境。但长期处于算法的作用下，人们的行为、习惯和思想也在被算法重构，如果我们总是通过算法构建的界面去认识世界，我们认识世界的方式会越来越单调，也会失去对世界的完整把握能力。[②] 青少年在日常生活中对网络的接触和使用频率相较于其他年龄段的人偏高，因此，他们也是最有可能被影响的群体。1950 年维纳指出，自动化技术或现在的机器人技术可能造成“人脑的贬值”。[③] 技术减少了获取信息的时间，但也带来了思考的懈怠，青少年在使用技术的

---

① 迈尔-舍恩伯格.删除·大数据取舍之道[M].袁杰，译.浙江：浙江人民出版社，2013：10.

② 彭兰.算法社会的“囚徒”风险[J].全球传媒学刊，2021，8(1)：3-18.

③ 陈昌凤.智能技术的价值观建构及引领[J].人民论坛，2021(Z1)：38-40.

过程中逐渐失去自主性。

一方面,算法基于用户心理和兴趣爱好的作用机制使得青少年被其营造的拟态环境深深吸引,青少年面对这种与自身相契合的信息推荐更容易产生依赖,长时间处于这种泛娱乐化的内容中,青少年的审美水平不断降低,沉浸于简单的、表层的、碎片化的、庸俗化的文化信息中。同时,由于算法推荐基于用户的偏好进行推送,青少年在这种被算法编织的拟态环境中越来越难以自拔,将大量时间和精力消耗于此,甚至影响到其在现实世界的情绪与社交,网络成瘾难以控制。另一方面,青少年的观念会在长期的媒体培养下产生自主性的偏移,其对于热门推送内容关注越多,也就得到了越多的同类信息,长此以往,这种以数据为导向的算法加剧了青少年的固有偏见,使其逐渐失去了独立思考的能力,成了技术框架下被塑造的一员。青少年逐渐适应这种被动的信息获取,主动搜寻、判断信息的能力消退,从而被改造成失去主观能动性、被算法控制的"单向度的人"。

2.伪个性化下同质化的思维

学者霍克海默和阿道尔诺曾提出:"在文化工业中,个性就是一种幻想,这不仅是因为生产方式已经被标准化。个人只有与普遍性完全达成一致,他才能得到容忍,才是没有问题的。虚假的个性是流行……"[①]法兰克福学派揭示和批判了文化大量化、标准化、商品化的生产带来的实际是伪个性化的流行,文化工业利用其强大的影响力塑造了虚假的需求,其本质是经济利益的获取和同质化思维的流行。

在当下的新媒体环境中,信息被作为一种文化商品进行出售,算法本质上来说是信息传播者为更好地实现信息商品出售的一种辅助手段。从表面上来看,算法为信息的个性化定制提供了可能,但在实际的操作过程中,带来了伪个性化的盛行。算法的运行逻辑以效率为主导,通过智能化的技术手段最大限度获取用户的关注,对青少年需求的满足只是为达到其商业目的的一种手段。同时,青少年自身作为独立个体的复杂性也使得算法在计算其需求时出现偏差或窄化的现象,而算法又加剧了这种情况,流行于网络中的是那些占据了优势意见气候的信息内容,在马太效应的循环下形成了同质化的网络环境。

算法通过简单的贴标签的方式将用户进行分类,再提供系统预设的信息内容,虽然青少年感觉自身的个性化需求得到了满足,但实际上这种"个性化的需求"可能是被技术所营造的虚假需求。马尔库塞提出了"额外的需要"这一概念,为满足这种需要,

---

① 霍克海默,阿道尔诺.启蒙辩证法[M].渠敬东,等译.上海:上海人民出版社,2006:140.

人们会通过抽象的自我来对抗真实的自我，为商品和需求赋予一定的符号意义。算法通过制造“热榜”“爆款”等象征性的事物，引导青少年的思维方式与行为模式，使用标准化与合理化作为伪装从而吸引青少年参与其中。算法推荐所打造的这种虚假的个性实际上降低了文化的差异，青少年被引导参与到雷同的行为模式与思维构建中，在这种伪个性化下逐渐被涵化成同质化的思维。

三、青少年网络文明建设的算法优化逻辑

技术与受众两者之间相互依存，共同构成了当下的网络环境，在为算法隐忧提供破局之路时也应兼顾二者。破解算法黑箱、算法控制与算法依赖需要从运作逻辑、技术倾向、青少年自身三个方面着手，弥补与修正不足，实现算法在青少年网络文明建设中的优化。

（一）完善运作逻辑：整合透明性与公共性

算法本身的技术特征带来算法黑箱等一系列问题，当将其运用到新闻生产、内容分发等领域时，这种影响笼罩在每一个用户的身上，使得用户对于信息的合理性、真实性、透明性产生怀疑。因此，算法应着力提升运作的透明性，建立起“可信任”的算法。对于算法主体来说，应公开告知算法的存在与应用，以可理解性的话语及时、准确地公布算法运作的原理、判断标准，给予青少年自行选择是否使用算法、如何使用算法的权利。对于建设主体来说，一方面，要制定与算法透明相关的法律法规、伦理规范与技术准则，落实责任机制，对于不合理的行为进行监督与管制；另一方面，“算法解释是用一种可被理解的方式来提高算法的透明度的救济机制”①，建设主体应引导建立起完善的算法解释机制，加强科普教育，为青少年答疑解惑，使其对算法形成逻辑性的判断与思考。

公共属性也是算法运作逻辑的重要组成部分。算法主体应意识到，算法不仅是获取利益的经济性工具，同时，它也应承担起为青少年提供精神食粮的责任。为了迎合青少年的需求，部分算法主体往往使用娱乐化的话语对原始的严肃性内容进行解构，或是优先推送能够刺激到受众感官的刺激性内容，这些信息挤压了高尚文化的生存空间，占据了青少年的网络环境。眼球效益能带来短期的经济利益，但高质量的内容与

① 张红春，章知连.从算法黑箱到算法透明：政府算法治理的转轨逻辑与路径[J].贵州大学学报（社会科学版），2022，40(4)：65-74.

技术操守是算法主体的真正立身之本。算法主体应认真考量把关与评判的标准,将技术分发与人工编辑相结合,更多地对青少年推送弘扬社会主流价值观、展现真善美的内容,更好地为青少年的精神世界服务。

(二)重塑技术倾向:兼顾工具理性与价值理性

马克思·韦伯提出了"合理性"的这一概念,他将合理性这一概念划分为两种——价值理性与工具理性。从工具理性的角度看,它强调客观与理性,一切以结果为目的;从价值理性的角度看,它强调通过正确的手段实现自身目的。算法最初诞生于工具理性与价值理性的统一,对算法的使用目的主要在于更高效率地处理信息并进行分发,以解决供需不平衡的难题,满足算法主体与受众的双重需求。但随着算法技术的发展,资本势力与权力运作的裹挟使两种理性间出现失衡,算法愈加被当作纯粹的工具,信息内容的判断标准逐渐偏移。

算法不仅作为纯粹的工具理性存在,而且其已发展成在一定社会生产关系中能够起影响和支配作用的算法权力。① 因此,算法的使用需要兼顾工具理性与价值理性。算法可以被主体当作一种获取利益与达成目的的工具,但同时也要意识到这种技术倾向对青少年主体性的压抑,它不利于人的自由发展与多元网络生态的建设。算法主体应重塑技术倾向,回归到算法的价值理性,考虑到社会价值与伦理道德的因素,在运作过程中打破单一化的推荐思路,利用算法构建起一元主导与多元并存的网络生态环境,使其成为青少年满足自身精神需求与了解大众文化的助力,发挥算法的积极作用。算法不仅要在科学和技术层面得到发展,也要在伦理价值层面发挥作用,既利用算法本身的功能性实现算法主体的目的,也对青少年的个人价值和个人发展负责。

(三)提升网络素养,培育青少年网络辨析能力与批判性思维

算法技术的强大作用在满足青少年自身需求的同时,也导致了问题解决路径的单一化与粗暴化,青少年逐渐失去独立思考的能力,成为技术依赖下被同化的一员。技术开发的本质在于更好地为人们服务,而青少年若想驾驭算法,则必须提升自身的辨析能力与批判性思维,发挥内生性与能动性,使技术成为满足自身需求的工具,实现人机互联互动、彼此弥合,而非算法的附庸者。

首先,提升青少年的辨析能力。所谓辨析能力,主要是指:"由自己对事物或事件

① 管秀雪.算法推荐赋能主流意识形态话语权构建的风险及应对[J].学习论坛,2022(6):69-75.

的性质与意义独立作出思考和判断。”[①]。提升辨析能力，首先需要青少年建立起正确的认知框架，认知框架则主要是指“‘大脑里的各种认知’串联起来的认知网络”[②]。加强对青少年主流意识形态的教育，使青少年能够以唯物辩证主义的视角和正确的价值观来看待网络与社会，坚决杜绝享乐主义、流量至上等不良思想风气的影响。在此基础上，引导青少年意识到算法所带来的的信息茧房、算法黑箱、泛娱乐化等不良影响，了解到算法的运行逻辑及其背后的权力运行，从而能够对算法技术的性质和影响作出正确判断。

其次，强化青少年的批判性思维。批判性思维需要青少年理性的思考，厘清技术的使用目的，在此基础上审视算法本身与推送内容。第一，应提升青少年的鉴别能力。青少年应能够在海量的信息内容中鉴别信息的优劣与真伪，选择有价值的信息内容进行点击与阅览，为自身打造清朗的算法环境。第二，应提升青少年的主观能动性。青少年不仅要成为技术的使用者，还应成为技术的发掘者、探索者，应合理应用算法技术来满足自身的需求，既关注与自身密切相关的信息流向，也要积极参与到其他圈层的信息流动与构建中，促进网络生态整体的健康循环与互动。

结　语

本文以算法技术为切入点，对其作用下青少年网络生态的表征、网络文明建设的隐忧进行探索，为算法的优化逻辑提供了建议。算法技术是自主性与非自主性的统一。[③] 作为一种工具其不可避免被赋予外在的价值观与权力属性，但算法的自主性也为技术向善提供了有效路径。这需要建设主体、算法主体、使用者三方协作，将人文价值和社会效益嵌入运行逻辑，建设主体监督引导，算法主体重置技术倾向，使用者充分发挥内生性与能动性。算法技术带来的隐忧也警示着我们，青少年的网络文明建设绝非局限于网络环境的打造，对更深层次的价值观引导与对青少年作为独立个体的价值实现也是建设的重要组成。

算法承载着算法主体的价值理念与经济追求，其本身虽然并无倾向性，但算法在运作过程中很难保持中立。算法建构了全新的分发模式，也重置了风险传播样态，借助算法青少年得以更加高效地获取信息和服务，但也要警惕技术的权力控制与对人的

---

① 樊卫宾，窦菀.高中思政课学生自主辨析能力培养[J].思想政治课教学，2021(5)：29-32.

② 周源源.算法推荐环境下的大学生认知心理困境及应对策略[J].思想理论教育，2022(10)：91-96.

③ 姜晨，颜云霞.“何以向善”：大数据时代的算法治理与反思——访上海交通大学媒体与传播学院教授陈堂发[J].传媒观察，2022(6)：36-41.

异化。数字化时代无法完全避免技术的影响,我们必须看到算法在青少年网络生态环境建设中的双重作用,对如何处理青少年与技术之间的关系做出全新的思考。

〔燕道成,湖南师范大学新闻与传播学院副院长,教授,博士生导师;苑文楠,湖南师范大学新闻与传播学院硕士研究生〕

〔特约编辑:涂凌波〕

网络媒介治理认知与参与动机研究[①]

——基于521位在校大学生的问卷和访谈调研

A Study on College Students' Cognition and Participation Motivation of Network Media Governance

—Based on Questionnaire and Interview of 521 College Students

◎ 付晓光　黄　聪

Fu Xiaoguang　Huang Cong

摘要：群众是媒介治理的重要参与主体之一，网络作为当下流行且便捷的生活空间，也逐渐成为人们参与媒介治理的重要阵地。在校大学生作为成年人中最年轻的新鲜力量，他们对媒介治理的认知和参与程度，在一定程度上反映着媒介治理在大众普及中存在的现象和问题。该文用问卷调查法和深度访谈法对来自不同院校的521位在校大学生进行了主客观层面的调查，从而对当下在校大学生的网络媒介认知和参与情况进行梳理，思考现象背后的原因及其值得改善的方面。

关键词：网络媒介治理；认知程度；参与动机；大学生群体

Abstract: The masses are one of the important participants in media governance. The network, as a popular and convenient living space, has gradually become an important position for people to participate in media governance. As the youngest fresh force among adults, college students' cognition and participation in media governance reflect the phenomena and problems existing in the popularization of media governance to a certain extent. In this paper, 521 college students from different colleges and universities were investigated subjectively and objectively by means of questionnaire survey and in-depth interview, so as to sort out the current cognition and participation of college students, and think about the reasons behind the phenomenon and constructive suggestions worth improving.

Keywords: networkmedia governance, cognitive degree, participation motivation, college student group

---

① 本文系教育部人文社会科学研究一般项目“县级媒体融合与新时代基层社会治理研究”（项目编号21YJC860006）阶段性成果。

一、问题的提出

近年来,“媒介治理”一词逐渐成为国内学术话语的高频词和研究热点。它最早可以追溯到2002年爱尔兰学者肖恩和吉拉德出版的《全球媒介治理:初级指南》。国内关于它的研究,基本经历了“传媒治理结构的概念引介和中国传媒集团治理模式与策略研究阶段(2003—2008)、媒介治理研究的概念考察和思考路径变化阶段(2009—2017)、媒介治理研究的深化与应用阶段(2018—2020)”[①]。学者胡远珍、吴诗晨的这一结论通过文献计量法研究得出,从定量的角度分析文献规律,使用可视化工具,将中国媒介治理的研究脉络清晰梳理。

从上述研究阶段看,关于“媒介治理”的研究在2017年以前基本集中在概念、模式、策略的研究层面。而在媒介治理研究深化与应用阶段,研究的角度和案例越来越多元,有的从新闻伦理层面研究AI时代媒介治理的内涵、特征及实践原则;有的基于网络游戏或县级融媒体进行实证研究;较为集中的是对国家、媒体机构等治理主体的媒介治理研究。我们鲜少发现有学者把研究对象聚焦在参与媒介治理的人民群众身上,实际上,群众作为媒介治理的重要参与者,承担着不可忽视的监督作用,了解广大人民群众在媒介治理中的认知和参与情况,有利于认识“媒介治理”这一概念或行为在民众生活中的渗透度。

而随着互联网的普及率逐年升高,网络媒介逐渐占据了人们大部分的时间。中国互联网络信息中心(CNNIC)在北京发布的第51次《中国互联网络发展状况统计报告》显示,“截至2022年12月,我国网民规模达10.67亿,较2021年12月增长3549万,互联网普及率达75.6%”[②]。在网络媒介盛行的时代,人们的日常行为和喜好习惯都会在互联网空间中留下痕迹,网络空间逐渐成为人民群众参与媒介治理的新场域,研究网络空间的媒介化治理行为符合当下国民媒介治理的实际情况。

参与媒介治理的过程实质上是我国公民行使监督权的方式之一,参与虽不能起到决定性的作用,但可以借助网络媒介的曝光、投诉、讨论等途径助推事件的发酵,进而促进问题的解决。因此,群众参与媒介治理的积极性与社会善治的进步程度有着密切的联系。如果要预见社会善治的未来,应该将研究对象聚焦于更年轻的参与群体,即

---

① 胡远珍,吴诗晨.中国媒介治理研究的历史演进与发展趋势[J].新闻与传播评论,2021(6):54-68.

② 中国互联网络发展状况统计报告[R].北京:中国互联网络信息中心,2023.

代表和影响社会未来走向的青年力量——在校大学生群体。

基于此，本文立足于互联网时代，从了解群众媒介治理认知和参与情况的问题出发，旨在研究当代在校大学生认知和参与网络媒介治理的最新情况，本着对国家和社会的媒介治理进程持预见性观察的态度，总结网络媒介治理在青年代表大学生群体的渗透和影响过程中暴露出的问题，并提出建设性的建议。

二、研究方法与对象

（一）研究方法

本研究采用问卷调查法和深度访谈法。由于当时该研究处于疫情防控期间，问卷调查和深度访谈皆通过线上形式展开。其中，问卷发放使用问卷星平台，共回收问卷567份，有效问卷521份，有效率为91.89%。深度访谈通过微信语音电话进行，在访谈前，围绕中心问题拟定半结构式访谈提纲，以此为参考蓝本展开访谈。在速记访谈内容的同时，启用录音同步存档记录。并在结束访谈后，对主要访谈内容进行整理。为保证受访者的最佳状态，访谈时间基本控制在1小时以内。

（二）研究对象

调查问卷针对的对象不限性别、年级、专业，面向海内外的在校大学生普遍发放。在回收的521份有效问卷中，涵盖的年级和专业较广泛，参与问卷填写的男件214人，女性307人，分别占问卷总量的41.07%、58.93%，男女比例基本为2∶3。

深度访谈对象的筛选条件与问卷调查基本相似，受访者共分为两批。第一批在设计问卷之前进行，我们邀请了四男四女共八位来自不同学校、专业的在校大学生作访谈，旨在初步了解情况，为调查问卷的设计提供参考信息，同时预试问卷内容的逻辑合理性和信息全面性，“确保问题和答案类别能得到合理的测试”[①]。这一批受访者采用姓氏首字母编号，为避免姓氏重复，按照受访顺序用数字做后缀对重复姓氏的受访者进行编号，加以区分。第二批则从回收到的问卷中随机抽取，进行“访谈后访谈”[②]，即针对问卷调查结果对被调查者展开答案验证和原因探寻。由于问卷大概需要10分钟完成填写，为了确保参与调查的认真程度，并降低抽取难度，我们在抽取前设置了“填

① 布莱尔，扎加.抽样调查设计：问卷、访谈和数据收集[M].沈崇麟，译.重庆：重庆大学出版社，2022：208.

② 布莱尔，扎加.抽样调查设计：问卷、访谈和数据收集[M].沈崇麟，译.重庆：重庆大学出版社，2022：221.

写时间大于 400s”的筛选条件,并从 57 名受访者中随机抽取 8 名受访者,按照问卷星平台的编号进行命名。

三、研究设计

鉴于研究的主要目的在于了解认知和参与情况,因此我们的研究思路也分别从这两个层面上展开。无论是调查问卷还是访谈提纲,都涉及对认知和参与程度的排查,这一排查工作需要以在研究中归纳的三类网络媒介治理平台为参考。为了确保问卷调查和访谈中关于认知和参与程度的精准性,我们对现在的网络媒介治理平台进行了广泛的搜索,并归纳整理出政务服务类、社会服务类、舆论监督类三类平台。

政务服务类平台与社会服务类平台皆由政府部门背书,为人民群众搭建反映问题的官方平台,但二者在接受和处理问题的类别上仍有区别。前者主要是国家、省、市、县等各级人民政府的门户网站,针对市政问题甚至更严重的举报投诉问题进行处理。而后者则是各类政府职能部门下设的监管平台,主要帮助群众解决权益问题,整治社会乱象。

舆论监督类平台主要是各类社交媒体和短视频平台。其发言自由、信息全网互通、曝光速度快、流动性强、传播率高等特点,使舆论发酵的效果随之增强。这类平台也成为群众通过舆论参与媒介治理的重要阵地。

由此,反映于政府、求助于监管、互动于网络这三种参与网络媒介治理的平台通过四级量表和问题的形式出现在调查问卷与访谈提纲中。对被调查者和受访者的认知和参与程度有了比较全面、详细、清晰的摸查。

四、研究发现

(一)认知的缺失与偏差

从 521 份有效问卷的填写情况看,在校大学生对“媒介治理”“网络媒介治理”的概念认知程度普遍不高。在“您听说过‘媒介治理’吗”和“您知道‘网络媒介治理’吗”这两道题目中,分别约有 54.7%和 58.35%的人选择“否”,这说明有超过一半的人对“媒介治理”和“网络媒介治理”没有明确的概念意识(如图 1、图 2)。即便有人听说过或知道这类名词,但了解程度也不深,浅尝辄止。在深访中,也有绝大多数受访者表示生活中很少接触这类词汇,尽管曾经在行动层面做过类似媒介治理的行为,却为之而不知之。

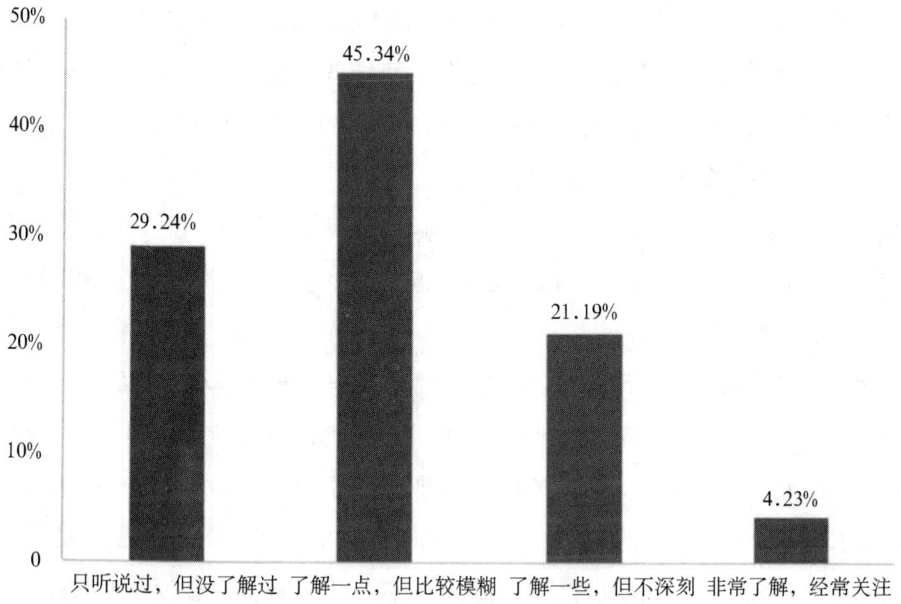

注：该项调查基于在“您听说过‘媒介治理’吗”题目中选择“听说过”的调查对象，样本量为236人。

图 1 “媒介治理”认知程度柱状图

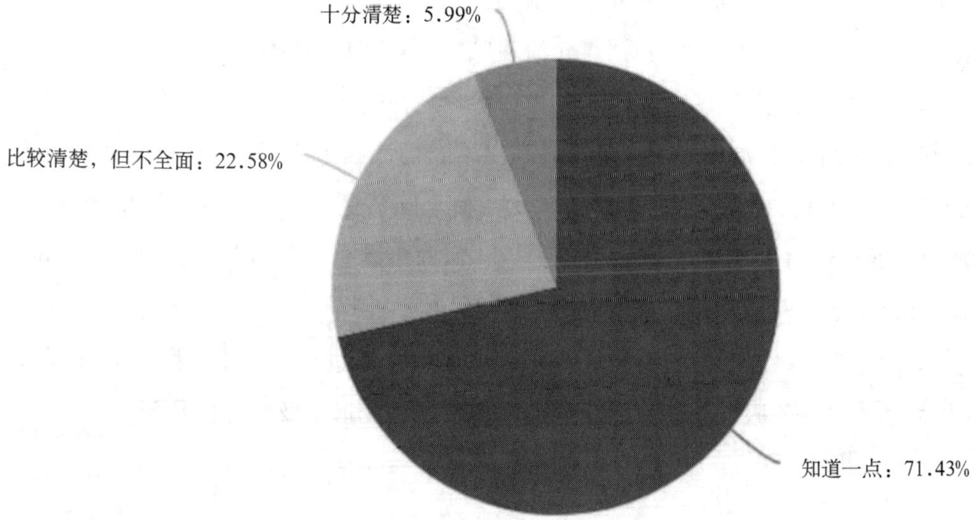

注：该项调查基于在“您知道‘网络媒介治理’吗”题目中选择“知道”的调查对象，样本量为217人。

图 2 “网络媒介治理”认知程度饼状图

同时我们还发现,一些认为自己比较了解“媒介治理”的受访者,在理解上存在一定的偏差。如某受访者表示:“大概是跟媒介审判差不多吧,但是会偏公共事务一点,偏民生一点。”其中,也有不乏凭借经验判断进行猜测的人,有受访者表示:“这种专有名词当然没有听说过,但是能猜出来是啥意思。可能就是大众通过传媒还有一些网络平台发表意见影响政府的决策,参与到社会里。”他们的理解和解释并不完全准确,在校大学生对概念的认知存在一定的偏差。

究其原因,某受访者认为:“一些专有名词,就是隔行如隔山,在公众中普及度不高,没有统一的大众化的叫法。还有可能没有碰到太大的事儿,跟自己生活没有特别多的关系,没有刻意去了解。”

从大学生群体的主观原因分析,认知水平不乐观与在校大学生自身的学习情况和生活习惯不无干系,兴趣不高、娱乐时间挤占成为干扰在校大学生学习了解“媒介治理”的两大诱因。另外,在校大学生的逃避心理也起到了间接影响的作用。他们的生活环境比较特殊,将会在大学期间完成从学生向就业人士的身份转变,自身的社会属性会越来越凸显,但这一过渡往往实现得较为缓慢。中国教育在线发布的《2022年全国研究生招生调查报告》显示,“近六成的考生因为就业压力大,想增强就业竞争力而选择考研,留恋校园生活以及想在学术上深造的考生占比分别超过30%”①。持有因留恋学生身份而考研这一想法的学生几乎占1/3,逃避面对社会压力,间接阻碍了部分在校大学生对“媒介治理”等社会问题的关注。兴趣不高、娱乐时间挤占、逃避心理等种种主观因素,导致了他们对“媒介治理”这一类话题知之甚少。

而从“媒介治理”发展普及的客观角度看,尽管它在学术研究中广受欢迎,“尤其在最近两年,关于媒介治理的研究更是表现出增长的凶猛势头,发文期刊也呈现出多样化趋势”②。但它的大众普及度并不高,这一概念既不是大众的文化必需品,也没有以普适性、通俗性的方式走进大众的视野。再者,网络媒介治理的各平台宣传不到位,使群众难以获取对网络媒介治理途径的信源。

通过三类网络媒介治理平台的认知程度四级量表进而发现(如表1、表2、表3),在校大学生对政务服务类和社会服务类平台的熟悉度远不及舆论监督类。

① 2022年全国研究生招生调查报告[R].北京:中国教育在线,2022.

② 胡远珍,吴诗晨.中国媒介治理研究的历史演进与发展趋势[J].新闻与传播评论,2021:54-68.

表 1　政务服务类平台认知程度四级量表

题目/选项	完全不知道	听说过但不熟悉	了解一些	非常了解
国家信访局官网"网上信访"	99(19%)	202(38.77%)	195(37.43%)	25(4.8%)
国家政务服务平台"投诉"功能	73(14.01%)	177(33.97%)	225(43.19%)	46(8.83%)
国务院"互联网＋督查"网页端、App、微信小程序	130(24.95%)	177(33.97%)	167(32.05%)	47(9.02%)
国务院"国家政务服务投诉与建议"微信小程序	120(23.03%)	182(34.93%)	178(34.17%)	41(7.87%)
人民政府门户网站的问政版块	127(24.38%)	206(39.54%)	156(29.94%)	32(6.14%)
"领导留言板"网页端、App、微信小程序	149(28.6%)	182(34.93%)	153(29.37%)	37(7.1%)
市长信箱	67(12.86%)	178(34.17%)	224(42.99%)	52(9.98%)
国务院客户端小程序"我向总理说句话"	118(22.65%)	154(29.56%)	199(38.2%)	50(9.6%)
国务院客户端小程序"国务院常务会议,我来留言"	144(27.64%)	181(34.74%)	158(30.33%)	38(7.29%)

表 2　社会服务类平台认知程度四级量表

题目/选项	完全不知道	听说过但不熟悉	了解一些	非常了解
全国 12315 官网"投诉"和"举报"功能	41(7.87%)	112(21.5%)	279(53.55%)	89(17.08%)
国家市场监督管理局官网"留言咨询"版块	116(22.26%)	183(35.12%)	182(34.93%)	40(7.68%)
12312 网络不良与垃圾信息举报受理中心官网	140(26.87%)	169(32.44%)	166(31.86%)	46(8.83%)
国家邮政局申诉网站	159(30.52%)	176(33.78%)	142(27.26%)	44(8.45%)
工业和信息化部电信用户申诉受理中心	187(35.89%)	194(37.24%)	114(21.88%)	26(4.99%)
中国扫黄打非网"网上举报"	115(22.07%)	194(37.24%)	184(35.32%)	28(5.37%)
中央网信办违法和不良信息举报中心	126(24.18%)	210(40.31%)	141(27.06%)	44(8.45%)
全国文化和旅游市场网上举报投诉处理系统网站	167(32.05%)	207(39.73%)	122(23.42%)	25(4.8%)

表3 舆论监督类平台认知程度四级量表

题目/选项	完全不知道	听说过但不熟悉	了解一些	非常了解
微博参与话题评论,发布、转发@相关部门、媒体官方账号 or 微博大 V	39(7.49%)	96(18.43%)	215(41.27%)	171(32.82%)
在时事评论类微信公众号推文下留言、在看	46(8.83%)	99(19%)	226(43.38%)	150(28.79%)
知乎发布求助帖,分享经验帖	42(8.06%)	102(19.58%)	233(44.72%)	144(27.64%)
在哔哩哔哩、抖音、小红书等短视频平台评论时事评论类内容,曝光社会问题	41(7.87%)	85(16.31%)	203(38.96%)	192(36.85%)

一方面,舆论监督类平台的媒介已经承载了人们生活社交、娱乐学习等主要功能。随着微信、QQ 等 App 的功能升级和内容开发,强社交 App 也不再只满足于向人们提供社交功能。短视频的风行和冲击让视频号和直播融入其内,海量信息以视频这种新媒介在社交平台呈现,日新月异。同时,哔哩哔哩、抖音、小红书、微博等 App 持续发挥着视频优势和弱社交功能,让人们得以畅所欲言。两者皆以"用户自生内容"的性质广受大众欢迎,社交媒体和短视频平台"已成为一种替代性的消息来源和新型参与平台,青年用户在信息分享、观点交流的即时互动中,自发自主地参与政治交流和公共决策"①。由于使用群体广,通过此类平台参与媒介治理的机会也更加充足,舆论监督类平台无疑成为在校大学生认知"媒介治理"的关键中介。

另一方面,政务服务类和社会服务类平台的保守态度也是促成当前局面的客观因素。在深访中,不少受访者表示政务服务类和社会服务类平台的宣传力度不大、普及度不深、使用机会少,因此才会对这两类平台的认知程度较低。他们表示,如果举办更多媒介治理科普活动,将有利于提高不只是青年大学生群体,甚至是青少年群体的认知程度,也希望可以有更多网络媒介治理渠道在宣传上主动出击。

(二)低迷的参与热情与失衡的平台使用度

兴趣浓度低、娱乐时间挤占和逃避心理等主观原因,以及"媒介治理"概念普及度不高的客观原因,导致在校大学生不仅对"媒介治理"的认知程度不高,参与程度也普遍偏低。为了确保参与情况的不遗漏,我们使用了三类网络媒介治理平台的参与程度四级量表,并设置补充答案填写空白,全面了解在校大学生参与媒介治理的真实情况。

---

① 卢家银.社交媒体对青年政治参与的影响及网络规制的调节作用:基于大陆九所高校大学生的调查研究[J].国际新闻界,2018(8):98-121.

调查结果发现,在校大学生的参与程度与认知程度呈一致性。

同时,在三类网络媒介治理平台使用度的排查中(如图 3),也同样出现了各类平台参与程度不均衡的问题——政务服务类和社会服务类平台的参与程度明显低于舆论监督类平台。而之所以有更多人选择在舆论监督类平台参与媒介治理,是因为平台本身的性质和使用便捷度。

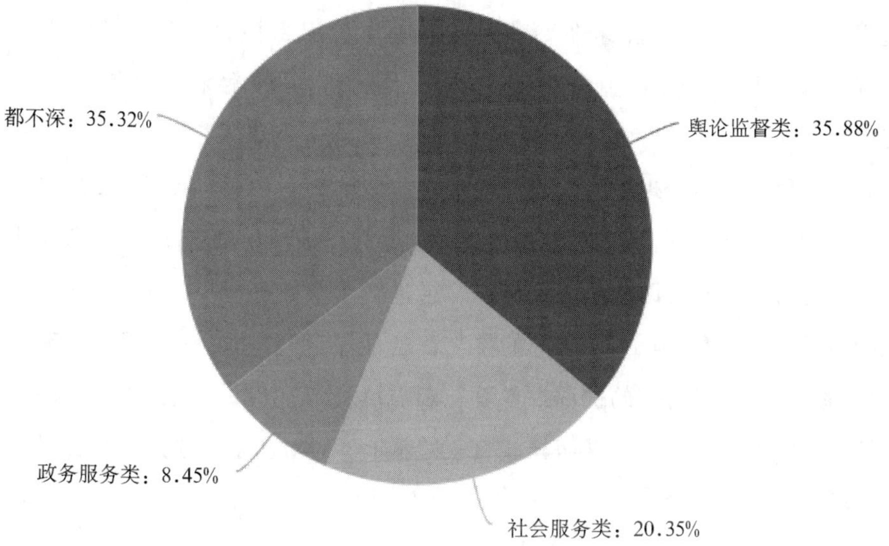

图 3　网络媒介治理平台参与程度饼状图

首先,舆论监督类平台的社交软件具有娱乐属性,无论是发言还是评论,用语比较自由随意,限制比较少。其次,因其娱乐属性的本质问题,这类平台除了有言论表达功能,还具有点赞、转发、分享、打赏等多样性社交功能,操作便捷,使用方便,更容易吸引用户在此类平台上表达观点、互动交流。当某一社会事件、公共问题爆发后,舆论监督类平台往往会成为督促问题解决、进程公开透明的督导之地,也会成为舆论的探讨中心。

由此,鉴于舆论监督类平台自身的娱乐属性、功能丰富且使用便捷,又因为政务服务类和社会服务类平台的宣传推广不够广泛,在校大学生在三类平台的参与程度呈现出不均衡的表现。尽管在校大学生的参与程度普遍不高,但舆论监督类平台依旧是比较受他们欢迎的媒介治理方式。

(三)利益驱动参与积极性

在对认知与参与程度有了初步调查后,本文进一步对深度参与网络媒介治理的在校大学生展开调查，主要围绕参与治理的行为特征设置五度量表问卷，在进行五度量表填写前设置“您参与程度最深的网络媒介治理平台是哪一类”这一单选题进行跳转，使三类网络媒介治理平台深度参与者得到针对性的行为特征和动机的调查，并通过深度访谈的方法进行补充，总结在校大学生参与媒介治理行为的影响因素。

影响在校大学生参与媒介治理的行为动机纷繁复杂，涉及平台、事件本身、参与主体三个方面，包括平台的使用体验、公信力和解决效率；所治理的事件本身的影响力、紧迫程度；以及参与主体自身的兴趣程度、表达欲、隐私保护欲、性格等多种内外因素。但在调查结果中，表现最明显的分别是治理事件的利益相关性和参与者自身的情绪与心理因素。

利益相关性是指治理事件与媒介治理参与者的利益相关程度，如果参与者听说、经历或关注过类似事件，则其对治理该事件的参与积极性相对较高，反之则较低。

表 4 针对利益相关因素的五度量表结果进行了频数分析。其中，“－3”表示未参与该题填写的总人数，因 16 题之前的参与程度最深，平台调查题设置了跳转逻辑，所以选择“参与程度都不深”的被调查者没有参与填写，其中 16、18、20 题的未填写总数也因被调查者的参与情况不同而异。“1—5”表示了对对应条目描述的符合程度，数字越大，表示越符合。

由表 4 可知，三类平台的深度使用者中，选择“4”和“5”的人数排名靠前，有更多人认为事件与本人越相关，本人越想参与媒介治理。无独有偶，在深访中也有不少受访者表示赞同。某受访者表示：“一些与我本人有关系的，比如女性话题、大学生群体、应届生就业等，我会主动参加媒介治理。”另一位受访者认为利益相关也要分情况，“如果和我本人直接相关，触碰到我的个人利益了，我会直接选择在政务服务类或社会服务类平台里选择，但如果不是，仅仅和我间接相关，那更多还是会在舆论监督类平台上参与一下”。无论是直接还是间接相关，无论在哪一类网络平台上参与媒介治理，数据和深访资料都可以说明治理事件与参与者的利益相关性是驱动他们积极参与媒介治理的重要因素。

表 4　利益相关因素频数分析表

名称	选项	频数	百分比(%)	累计百分比(%)
16.问题事件发生后,您选择使用舆论监督类平台的原因是?——问题越严重、越迫于解决,和自己越相关,越想使用	—3	334	64.107	64.107
	4	96	18.426	82.534
	5	44	8.445	90.979
	3	33	6.334	97.313
	2	9	1.727	99.040
	1	5	0.960	100.000
18.您一般在什么情况下选择使用社会服务类平台?——事情发生在我身上,我会直接使用	—3	415	79.655	79.655
	4	51	9.789	89.443
	5	24	4.607	94.050
	3	19	3.647	97.697
	1	6	1.152	98.848
	2	6	1.152	100.000
20.您一般在什么情况下选择使用政务服务类平台?——事情发生在我身上,严重影响个人利益,亟待解决,直接使用	—3	477	91.555	91.555
	4	16	3.071	94.626
	3	9	1.727	96.353
	5	7	1.344	97.697
	2	7	1.344	99.040
	1	5	0.960	100.000
合计		521	100.000	100.000

(四)情绪和心理因素影响参与动机

同时,情绪和心理因素也在一定程度上影响着参与者的动机,这一现象在深度使用舆论监督类参与媒介治理的调查对象中尤为明显。舆论监督类平台为舆论发酵提供了充足的网络空间,“美国政治学家扎勒认为公共舆论是信息与价值相结合的产物”①,这说明舆论的产生既源自外部信息的刺激,也源自用户个人内生的反应。而个人的反应一般以参与者的价值观为载体,以心理情绪为产生的诱因。

在深度使用舆论监督类平台参与媒介治理的被调查对象中,一方面,他们受强烈的情绪诱导,在遇到个人价值观与舆论走向相同或相左时更冲动、感性,在这种情况

① 黄丽娜.准社会交往:社交媒体时代舆论引导心理路径[J].编辑之友,2019(12):53-56.

下,参与者会忽略一些顾忌和约束,更容易在网络上肆意表达诉求、分享观点。另一方面,他们会受"从众"和"自卫"双重心理因素的纠缠影响,二者相互作用,相互对抗。简单而言,从众心理是大多数舆论监督平台深度参与者选择参与媒介治理的"开端",而自卫心理是他们在纠结中选择闭口不言的"尾声",向安全妥协,对自己负责。

由表5可知,在情绪因素中,选择最多的前三个维度都是"4、3、5",对应的描述是"比较符合、一般、完全符合",说明情绪波动对在校大学生选择参与媒介治理存在一定的影响,且当情绪色彩越浓烈、情绪程度越饱满时,他们参与媒介治理的行动积极性也越高。

表5 情绪因素频数分析表

名称	选项	频数	百分比(%)	累计百分比(%)
17.以下说法,与您在网络上参与舆论表达的实际情况是否相符?——当表达欲望越强烈,越想参与	−3	334	64.107	64.107
	4	82	15.739	79.846
	3	47	9.021	88.868
	5	40	7.678	96.545
	2	12	2.303	98.848
	1	6	1.152	100.000
17.我的情绪越强烈,越想参与	−3	334	64.107	64.107
	4	78	14.971	79.079
	3	48	9.213	88.292
	5	39	7.486	95.777
	2	18	3.455	99.232
	1	4	0.768	100.000
17.对事件的兴趣度越高,越想参与	−3	334	64.107	64.107
	4	96	18.426	82.534
	3	40	7.678	90.211
	5	40	7.678	97.889
	2	8	1.536	99.424
	1	3	0.576	100.000
合计		521	100.000	100.000

在校大学生的年龄普遍处于18—30岁,大多数学生都拥有充沛的想象力和联想力,情感更直接、鲜明、饱满,但对事物的认知范围和程度还不够广泛而深切。因此,相

对而言，在校大学生群体更容易被新鲜事物吸引，更容易被奇葩的社会乱象震惊，更容易被激发出伸张正义的勇气和智慧。于是，情绪会在这个过程中不自觉地产生，他们或是对某一事件兴致勃勃，或是因某一事件引起了自己强烈的表达欲望，或是因某事件致使自己愤怒或喜悦，无论是正面还是负面，积极还是消极，只要当这类极端的情绪致使感性战胜理性，他们就会在潜意识的支配下参与到媒介治理的行为之中。

另一个导致冲动的因素是在校大学生普遍具有的从众心理，正如“沉默的螺旋”① 所阐述的原理一样，他们会在舆论的群体压力下趋于求同，进而发生从众行为。然而，通过舆论表达参与媒介治理的“从众”并非等同于完全无意识地跟风、重复别人的思想和价值观点，他们会有选择性地“从众”。当他们感受到舆论环境对自己有利时，会产生稳定的安全感，促使自己勇于发表个人言论。一旦当他们察觉到舆论风评的走向与个人观点产生偏离，危险和不安会逼迫他们止于言论。之所以有这种矛盾复杂的表现，是因为他们产生从众心理的同时，也产生了另一种抗力，即自卫心理，这种心理的产生会让参与者面对在网络表露观点产生的威胁和风险而却步于键盘（如表 6）。美国学者 Rogers 曾提出保护动机理论（ Protection Motivation Theory ），其中所包含的信息源、认知中介过程和应对模式这三个部分具体指“通过认知调节过程的威胁评估和应对评估来解释行为改变的过程，个体在此基础上作出相应决策”②，与被调查对象在舆论监督类平台参与媒介治理时产生的风险意识觉醒、风险保护应急反应、决定选择沉默旁观一系列过程十分相似。

观察心理因素五度量表会发现，“从众”和“自卫”心理对参与行为的影响比较突出。同时，两者之间也存在一定的相关性（如表 7）。在决定参与媒介治理前，“从众”心理会驱使参与者在行为上更加积极主动，但同时也往往会因为自卫心理，参与者对个人账号信息、人身安全、隐私数据产生担忧与焦虑，其参与的积极性与主动性也会相应被挫伤。在深访中，就有受访者表示：“评论区不会有比较明显的观点发表，一般都是在我觉得整体观点和我比较趋同时，我会附和着发表评论，但如果这个事儿我还拿不准，我觉得有风险，我就不发表了。”

---

① 施拉姆.传播学概论[M].孙庚，译.北京：中国人民大学出版社，2010：2-3.

② 贾若男，王晰巍，范晓春.社交网络用户个人信息安全隐私保护行为影响因素研究[J].现代情报，2021(9)：105-114，143.

表6 “从众”和“自卫”心理因素频数分析表

名 称	选项	频数	百分比(%)	累计百分比(%)
17.当有和我同样想法的人时,我更有勇气参与	—3	334	64.107	64.107
	4	84	16.123	80.230
	5	50	9.597	89.827
	3	33	6.334	96.161
	2	16	3.071	99.232
	1	4	0.768	100.000
17.担心隐私被泄露,不太愿意积极参与	—3	334	64.107	64.107
	4	72	13.820	77.927
	3	51	9.789	87.716
	5	37	7.102	94.818
	2	19	3.647	98.464
	1	8	1.536	100.000
合计		521	100.000	100.000

表7 “从众”和“自卫”心理因素相关系数表

名 称	17.担心隐私被泄露,不太愿意积极参与	17.在评论区参与讨论时,不想引战	17.担心信息过于敏感被屏蔽,所以不想表达
17.当有和我同样想法的人时,我更有勇气参与	0.974(0.000***)	0.98(0.000***)	0.965(0.000***)

注:***、**、*分别代表1%、5%、10%的显著性水平;若呈现显著性,则说明两变量之间存在相关性,反之,则两变量之间不存在相关性。

由此可见,在舆论监督类平台深度参与媒介治理的在校大学生们的参与积极性会受到“从众”和“自卫”这两种心理的影响。当在网络空间看到关于该事件的舆论环境与自己价值观相似时,在校大学生会增强参与网络媒介治理的积极性。但如果该事件发展进程或舆论走向令参与者本人感受到不确定性或风险性时,这种临时产生的积极性又会被大打折扣。尽管通过网络平台参与媒介治理与讨论的成本很低,但相对而言,在校大学生更看重的还是个人的信息安全,他们对因参与网络媒介治理招致的网络对生活的介入和打扰,保持着谨小慎微和避而远之的态度。

五、建议讨论

通过问卷调查和深入访谈,我们从主客观角度对在校大学生认知和参与网络媒介治理的情况多有了解。不仅在认知和参与程度方面得到了可视化的详细数据,也进而挖掘出当下在校大学生关于认知和参与网络媒介治理的真实想法。在校大学生作为青年代表和国家的未来人才储备军却对媒介治理的认知不深,参与程度不积极,这一现象并不乐观,值得引起注意。他们往往只有在某一社会突发事件产生时,或是需要独自面临与自我息息相关的问题时,才会对媒介治理的方式途径有所了解,在短暂的参与中对相关概念有所认知。其中,大部分参与者会选择在舆论监督类平台以舆论讨论的形式参与治理,只有少部分人会选择在政务服务类或社会服务类平台独自直面问题,深入事件内部参与社会治理。在参与过程中,情绪的强弱与参与积极性呈现正相关的关系,从众心理和自卫心理也对参与动机有着明显的影响,且两种心理有着相互作用的效果。

当然,在这些被调查者和受访者之中,也不乏对媒介治理的认知和参与表现积极的人。结合表现积极与消极这两种人的客观情况和主观感受,我们关于在校大学生对媒介治理认知和参与程度较低的原因,以及改善这一现状的建议也渐渐有了答案。

首先,政务和社会服务类平台需要内外兼修——既要做好自身的平台建设和机制运作,也要放下身段、主动宣传。在大学生群体中,政务服务类和社会服务类平台的认知与参与度远不及舆论监督类平台高,很多受访者表示,这一方面与平台内部自身的建设有关,另一方面是对外推广做得不够到位。

其一,平台自身需要在软件开发、工作效率、服务精神等方面做努力。社会服务类平台尤其要在功能建设上尽量做到最大兼容,使用户体验到平台的便捷度和耐用度,增强用户黏性。正如某受访者所说,“舆论监督类平台有社交属性,除了舆论治理还有很多日常功能,如果社会服务类也能通过一个 App 参与进来,渐渐渗透,可能会有更多人关注到这方面”。当平台功能逐渐完善,服务质量和治理效率也切实提高后,受众对平台的依赖和信任会随之增强。

其二,平台在宣传和推广工作中需要全面布局同时也要精准施策。拓宽宣传途径,多端投送,因时因地制宜,提高平台开发产品的曝光度和辨识度。如果不在宣传中主动出击,难免要造成好产品无人知、好渠道无人用的尴尬局面,甚至造成资源浪费。表面上看,官方机构在通过媒介融合的手段努力为群众参与媒介治理牵线搭桥,实则并没有起到良好的促进群众参与媒介治理的效果。因此,政务和社会服务类平台"应注重社会治理与舆论引导融合,媒体产品与传播渠道融合"①,以有效的媒介融合成果促进群众参与媒介治理。

其三,政务和社会服务类平台可以主动与高校、社区等基层组织展开合作,策划线下科普活动,实现联动效应。在策划内容时,需要结合时代特色和网络特点,用更多年轻人喜闻乐见的形式,让官方严正的内容以更生动可爱、亲切鲜活的形象植根于广大青年群众心中。

其次,媒介治理也需要走进课堂。多位受访者认为自己在校园内接触并了解媒介治理的机会较少,政治类公共课教师也很少向学生们普及。有受访者表示:"提高不是一个人的事儿,还要有学校和家庭的引导。比如反诈这件事就联合了很多学校,办了一些讲座,张贴宣传海报。我觉得媒介治理意识的培养也可以从校园、课堂中慢慢建立。"在校大学生如果可以在高等教育中享受到"媒介治理"相关教育资源的引入和培养,通过选修课、讲座、宣讲会、社团活动等多种渠道了解媒介治理,媒介治理的参与群体又将会新增许多青年力量,媒介善治的良性社会氛围也会逐渐增强。

最后,在校大学生更需要提升个人的社会责任意识和心理素养,可以在以下方面自我学习和主动提高。其一,需要主动克服逃避心理,培养独立意识,逐渐完成从学生到就业人士的身份转变,适应从校园到社会的环境转换,敢于独立面对社会问题,勇于担当社会责任。其二,需要增强法律学习,善于总结经验和教训,用法律知识和社会经验武装头脑、自我保护,并在知法守法的前提下主动参与社会治理。其三,需要增强个人在社会中的参与意识和责任意识,强化群众是媒介治理中重要参与者的自我身份认同,充分行使群众的监督权利,共同建设和谐社会。

群众参与媒介治理虽不能在政策文件拟定、社会事态发展等重要环节中起到决定性的作用,但其发挥的舆论和监督作用却可以形成不可小觑的推动力量。当前,在校大学生对媒介治理的认知度和参与度并未达到十分高涨的程度。诚然,进步和发展难以一蹴而就,认知度和参与度的提高更不能仅靠一家之力。群众参与媒介治理牵涉到

---

① 周孟杰.浏阳模式:县级融媒体中心的理论逻辑、现实问题与治理向度[J].青年记者,2022(8):71-73.

许多主体,平台和参与者之间的良性互动是维系群众参与媒介治理积极性的关键,大学生的参与主动性也和高校的培养密切相关。

〔付晓光,中国传媒大学电视学院教授,博士生导师;黄聪,中国传媒大学电视学院2021级广播电视专业硕士研究生〕

〔特约编辑:涂凌波〕

原初内涵与现实价值:哈拉维"赛博格"的概念史研究

Original Connotation and Realistic Inspiration: A Study of Conceptual History on Donna Haraway's "Cyborg"

◎肖 伟
Xiao Wei

摘要:本文基于概念史方法重读唐娜·哈拉维的《赛博格宣言》,发现其"赛博格"概念以"控制生物体""又是动物又是机器"为核心,同时具有"边界崩溃""混杂""无所不在""不可见性"等内涵特征。这些论述为打破西方世界长期以来固化的二元认知提供了思想工具。哈拉维在女性主义改造目的和科学客观观察之间保持了一定的平衡,使该概念具有长期广泛的适用性。从《宣言》发表近四十年来的公共话语大致可见,概念定义者和使用公众之间对"赛博格"的理解形成了明显分歧。在"元宇宙"、人工智能话题引发新一轮人类生命与技术走向讨论热潮的语境下,重新发掘哈拉维"赛博格"概念的内涵和理论价值,对媒介社会的建构无疑具有启示意义。

关键词:唐娜·哈拉维;《赛博格宣言》;赛博格;内涵;媒介社会

Abstract: Based on the conceptual history method, this paper re-reads Donna Haraway's *A Cyborg Manifesto* and finds that her cyborg concept is centered on "cybernetic organisms", "hybrid of machine and organism", and also has connotations such as "boundary breakdowns", "hybrid", "ubiquity" and "invisibility". These arguments provide a thought tool for breaking the long-term rigid dualistic cognition in the western world. Haraway maintained a certain balance between the urgent purpose of feminist transformation and the objective observation of science, which gives the concept a wide and long-term vitality. It can be seen from the publication of *Manifesto* over the past 40 years that there has been a clear divergence in the understanding of "Cyborg" between

Haraway and those who use it. In the context of a new wave of discussion on the trend of human life and technology triggered by the discourse of "metaverse" and artificial intelligence, reexploring the connotation of Haraway's concept and confirming its theoretical value will undoubtedly have enlightenment significance for the construction of media society.

Keywords: Donna Haraway, *A Cyborg Manifesto*, cyborg, connotation, media society

一、引言

当"元宇宙"与 ChatGPT 话题在学术话语和实践话语中都被热烈讨论时，曾经被广泛用来描述技术与人类身体关系的"赛博格"(cyborg)概念遭遇到了一个尴尬时刻。有学者认为元宇宙正是"赛博格人类"的生存境况，唐娜·哈拉维曾提出三重边界的崩溃，"突破了时空的限定来到我们每个人的面前"。① 有学者认为元宇宙方向下，赛博格化的身体会进一步嵌入信息网络中，形成"身联网"。② 但更多的元宇宙和人工智能研究中，学者们并不将这些概念与赛博格加以关联。其中隐含了一种意味：有了更"高级"的虚拟世界、赋能工具，"赛博格"概念或许已经可以被抛弃。这种关注差异为存在已久的赛博格研究提供了一个动态的激发点：以网络社会为现实语境，回望"赛博格"概念的产生与发展，发掘其在当下的理论价值。这不仅是赛博格学术史研究的应有之义，也将能为探讨元宇宙、AI 等新媒介的应用与发展提供参考。

要研究"赛博格"概念，唐娜·哈拉维(Donna Haraway，1944—)是一个绕不过去的人物。哈拉维是当代西方著名的跨学科学者，她最有名的作品就是 1985 年发表于《社会主义评论》(*Socialist Review*)的《赛博格宣言：20 世纪 80 年代的科学、技术和社会主义—女性主义》(*A Manifesto for Cyborgs: Science, Technology, and Socialist Feminism in the 1980s*，下文简称《宣言》)。该论文后来被收录到她的《类人猿、赛博格和女人——自然的重塑》(*Simians, Cyborgs, and Women: The Reinvention of Nature*)、《哈拉维读本》(*The Haraway Reader*)等书中，并被媒体广泛传播。哈拉维的论说在"赛博格"概念的发展史中打上了鲜明烙印。

---

① 胡泳，刘纯懿."元宇宙社会"：话语之外的内在潜能与变革影响[J].南京社会科学，2022(1)：106-116.

② 彭兰.虚实混融：元宇宙中的空间与身体[J].新闻大学，2022(6)：1-18，119.

在 Web of Science 数据库中,以“Haraway and Cyborg”进行搜索,可查得外文文献 206 篇(截至 2022 年 10 月 20 日)。其中 2017 年以来的文献数量明显增加,共有 117 篇,在全部论文中占比为 56.8%。这些文献的学科领域分布广泛,以文学、人文艺术、社会科学、女性研究、传播研究、文化研究、哲学等领域为多。由此可见,哈拉维的赛博格论说较以往更为学者们所关注。在国内,近年李建会、金惠敏、阮云星、欧阳灿灿等学者也专门撰文,就《宣言》中的概念表述、主要内容、思想、社会效应等展开介绍和拓展分析。研究者们普遍将哈拉维的赛博格概念与“后人类”做密切关联,同时注意到其概念意指的混乱,但将哈拉维的赛博格概念置于网络社会的现实语境下,就《宣言》进行专文分析的,尚不多见。

有鉴于此,本文尝试以概念史的视角切入研究,对《宣言》展开重新细读。[①] 概念史主要围绕概念—词语—事物讨论问题,以借助概念理解历史。该进路关注具有关键意义的、浓缩的词语,并以此为依托去解读其在特定语境中的概念化过程,研究特定词语之历时意义嬗变的连接点。从这个意义来说,概念史又优先借助历史而非定义来界定概念[②]。在概念史的提倡者看来,常见的“关键词”“观念史”等研究,都没有如概念史研究一样区分语词的内涵和运用,因而在其研究中看不到“历史”。[③] 故此可说,概念史是传播学者观察“赛博格”术语的形成、演变、运用和社会影响的重要路径,更是中国传播学者跨文化回溯该术语的来路历程,发掘其当下、本土理论价值的必要路径。作为赛博格概念史链条上的一个关键点,对哈拉维的《宣言》进行细致的概念史考察,实有必要。

展开概念史研究,“关键不在于提炼纯正的概念史方法,而是要在方法中显示概念史的丰富成效”[④]。因此,本文主要以概念史为研究进路,基于文献史料来详究《宣言》中哈拉维“赛博格”概念的原初内涵,分析、阐释其在概念史链条中的定位、转折与当下价值。研究问题具体包括:

1.在《宣言》中,哈拉维提出了什么样的“赛博格”概念?这一概念中包含了哪些特

---

① 本文选取的《宣言》版本是 1991 年出版的《类人猿、赛博格和女人——自然的重塑》(分别由 Routledge 和 Free Association Books 出版)中的第 8 章,题为《赛博格宣言:20 世纪晚期的科学、技术和社会主义女性主义》(*A Cyborg Manifesto: Science, Technology, and Socialist-Feminism in the Late Twentieth Century*)。和 1985 年的论文版本相比,1991 年版本微调了标题,包括时间表述(从“20 世纪 80 年代”改动为“20 世纪晚期”),在内文中改动了注释格式和少量语言表述,并在文章的后半段增加了若干段落。从出版时序来看,这些改动可以理解为哈拉维对赛博格主题加深思考后进行的补充。或许因为这样的原因,1991 年版本为研究者们引用较多。

② 方维规.什么是概念史[M].北京:生活·读书·新知三联书店,2020.

③ 孙江.概念、概念史与中国语境[J].史学月刊,2012(9):5-11.

④ 方维规.什么是概念史[M].北京:生活·读书·新知三联书店,2020:22.

定内涵？与之前同以“赛博格”为语言外壳的概念相比，哈拉维的“赛博格”概念承接了什么，又发生了怎样的转折与变化？

2.哈拉维为什么会提出“赛博格”概念？当时的社会现实和背景语境、哈拉维本人的学术经历和价值观，在这个概念的生成中各自起到什么作用？

3.哈拉维的“赛博格”概念提出后，为什么会触发一个迅速的概念“民主化”（被各阶层社会成员普遍运用）过程？其后，公众理解与哈拉维的原意显然出现了偏离，又透露了怎样的社会心理？

4.哈拉维的概念及相关论说，对当下中国的媒介社会建构有什么启示意义？

二、《宣言》中的“赛博格”

（一）《宣言》中“赛博格”的定义及本体所指

1960 年，曼弗雷德·克林斯（Manfred Clynes）和内森·克兰（Nathan Kline）在《赛博格与太空》一文中，提出了“Cyborg”这一术语：“为了适应新的环境，赛博格特意加入外源性成分，以扩展有机体自我调节的控制功能。”[①]这一释义一般被当作最初的“赛博格”定义。Cyborg 是二人从“控制论”（cybernetics）和“有机生物体”（organism）两词中各取前三个字母组合而成的。二人所设想的赛博格形象就是被改造后的太空宇航员。他们的实验对象——在皮下加装了药物泵的小白鼠，被称为“第一批赛博格”。

克林斯后来还撰文讨论了更高级的 II 型、III 型、IV 型和 V 型赛博格，但其基本设想都是基于对有机体的控制论理解。在其后的大众话语中，赛博格被同时理解为“机器化的人”与“人化的机器”的双重形象。到 20 世纪 80 年代，“赛博格”概念的类比倾向越来越强，[②]但较多被当作一个新潮科技词汇来使用，将其本身视作“技术化身体”的概念理解方式，并未发生本质性变化。[③]

《宣言》正发表于这一时间节点。《宣言》第一节第二段说：“赛博格是一种控制有机体，一种机器和生物体的杂合体，一种社会现实的创造物，同时也是一个虚构的创造

① CLYNES M E，KLINE N S. Cyborgs and space[J]. Astronautics，1960(9)：26-27，74-76.

② 李国栋.“赛博格”概念考辨[J].文艺理论研究，2021(5)：131-139.

③ 田秋生，李庚.传播研究中赛博格的概念史——以及“赛博格传播学”的提出[J].新闻记者，2021(12)：3-16.

物。”[①]这是哈拉维以形象列举方式给赛博格下的定义。与克林斯、克兰二人科学化的晦涩定义相比,其语言简明易懂,一方面继承了“控制有机体”的核心所指,另一方面将之扩展到了几乎无所不包的境地。事实上,在《宣言》中,哈拉维反复罗列描述了多种不同的“赛博格”,使得概念的所指在本体层面涉及多种类型。反过来说,这些所指对象就是承载哈拉维“赛博格”概念的“物质身体”(见表1)。

表1 哈拉维“赛博格”语言外壳指代的物质身体

类型	来源领域	所指	描述	举例
科幻	科幻作品,女性科幻小说	人机结合的个体	“既是动物又是机器,生活于界线模糊的自然界和工艺界”	电影《银翼杀手》中的复制人瑞奇(Richi),小说《会唱歌的船》中一个由女孩大脑和复杂机械结合而成的赛博格的意识
现实	医学	现代医学	“现代医学里也充满着赛博格,充满着有机体和机器之间的结合”	基因工程和繁殖技术
	战争	现代战争	“现代战争是一场由 C^3I [②]编码的赛博格狂欢,是命令—控制—传播—智能”	1984年一个美国国防预算高达840亿美元的项目
	人类学	有色女性	“来自对外部身体融合的综合化,也存在于她的‘生命神话’《赞米》的复杂政治历史分层中”	“反常的赛博格女性在亚洲制作芯片,在桑塔丽塔监狱旋转起舞”
	高新技术	现代机械(微电子装置)	“赛博格的无所不在和不可见性正是为什么这些阳光带的机器如此致命”	芯片、信号、电磁波、光谱
	社会运动	社会运动组织	“我喜欢把利佛莫行动组想象成一种赛博格社会,它致力于真实地转化最能强烈体现并生产出技术启示性工具的实验室,并建立一种政治形式……”	利佛莫行动组(Livermore Action Group,一个反核运动组织)
	全人类	20世纪晚期的人类	“我们都是喀迈拉,都是理论化的和拼凑而成的机器和有机体的混血儿。简而言之,我们就是赛博格。赛博格是我们的本体”	喀迈拉(chimera)
神话	希腊神话	神话怪物	“怪物总是在西方的想象中界定团体的界限”	半人马(Centaurs)、女战士(Amazons)

---

① HARAWAY D J. Simians, cyborgs, and women: the reinvention of nature[M]. London: Free Association Books, 1991:149.

② C^3I 指“指令—控制—交流—情报”(command-control-communication-intelligence),是运用系统工程的理论和方法,对军事指挥、控制、通信、情报系统进行开发和管理的技术

“哈拉维从幻想文学中汲取的素材和她从学术源头汲取的一样多。”①哈拉维不仅提出了新旧所指混杂的定义，也通过概念为诸种现实或虚幻的事物重新“具形”，即将它们命名为“赛博格”。以“喀迈拉”为例，其本是希腊神话中狮头、羊身、蛇尾的吐火怪物，后被引申为荒诞不经的妄想或由奇形怪状的、不相干的部分组成的怪物。② 在重新命名的过程中，这些事物的语义、内涵也被纳入“赛博格”之中。

（二）哈拉维“赛博格”概念的特定内涵

当哈拉维将赛博格的所指从“半人半机械”“生化人”推广至无所不包时，“她感兴趣的不是赛博格的特例，而是赛博格的规则。”③“规则”就是赛博格所具有的共同内涵。在《宣言》中，哈拉维将例举与断言相结合，对赛博格的内涵进行了反复论说。

1.边界崩溃（boundary breakdowns）

《宣言》中说：“我的赛博格神话是有关边界的逾越、有力的融合和危险的可能性。”④哈拉维标注了三处至关重要的边界崩溃：一是人类与动物界限被彻底打破，对两者的区分愈发困难且没有必要；二是动物—人类（有机体）和机器之间界限趋于模糊；三是物质与非物质（physical and non-physical）之间的界限变得非常不明确，由信号、电磁波、光谱片段构建的微电子设备的广泛运用，改变了机械装置带给我们的体验。边界崩溃使实体无时无刻不在变化多端的因素影响下变化着，它的出现会使其自身的范畴失去意义。

2.混杂（hybrid）

跟随边界解构而来的就是物种混杂。在哈拉维看来，赛博格是一种拆分和重组，“标记出一种不安而又快乐的紧密结合”。⑤ 在人类和机器的关系中，“制造者”和“被制造的”难以区分，也分不清什么是心智、什么是身体。⑥

---

① 迈尔逊.哈拉维与基因改良食品[M].李建会，苏湛，译.北京：北京大学出版社，2005：23.

② 李建会，苏湛.哈拉维及其“赛博格”神话[J].自然辩证法研究，2005(3)：18-22，36.

③ 迈尔逊.哈拉维与基因改良食品[M].李建会，苏湛，译.北京：北京大学出版社，2005：51-52.

④ HARAWAY D J. Simians, cyborgs, and women: the reinvention of nature[M]. London: Free Association Books, 1991：154.

⑤ HARAWAY D J. Simians, cyborgs, and women: the reinvention of nature[M]. London: Free Association Books, 1991：152.

⑥ HARAWAY D J. Simians, cyborgs, and women: the reinvention of nature[M]. London: Free Association Books, 1991：177.

麦克卢汉强调各种媒介的混种杂交,[①]将我们带入了一种与自然世界不同的技术世界。而哈拉维发展了这一观点。来自上帝之手的人体和来自人类之手的机器裹挟在一起,形成了崭新的混杂实体(hybrid entities)。"混杂"成为"赛博格"概念的核心内涵,"半人半机械"只是其外表之一。

3."无所不在"(ubiquity)和"不可见性"(invisibility)

哈拉维指出,现代机器是精巧的微电子设备或信号,无处不在而又看不见。这些"由光组成的""轻而清洁的"的机器都是不寻常的、便携的和移动的。[②] 在这里,哈拉维特别注意到了新兴的通信科学和生物学,认为它们是我们身体再造的决定性工具,"把世界转化成一个编码"[③]的共同特征,将使所有对工具控制的反抗都消失。

没有这样的现代机器,"人们不可能接近如此流动不居、既实在又模糊的状态"。正是在这样的意义上,哈拉维说赛博格"是以太(ether),是精华(quintessence)"。[④]

(三)哈拉维"赛博格"概念的视觉形象

在哈拉维之前,赛博格的视觉形象就是具体的生物—机械混合体,例如皮下装药泵的小白鼠、超人般的宇航员,还有机器人"终结者"。而在《宣言》中,哈拉维并没有重复这样的视觉形象。

《类人猿、赛博格和女人——自然的重塑》一书的封面图片(见图 1),是一个正在操作电脑键盘的人豹合体。女性人类的头与豹头相叠,胸部融合了电路板与芯片,两只手与豹爪极其相似。这个身体显然就是动物、人与机器的边界被突破后的混合体。其背后屏幕上的心脏、银河系星云、计算机的抽象界面等,宣告着一种颠覆性的新生命力量。整个图的背景仿佛黑夜星空、冰川大地,人豹混合体和屏幕飘浮于其中,暗示着世界新秩序的诞生。这幅图为布面油画,由哈拉维的长期合作者、激进主义女画家林恩·伦道夫(Lynn Randolph)绘于 1989 年。该图在书中作为内页插图再次出现,标题就是《赛博格》[⑤]。

---

① 麦克卢汉.理解媒介:论人的延伸[M].何道宽,译.南京:译林出版社,2011.

② HARAWAY D J. Simians, cyborgs, and women: the reinvention of nature[M]. London: Free Association Books, 1991:153.

③ HARAWAY D J. Simians, cyborgs, and women: the reinvention of nature[M]. London: Free Association Books, 1991:164.

④ HARAWAY D J. Simians, cyborgs, and women: the reinvention of nature[M]. London: Free Association Books, 1991:153.

⑤ HARAWAY D J. Simians, cyborgs, and women: the reinvention of nature[M]. London: Free Association Books, 1991:Plate 1.

图 1 《类人猿、赛博格和女人——自然的重塑》一书的插图

这无疑是哈拉维和艺术家为“赛博格”概念共同打造的视觉形象。它兼具具象与抽象符号,呈现出超现实、后现代的风格。通过该图,哈拉维将概念的本体所指、内涵特征做了融合表达,并使其成为一种符号化隐喻,以及对世界运行秩序的全面表征。

(四)从本体到隐喻

哈拉维的“赛博格”概念显然不仅限于本体层面。在《宣言》中,“赛博格的技术”“赛博格的视角”“赛博格的意象”“赛博格的理论”“赛博格的隐喻”“赛博格神话”等表述多次出现,因此不少研究批评哈拉维的概念“意指混乱”。但考虑到她是站在“规则”而非特例、实体的层面来展开论说的,这种所指的多层面性也就可以被理解了。

只要符合“边界崩溃”“混杂”“无所不在”“不可见性”内涵特征中的某些部分,某一事物、现象就可以在“赛博格”的符号下展开讨论。再抽象一层,只要将各种过去在现代思维模式下鲜明对立的两极模糊化、复杂化、政治化,也就可以在思维层面勾连上“赛博格”。这就是“赛博格”概念“隐喻”化的缘由。《宣言》因此被认为开启了“赛博格”概念的转义阶段,将“赛博格”作为喻体而非“技术化身体”实体的认知方式开始占据主流。[①]

科塞雷克将“民主化”(Eemokratisierung)作为衡量概念社会影响的重要范畴之一。“民主化”本意指等级制度的解体,导致政治语言和术语从社会上层走向新的阶

① 田秋生,李庚.传播研究中赛博格的概念史——以及“赛博格传播学”的提出[J].新闻记者,2021(12):3-16.

层,不再集中于少数阶层,其运用的灵活性日益增长,扩大了概念的影响范围。[①] 在宽泛的意义上可以说,《宣言》触发了"赛博格"概念迅速"民主化",使其被社会成员运用到了各种领域。与"赛博格"的原初概念相比,哈拉维《宣言》中的概念外壳未变,但注入了关联现实变化的全新内涵,加上其定义表达简明,作为隐喻便于使用,都为其"民主化"奠定了基础。

三、哈拉维"赛博格"概念的背后:客观逻辑与主观动机的平衡

哈拉维提出带有新意涵的"赛博格",其所处的"特定语境"是需要我们详究的。这个语境,既包括特定时期的社会、历史条件提供的客观基础,也包括作为言说者自己的主观动机和学术积累。哈拉维的"赛博格"概念是在这两者的交缠、平衡之下建构完成的。

(一)客观基础:科技发展与社会关系变动

"20 世纪 80 年代""20 世纪晚期"是哈拉维为"赛博格"匹配的时间。彼时,高新技术的发展为社会带来了多方面的变化。作为具有科学背景的跨学科研究者,哈拉维敏锐地观察到了这些变化。她在《宣言》中对变化的表述关涉多个层面,既包括技术本身,也包括与技术相关的社会主体、技术带来的社会经济关系与社会结构变化。

技术方面,《宣言》中列举的现代医学、现代战争、生物繁殖等"充满着赛博格"的领域,都是由高新科技所支撑的。哈拉维特别关注到当时应用渐广的生物技术以及初兴的网络通信领域,提出"通信技术和生物技术是我们身体再造的决定性工具……向我们表明了世界结构的基本转变"。[②] 从其后的发展走向来看,哈拉维的判断是相当准确的。科技的发展为哈拉维新的"赛博格"内涵提供了物质基础,也是其激活文化中已有神话和故事的触发动力。

与技术相关的社会主体方面,发明者、生产者和运用者也发生了变化。20 世纪晚期,商业全球化、技术化现象日趋明显,跨国企业、新电子产业公司、生命科技公司层出不穷。哈拉维认为,这些机构和"我们想象的组合、劳动控制系统、我们身体的医学构

---

① 方维规.什么是概念史[M].北京:生活 · 读书 · 新知三联书店,2020:169-172.

② HARAWAY D J. Simians, cyborgs, and women: the reinvention of nature[M]. London: Free Association Books, 1991:164-165.

造、色情业、劳动力国际分工和宗教福音传道”等主体，都紧紧依赖于电子学。① 信息化与资本化、全球化合流，使得全社会的各种组织都成为新技术的运用主体。

社会经济关系和社会结构方面，哈拉维在《宣言》后半段专用一节讨论了“家庭以外的‘家庭工作经济’”。这种新经济形式表现为工厂、家庭和市场在一个新范围内被整合起来②，“新的通信技术成为每个人消除‘公共生活’的基础”③。这些描述已经敏感地触碰到了信息社会中成员的工作状态变化。事实上，哈拉维认为，新技术使世界秩序和整体系统都改变了。她用“统治信息学”来观察新的社会系统，并着重在“科学和技术的社会关系”的层面对其展开讨论。

以上论述多处引用《宣言》文本中对社会现实的分析，并非将《宣言》描述本身等同于社会现实，而是为了证明，哈拉维对当时的技术基础、社会现实有着非常充分的认识和深刻理解。毋庸多言，这些分析高度把握住了20世纪晚期的科技发展、社会关系变动的重要特征。网络机器、跨国公司、家庭新经济、统治信息学等就是哈拉维“赛博格”概念的伴随概念，这与最初的“赛博格”以军备竞赛、冷战格局为伴随概念已经完全不同了。哈拉维让“赛博格”的语言外壳跟上了社会变化，将之嵌入信息社会的概念网络之中。

（二）主观动机：为女性主义社会改造提供理论工具

已有学者注意到，哈拉维对“赛博格”的关注点，是将其作为一种极具延展性的思想资源，以批判性地观照技术变革和政治生活。④ 哈拉维要批判什么？在具有新内涵的“赛博格”概念的生成过程中，哈拉维的女性主义立场是一个十分关键的动机。

哈拉维著名的三部曲——《灵长类视觉：现代科学世界中的性别、种族和自然》（*Primate Visions: Gender, Race, and Nature in the World of Modern Science*）、《类人猿、赛博格和女人——自然的重塑》、《谨慎的_见证者@第二个_千禧年、女性男人©_遇到_致癌鼠™》（*Modest_Witness@Second_Millennium. FemaleMan©_Meets_OncomouseTM*，以下简称《见证者》）中，“性别”“女性”均是标题的关键词。哈拉维本人

---

① HARAWAY D J. Simians, cyborgs, and women: the reinvention of nature[M]. London: Free Association Books, 1991:165.

② HARAWAY D J. Simians, cyborgs, and women: the reinvention of nature[M]. London: Free Association Books, 1991:166.

③ HARAWAY D J. Simians, cyborgs, and women: the reinvention of nature[M]. London: Free Association Books, 1991:168.

④ 田秋生，李庚.传播研究中赛博格的概念史——以及“赛博格传播学”的提出[J].新闻记者，2021(12):3-16.

试图用自然的(natural)和文化的(cultural)这两个概念来实现将三部曲串联在一起的目的。[①] 更深一层来看,"女性的"是这两个概念背后的元话语。女性主义立场贯穿了哈拉维的研究生涯,"赛博格"概念就是她女性主义诉求的工具。

《宣言》第一句话开宗明义:"本章[②]致力于建立一个忠诚于女性主义、社会主义、唯物主义的反讽式的政治神话。"[③]哈拉维毫不讳言自己的女性主义动机,并给出"赛博格女性主义者"(cyborg feminists)的称谓。边界崩溃带来了革命的可能,如果标准适当、编码适当,任何组件都能和其他组件连接,"被构建起来在一种共同的语言中处理信号"[④]。通信技术和生物技术是身体再造的决定性工具,"高技术促成的社会关系中种族、性别和阶级的某些重组可以使社会主义—女性主义更有效地促进政治的发展"[⑤]。新的"技术科学"是引出"赛博格"概念的现实根源,但它被哈拉维密切关联到了女性主义上。

《宣言》最后一句说:"尽管两者在旋转舞中相互制约,我还是宁愿做一个赛博格,而不是一位女神。"[⑥]将"女神"作为"赛博格"的对立概念,哈拉维用刺激性的语言和冲突张力强化了她的动机表达。她希望利用"赛博格"的"边界逾越""有力融合"和"危险可能",打破西方世界长期以来被固化的二元认知,包括生理/社会性别、人类/动物、自然/非自然等等。发出《宣言》,固然因为哈拉维敏锐地观察到了新科技与跨国资本合流给人类生命体带来的深刻变化,更是因为她希望借此促成社会主义—女性主义的文化和理论的变化。

"概念史也是语言政治,语言政治则利用概念史。"[⑦]哈拉维在表述"赛博格"概念时,犀利、偏激的语言风格是其"语言政治"密不可分的一部分。"赛博格坚决以偏心、讽刺、亲密和刚愎自用为己任。"[⑧]"我的讽刺信念即我对神明的亵渎,赛博格的形象就

---

① 李建会,苏湛.哈拉维及其"赛博格"神话[J].自然辩证法研究,2005(3):18-22,36.

② 1985年版本的《宣言》表述为"本文"。

③ HARAWAY D J. Simians, cyborgs, and women: the reinvention of nature[M]. London: Free Association Books, 1991:149.

④ HARAWAY D J. Simians, cyborgs, and women: the reinvention of nature[M]. London: Free Association Books, 1991:163.

⑤ HARAWAY D J. Simians, cyborgs, and women: the reinvention of nature[M]. London: Free Association Books, 1991:165.

⑥ HARAWAY D J. Simians, cyborgs, and women: the reinvention of nature[M]. London: Free Association Books, 1991:181.

⑦ 方维规.什么是概念史[M].北京:生活·读书·新知三联书店,2020:4.

⑧ HARAWAY D J. Simians, cyborgs, and women: the reinvention of nature[M]. London: Free Association Books, 1991:151.

处于亵渎的中心。”[①]这些狂放大胆的言辞，是哈拉维为观点交锋准备的工具与武器。标题结构仿拟马克思的《共产党宣言》，结尾喊出“宁做赛博格，不做女神”的口号，都是其语言政治的构成策略。这些语言被学者、媒体、公众反复引用，无疑也内化成了“赛博格”概念的一部分。

（三）概念建构：客观逻辑与主观动机的平衡

韦伯提倡概念内涵的起源学界定，指的不是形成过程和变化，而是理论上的起源，即对历史实在的建构。[②] 从哈拉维的学术背景来看，她的“赛博格”概念显然组合了多种理论资源：控制论、生物学、生物政治学、后现代主义、女性主义理论、社会建构主义等等。但科学哲学始终是她认识世界的首要手段。在《见证者》等后续研究中，哈拉维选择基因改良食品、致癌鼠作为“赛博格”的典型形象加以深入分析，始终以生物学/生命科学为根基。哈拉维在接受访谈、回答关于《宣言》写作的目的和动机时，坦陈所针对的语境就是美国的社会主义、女性主义及新左派运动，但同时，也包括她“作为一个生物学家的历史”。[③] 她没有因为急切的女性主义改造目的而放弃科学哲学的观察路线，而在一定程度上保持了二者的平衡。

在《宣言》中，哈拉维对这二者的关系其实是有自省的。她表示，自己的社会主义—女性主义设计的框架，是“由世界范围内与科技相联系的社会关系中重排的范围和重要性所设定的”[④]。科学技术是哈拉维的基本立足点，她的主观意图是置于客观逻辑的框架内的。

但哈拉维又说，技术决定论只是一个“由机器和有机体的重新构想所开启的思想空间”。[⑤] 在这个空间中，她最关注的还是女性主义。她强调“赛博格”具有构建起任何历史转变的可能性，首要就是针对“西方”科学和政治的传统——种族主义和男性主导的资本主义的传统。[⑥] 哈拉维从自己的特定诉求出发，将客观逻辑与主观动机合并

---

① HARAWAY D J. Simians, cyborgs, and women: the reinvention of nature[M]. London: Free Association Books, 1991:149.

② 方维规.什么是概念史[M].北京:生活·读书·新知三联书店,2020:88.

③ GANE N. When we have never been human, what is to be done? Interview with Donna Haraway[J]. Theory, culture & society, 2006(7-8):135-158.

④ HARAWAY D J. Simians, cyborgs, and women: the reinvention of nature[M]. London: Free Association Books, 1991:161.

⑤ HARAWAY D J. Simians, cyborgs, and women: the reinvention of nature[M]. London: Free Association Books, 1991:152.

⑥ HARAWAY D J. Simians, cyborgs, and women: the reinvention of nature[M]. London: Free Association Books, 1991:150.

缠绕在一起。文中多次出现的“集成电路中的女性”正是这种缠绕的产物。

有研究者认为哈拉维所持的是一种独特的“女性主义科学”思想,其“客观性居于动态的实践中”。① 笔者认为,其根源仍然脱离不了哈拉维朴素的科学思维。对于“赛博格”,哈拉维总体的态度是:在我们寻求理解自然的同时,我们也正在帮着从自然内部重塑自然。② 也因为此,在《宣言》和其后的《见证者》中,哈拉维对“赛博格”的价值评判尽管有矛盾之处,但总体上是多维、开放的,混杂了接受、反思、批评、利用、警告、好奇、愉悦等诸多理性与感性态度。平衡、开放的建构特征,使得哈拉维的“赛博格”概念在加速发展的经验世界中具有广泛长期的适用性。

四、扩散变异:公众理解与哈拉维“赛博格”概念的分歧

《宣言》发表后被广为传播,凯瑟琳·海勒 2006 年撰文称其被引用数千次,翻译为十几种语言,是 20 世纪末学术界的传奇(legend)。③ 这两个数据显然指的是正式的学术引用和翻译。那么,在公众理解中,哈拉维的“赛博格”是个怎样的概念?由于研究篇幅的限制,本文还无法对这个问题做出直接回答,只能从侧面选取几个典型样本做个案式的切片考察。样本数据有的来自直接观察,有的来自相关文献。

公众话语的切片,本文主要选择英文“维基百科”和中文“百度百科”中的“赛博格”词条。这两种网络百科全书均由网民自由参与词条编辑,前者来自全球英文网络用户,后者来自以中国大陆网民为主的全球中文用户。

维基百科中,“赛博格”词条的定义是:“赛博格是‘控制论’和‘有机体’的合成词,是一种同时拥有有机和生物机电两部分的生物。这个词是曼弗雷德·克莱因斯和内森·S. 克莱恩在 1960 年创造的。”④下方的“定义和区别”部分,专门介绍了哈拉维的《宣言》及其主要观点,包括其女性主义立场。词条的相关人物中,第一个就是哈拉维,第二、三个分别是克林斯和吉格(H.R. Giger,电影《异形》中外星生物形象的设计者)。词条中分领域列出了各类“赛博格”,包括工程学、医学、运动、艺术、车身修改、太空、认知科学、植入技术等。尽管涉及的类型非常丰富,但英文网民对“赛博格”的认知主要集中在“有形的生物与机械混合”上,如“脑机接口”“视网膜植入物”“附着在甲虫身上

① 杨艳,蔡仲.唐娜·哈拉维的女性主义技科学思想探析[J].科学技术与辩证法,2009(3):102-106.

② 迈尔逊.哈拉维与基因改良食品[M].李建会,苏湛,译.北京:北京大学出版社,2005:97.

③ HAYLES N K. Unfinished work: from cyborg to cognisphere[J]. Theory, culture & society, 2006(7-8): 159-166.

④ 资料来源:维基百科。

的机械可控无线摄像头"等。哈拉维笔下的"转基因食品"和"有色女性"等实例完全没有被提及。

百度百科中的词条名为"赛博格(机械化有机体)",引用的定义来自光明网《科幻中的女性主义书写》:"赛博格(英文:Cyborg),又称电子人、机械化人、改造人、生化人,即机械化有机体,是以无机物所构成的机器,作为有机体(包括人与其他动物在内)身体的一部分,但思考动作均由有机体控制。通常这样做的目的是借由人工科技来增加或强化生物体的能力。"①词条附带的"赛博格概述图"是身披机甲、面部被机械包裹的人形。"秒懂百科"视频给出的实例是英国的 Kevin Warwick(在自己的神经系统中植入芯片),将之称为世界上第一位电子生化人。词条中列举的"相关作品"全部都是科幻电影。在百度及微软 bing 浏览器(国际版)中搜索"赛博格"的图片,搜索结果高度相似,基本上全部是机甲战士、芯片人的科幻形象。

流行文化中,"赛博格"已经成为科幻文学和其他媒体中众所周知的一部分。20世纪 90 年代之后欧美经典"赛博格"科幻电影,主要是将"赛博格"作为"非人"的身体进行呈现与思考,想象的"赛博空间"基本上不脱离"专制"与"民主"的刻板冷战思维。②

反过来看,这些年哈拉维自己对"赛博格"的观点有无变化?在《哈拉维读本》中,哈拉维再次强调:"赛博格"不仅仅是生物意义上的肌体机能的技术改造,也是在多种学科、军事话语以及行为与进化科学—文化实践中完成的象征界改造。③ 但她已开始逐步用新的"伴生物种"概念来解释主体间的互相建构,对人类与各种物种(包括有生命的和无生命的)的伴生关系详加分析。④ 此时,"赛博格"被视为"更大的伴生物种酷儿家族中的小辈(junior siblings)"⑤。2016 年,哈拉维在新作《与忧患并存:在克苏鲁纪制造亲缘》(*Staying with the Trouble: Making Kin in the Chthulucene*)中,进一步提出"亲缘"(kin)概念。她认为人类对生态的过度侵害已经使地球系统面临崩溃,为

① 资料来源:https://baike.baidu.com/item/%E8%B5%9B%E5%8D%9A%E6%A0%BC/8622280?fr=aladdin。

② 潘汝.身体·主体·社会:20 世纪 90 年代以来欧美经典科幻电影的"赛博格"想象[J].上海交通大学学报(哲学社会科学版),2020(3):46-54.

③ HARAWAY D J. The Haraway reader[M]. New York: Routledge, 2004;哈拉维,赵文.秩序中的视像变化:灵活的策略、女性主义科学研究以及灵长类再视觉化[J].广州大学学报(社会科学版),2021(4):38-52.

④ HARAWAY D J. The companion species manifesto: dogs, people, and significant otherness[M].Chicago: Prickly Paradigm Press, 2003; HARAWAY D J. When Species Meet [M]. Minneapolis: University of Minnesota Press, 2007.

⑤ HARAWAY D J. The companion species manifesto: dogs, people, and significant otherness[M].Chicago: Prickly Paradigm Press, 2003:11.

此发明了“克苏鲁纪”名词来指代这一由各种共生性势力和力量组成的动态进程,并提议用“制造亲缘而不是婴儿!”(Make Kin Not Babies!)作为口号。在书中,她将“赛博格”重新定义为“‘二战’后的信息技术、全球化的数字身体、政治、人类和非人类的文化废弃物中被生出的亲缘”,认为它“在任何意义上都不是机器,也不是机器—生物的杂交种。事实上,它们根本不是杂交种。相反,它们是内爆的实体,浓缩的物质性符号事物”。①

这是哈拉维对自己最初“赛博格”概念的否定,还是对公众理解的纠偏?在展开进一步研究之前,下结论可能还为时过早。但基本可以肯定的是,在《宣言》近四十年的扩散过程中,哈拉维“赛博格”概念中“机器有机体”“半机械人”的表述被公众迅速接收,隐而不显的微技术和跨国资本合流控制产生的“赛博格”却少被提及呈现,相关的性别思考相对被局限于女性主义学术话语中。② “我们都是赛博格”的现状反思变成“人类是否将会变成赛博格”的科幻式想象,概念的定义者和使用公众之间形成了明显的分歧。在“作为‘技术构想’的赛博格”和“作为‘本体论反思’的赛博格”两个端点③之间,公众理解显然更匹配于前者而不是后者,掩盖了不安和焦虑的社会心理。通过讨论伴生物种及其关系,哈拉维“提出了一种代替自我中心化、他者边缘化的处理人类与非人类之间关系的新方式”④。从“赛博格”到“伴生物种”,再到“亲缘”,上述思路其实是哈拉维一以贯之的关注,但并未显著扩散至公众话语与相关实践中。

五、现实语境下哈拉维“赛博格”论说的价值何在

随着新的网络技术不断被发明和应用,新技术革命在持续、深刻地改变着世界。“元宇宙”虽然在技术上尚处于绝对初期,但社会的大规模投入已隐然有形,近两年一直是被热议的话题。新近面世的人工智能技术 ChatGPT,更以其超强的学习和应用能力引起全球轰动。更重要的是,中国人的“媒介社会”在这之前早已开启,新媒体已经全面、深入地镶嵌到了社会肌理之中。构建新一代信息技术、人工智能已成为国家推动高质量发展政策中的重要举措。那么现实语境下,“赛博格”概念是否还有存在的价值?经由前述分析可见,“赛博格”并不是一个应被抛弃的“老旧”概念,哈拉维的相

---

① HARAWAY D J. Staying with the trouble: making kin in the chthulucene[M]. Durham, London: Duke University Press, 2016:104.

② 戴雪红.科学、技术与性别的博弈:论唐娜·哈拉维女性主义认识论的当代价值[J].科学技术哲学研究,2018(2):64-69;金春枝.赛博女性主义对性别二元论的突破及其价值体现[J].求索,2012(2):67-73.

③ 阮云星,等.赛博格人类学:全球研究检视与当代范式转换[M].杭州:浙江大学出版社,2021:25.

④ 李芳芳.唐娜·哈拉维伴生关系思想研究[J].东北大学学报(社会科学版),2022(6):7-12,32.

关论说仍能给予传播研究者以启发。

首先，哈拉维的"赛博格"概念对二元论的解构、对物种间主体关系的思考，本身就是有价值的学术资源。当我们在"元宇宙"主题下对"分身""虚拟化身""第二世界"做探讨的时候，往往并未能摆脱二元论的思维惯性。"一个太少，而两个只是一种可能。"[①]面对革命性的技术变化，"赛博格"中蕴含的后现代思维是极富生命力的。尤其是，在哈拉维强调"我们都是赛博格"时，无论是在理论中还是在实践中，生物有机体都已经变成了与其他东西类似的生物系统和通信装置。"在这种基底层次上，人与动植物、细菌、细胞、人工智能算法、具有反馈调节功能的机器等各种控制论主体的基本属性都是类同的。"[②]学者彭兰将人机交流定义为"同为传播主体的人与机器之间的直接互动"[③]，也正是在此意义上提出的。

这种互动显然不仅限于人体的物质器官。楼宇烈先生将佛教中的"识"解释为感官的认识功能，眼、耳、鼻、舌、身、意六大感觉器官都有认识外在世界的功能。[④] "赛博格"视野之下，当下人与媒介之间的"意"的混杂已无比广泛。从外在来看，我们尚未被植入芯片或实现"脑机接口"，成为"生化人"式的"赛博格"。但从内在来说，当下人—媒介—内容关系的深化已使"赛博格化的身体"[⑤]无处不在。以外卖骑手为例，骑手人身被高度卷入算法主导的平台系统中，和其物质化工具(电动车、手机)共同构成了"赛博格"式的组合。哈拉维关于"赛博格"的一套分析话语，完全可以被当下的传播研究者用于对类似现象的分析。而对于新兴起或待建设的媒介，哈拉维的"赛博格"概念同样可以给主体间互动带来特殊的考察视角。例如在元宇宙、ChatGPT 场景中，主体间显然就又都到了边界崩溃与重新协商的时候了。

其次，哈拉维的"赛博格"论说关涉自然—技术—社会的各个层面。她不仅观察到新技术下主体(身体)外在/内在/混杂的变化，也密切关注了与之相关的经济模式、社会关系，以及整个社会的系统性变化。她所讨论的"家庭经济形式"，已经非常接近网络环境下劳动模式的特征了。我们不应把"赛博格"简化为"半人半机械"，而应从《宣言》中学习哈拉维的洞见和思路，将之用于新技术的思考。

---

① HARAWAY D J. Simians, cyborgs, and women: the reinvention of nature[M]. London: Free Association Books, 1991:180.

② 阮云星，等.赛博格人类学：全球研究检视与当代范式转换[M].杭州：浙江大学出版社，2021：14.

③ 江潞潞.智能交往，未来已来："激荡 AIGC"数字交往八人谈观点综述[J]. 传媒观察，2023(3)：48-54.

④ 楼宇烈.中国文化的根本精神[M].北京：中华书局，2016：97-99.

⑤ 彭兰.原点再思：新媒体时代的媒介及人—媒介—内容关系[J].当代传播，2023(1)：12-18，25.

"一种新媒介的诞生就生成一种新的社会关系和文化形态。"①更何况,"媒介社会"已不同于以往之"有媒介的社会"。媒介已经在与人体或人类融合。我们正在进入新一段的人类史,未来的社会关系将会更加剧变。ChatGPT 是平等赋能的工具,还是新一轮弃民的制造者?元宇宙的倡导者多以技术与经济叙事立足,"往往会对技术的先进性与可靠性以及创新发展的必然性作出辩护"②。对此我们该如何质疑、批评与警示?哈拉维的分析思路当是有益的示范:技术科学(包括媒介技术)是资本运行的一种方式,它不仅重塑了个体身体,而且会重塑整个社会生活。

最后,哈拉维的"赛博格"论说中贯穿了强烈的社会革新意识。她虽然是站在特定的女性主义立场来建构"赛博格"话语的,但她的根本关注仍然是"人类生命将向何处去"。哈拉维捕捉到了彼时技术给社会带来的种种变动,以新内涵的"赛博格"概念反身质询着"人类"的存在基础。学者黄旦曾说,"我们要把媒介传播和人类的生存放在一起"③。当下已经成为概念史学者所言之"过渡时代"④,迅速化使我们无法从过去的经验来推知未来。我们该怎样设计未来的新技术,建构一个怎样的媒介社会?人类该如何自处?我们该怎样回答与之相关的"人的本质是什么""人类文明的生存和未来走向"等基底问题?哈拉维"赛博格"话语中的许多立意和关联过程,毫无疑问会启发我们去探究新媒体发展进程中的社会建构。

由于研究容量和时间的限制,本研究还存在以下不足:文献之间的交叉印证还不够充分;对公众话语中"赛博格"概念应用的考察还应更加系统化,对公众理解的变异过程、变异原因的考察还应更加细致深入;哈拉维的"赛博格"概念及其推演逻辑可以怎样被有效运用于媒介社会建构不同主题的探讨中,也有待思考、研究。希望在后续研究中,这些问题能够得到进一步的探究。

〔肖伟,暨南大学新闻与传播学院副教授〕

〔特约编辑:涂凌波〕

---

① 黄旦.理解媒介的威力:重识媒介与历史[J].探索与争鸣,2022(1):142-148,180.

② 段伟文.元宇宙与数字化未来的哲学追问[J].哲学动态,2022(9):39-42,127.

③ 黄旦.新媒介与中国传播研究[J].中国社会科学评价,2019(4):15-17.

④ 孙江.跨文化的概念史研究[J].读书,2020(1):45-51.

视听传播研究

从北京冬奥会媒介技术应用看传播形态演进趋势[①]

A Study on the Trend of the Evolution of Communication Forms from the Perspective of the Media Technology Application of Olympic Winter Games Beijing

◎ 李岭涛　尹素伟

Li Lingtao　Yin Suwei

摘要：作为科技感十足的一届奥运会，北京冬奥会、冬残奥会向世界集中展示、验证了技术与传播形态演进的成果。本文通过参与式观察，深入分析了北京冬奥会的媒介技术应用实践，发现追求现场真实—生理真实—心理真实是传播形态演进的新规律；强调以受众需求为基础的技术决定作用是传播形态演进的再认识；虚拟世界与现实融合是传播形态演进的新趋势。

关键词：北京冬奥会；媒介技术应用；传播形态；演进

Abstract: With a strong sense of science and technology, Olympic Winter Games Beijing epitomizes the achievements of the evolution of technology and communication forms. Through the application practice of media technology in the Olympic Winter Games Beijing, it is found that the pursuit of on-site reality—physical reality—psychological reality is the new law of the evolution of communication forms. Emphasizing the decisive role of technology based on the needs of the audience is a new understanding of the evolution of communication forms. The fusion of virtual and real world is a new trend in the evolution of communication forms.

Keywords: Olympic Winter Games Beijing, application of media technology, transmission form, evolution

---

① 本文系国家社会科学基金重大项目“智能化背景下全媒体传播体系建设的理论与实践路径研究”(项目编号：20ZDA058)阶段性成果。

国际奥委会主席巴赫强调,“科技的潜力令人惊叹,北京冬奥会在奥运会历史上第一次真正挖掘了这种潜力”①。正是在这种科技力量的推动下,北京冬奥会不仅兑现了对国际社会奉献一届“简约、安全、精彩”奥运盛会的庄严承诺,而且“赛事吸引了全球数十亿观众观赛,成为收视率最高的一届冬奥会”②,使传播形态演进达到了空前的历史高度和阶段。媒介技术在北京冬奥会中的应用激发了传播形态演进的新动力,昭示了传播形态演进的新趋势。

一、北京冬奥会媒介技术应用揭示传播形态演进新规律:心理真实

传播形态一直不断演进是不以人的意志为转移的客观规律,对此业界和学界都没有分歧。难以统一的是,传播形态演进的核心是什么,是人们需求推动还是技术变革拉动?北京冬奥会媒介技术应用的成果显示,满足了人们不断增长、变化的需求是传播形态演进的根本目的和动力源泉,技术变革是满足人们需求的工具和手段,传播形态的内在技术逻辑与人们感官的生理原理呈现越来越接近的趋势。

传播活动形态演进经历了一个从简单到复杂、从低级到高级的过程,由于技术条件的限制,曾一度因“信息流动不通畅、信息传输不及时、连接点位不够多、画面反映不真实、声音还原不到位等多方面的质量问题而广受诟病”③。在技术和媒体高度发达的时代,这种情况正在发生改变,传播活动的本质正在体现为一种把现实社会的场景复制到虚拟世界的场景转移。场景转移的核心和对象是现场,它需要处理的关键是现场与受众之间的作用关系。传播活动的最高境界是受众能够亲临现场,这是由受众从生理到心理的需求所决定的。在现场人们所受到的是眼耳口鼻舌等全感官的刺激,这种刺激是全息和全程的,受众首先产生生理反应,然后由生理反应诱发心理波动,最终因生理和心理交织作用而带来错综复杂的体验,从而满足受众生理和心理上的需求。但是能到现场的受众毕竟是少数,在北京冬奥会期间因为疫情原因能到现场的受众更是少之又少。场景转移首先要做到现场真实。现场真实是指现场所有要素、成分和关系等在场景转移后的真实,受众在现场所有能够看得见、摸得着的事物在场景转移后要保留原汁原味。北京冬奥会全面引入了5G、超高清和三维声技术,最大限度地保证

① 人民日报-和音.“科技冬奥”展现共创美好未来的力量[N].人民日报,2022-02-15.

② 习近平.在北京冬奥会、冬残奥会总结表彰大会上的讲话[EB/OL].(2022-04-08)[2023-03-01].http://www.gov.cn/xinwen/2022-04/08/content_5684205.htm.

③ 李岭涛.专访北体大李岭涛:以用户为中心,推进科技与人文共舞[EB/OL].(2021-07-12)[2023-03-01].https://m.c114.com.cn/w16-1167623.html.

现场真实。咪咕视频在北京冬奥会直播中专门开设了现场原声频道，首个比赛日中国混双冰壶组合凌智、范苏圆在战胜夺冠热门瑞士组合过程中因高声助威、大声商量战术而受到全国受众的热捧，咪咕视频迅速把现场原声频道的名字改为了“喊多大声，戳这里”，在跳台滑雪的比赛中，现场原声频道又改名成了“嗖！选手在飞”，让受众从现场原声频道颇具冰雪项目特点的名字就能感受到比赛现场的热烈氛围。[①]

从传播活动的目的来看，现场真实只是途径和渠道，它必须要与受众发生关系才有意义。因此，现场真实的目的是使受众通过场景转移后与现场一模一样的环境、氛围感受到与在现场毫无二致的生理刺激，这是生理真实；使受众进而产生与在现场如出一辙的心理感应，这是心理真实。因此，从现场到现场真实到生理真实再到心理真实，是传播活动的内在逻辑主线，也是技术变革作用于传播活动应遵循的逻辑和规律。传播形态的演进历程，就是现场、生理和心理从不真实到真实、从局部真实到全部真实的过程，就是从离真实较远到无限接近真实的过程。虚拟现实或能呈现具身体验效果的其他媒介技术的应用让现场与场景转移的生理真实、心理真实越来越接近。虚拟现实一词的创始人杰伦·拉尼尔提出，虚拟现实在本质上是人对世界体验的再现，网络空间哲学家迈克尔·海姆以七大特征来阐述虚拟现实的本质：“模拟性、交互作用、人工性、沉浸性、遥在、全身沉浸和网络通信，”[②]与生理、心理需求形成原理的贴近性让虚拟现实技术在获得生理真实与心理真实上具有得天独厚的优势。在北京冬奥会期间，虚拟现实技术得到广泛应用。如“自由视角”技术可以让普通观众不穿戴任何辅助装备，而是通过手指滑动移动终端屏幕，便可全方位掌控比赛过程中的全部细节，领略前所未有的“观赛自由”。这种画面不仅可以通过算法直接渲染出来，还可以通过比赛现场环绕的多个摄像机位实时从多个不同角度捕捉到运动轨迹数据，然后利用云端计算能力进行高速重构，对定格的画面进行多角度全方位地回放，形成360度旋转回看的视觉效果，俗称“子弹时间”。总而言之，北京冬奥会媒介技术应用在更高层次上突破了人们对人类延展性的想象，浸沉感、交互性和构想性凸显的沉浸式体验、虚拟世界等赛博化词语和多模态感知信息环境逐渐成为现实，在满足受众需求的同时也使得受众不断产生新的需求，人们对“超越耳闻目睹的生物极限”的追求永远在路上，对完美技术的需求一直在丰富和增长，多模态传播的形式外化、现实呈现成为未来传播形态

① “为了听不到的你”，咪咕视频智能字幕暖心陪伴看冬奥[EB/OL].(2022-02-07)[2023-03-01].https://www.sohu.com/a/521135803_121304487.

② 海姆.从界面到网络空间：虚拟实在的形而上学[M].金吾伦，刘钢，译.上海：上海科技教育出版社，2000：111-132.

演进的关键要素。

二、北京冬奥会媒介技术应用启发传播形态演进再认识:技术决定

技术变革"以一种超越对它的控制的内部必然性继续自己的道路,创造出越来越多令人惊奇的知识和控制力量"[①]。北京冬奥会媒介技术应用的成果证明,在把满足受众需求作为自己的出发点和落脚点的前提下,技术变革深度影响着传播形态演进的进程,在传播模式创新中越来越起着决定作用。

长久以来,莫衷一是的论争传统使得技术变革在传播形态演进中的定位、角色和作用早已论题化。从麦克卢汉"人的延伸"中,我们看到了中枢系统的延伸对个人或社会系统所带来的终极挑战,学界对自主性技术、技术控制、技术漂迁等问题的探讨显示了我们对技术井喷式涌现的恐慌。尽管在哲学社科视阈下对技术变革与传播形态演进的关系仍言人人殊,但技术对我们的现在、未来甚至过去正在发生越来越深刻的作用,这已经成为不争的事实。20 世纪中叶以来,在现代技术的驱使下,技术控制主义(Technological appropriateness)理念呈强化趋势,它既不像技术无政府无主义(Technological Anarchy)思潮那样仅仅将技术视为一种猎取财富、驯服自然的工具,也不像技术乐观主义(Technophilla)或技术悲观主义(Technophobia)那样极端地成为技术的拥趸或一味排斥大规模技术的应用,而是在尊重自然内在价值的基础上,认为合理、适度的技术运用可以促进人的发展。"一部人类文明发展史,就是一部信息传播变革史;技术变革驱动着传播变革,重大的技术变革可以造就新的信息传播机制;信息传播机制的改变可能导致传播范式的转变"[②],进而推动传播形态演进进入新的发展阶段。

与理论上的逻辑推导相比,实践对技术变革在传播形态演进中决定作用的验证要困难得多。尽管 5G、人工智能、虚拟现实等颠覆性媒介技术应用日趋成熟,使得在一定时间单位内的信息处理数量不断增加,但随着技术朝着综合性和复合性的方向发展,技术正以一种最可能把握历史过程的角色参与社会生活,技术发展的深度和广度超过了大部分人或整个社会系统的适应能力。在传播活动与物质活动之间的界限逐渐消弭的大背景下,技术与社会系统的关系必然映射到媒介技术与传播形态演进的关

---

① 加达默尔.哲学解释学[M].夏镇平,宋建平,译.上海:上海译文出版社,2004:10.

② 方兴东,严峰,徐忠良.5G 驱动下的社会变革、风险特性与治理对策:基于互联网 50 年技术演进历程与传播机制变革[J].新疆师范大学学报(哲学社会科学版),2021,42(2):52.

系上。也就是说，媒介技术的应用不是独立的，而是需要以整个社会的科技发展作为基础，虽然媒介技术在本体上已完成更新迭代，但由于通信技术等的基座作用严重不足，媒介技术基本只能以一种小范围集成的方式对传播形态演进施加影响，而难以完成大范围、多数量、深层次、高质量的规模化媒介技术集成，因此传播形态演进长期处于量的积累状态，一直悬置于理论层面而难以在实践层面实现真正意义上的颠覆。

国务院印发的《“十四五”数字经济发展规划》明确指出，“要加快建设信息网络基础设施，建设高速泛在、天地一体、云网融合、智能敏捷、绿色低碳、安全可控的智能化综合性数字信息基础设施”[①]。全社会层面新型基础设施建设的大力推进，为媒介技术的应用推广和传播形态演进提供了重大基座意义的科技支撑。打牢信息传播的技术基础，有利于发挥在通信能力、“全球全域的宽带互联网”、不同网络不同空间维度上融合传播的优势，建立可靠、灵活、高效的融合网络架构，从而有效、高效地利用科学技术加快社会发展的速度、提高社会发展的质量。由此可见，新基建夯实了我国未来传播形态变革的底层架构，成为驱动传播形态变革的决定力量，这代表着我国媒介技术研发与应用从“跟跑”“并跑”向“领跑”的质变。

正是基于我国强大的科技实力，基于我国坚实的媒介技术发展，北京冬奥会成为媒介技术的超级试验场，在传播形态演进的历史进程中达到了媒介技术应用的新巅峰。“在北京冬奥会转播实施中几乎所有项目都有新技术的应用。北京冬奥会全部赛事公共信号达到 1,000 小时，整个冬奥会报道内容超过 6,000 小时，与 2018 年平昌冬奥会的 5,600 小时相比，转播制作的内容时间增加了 7%以上，成为历届冬奥会转播之最。北京冬奥会以全 4K＋HDR 制作和主干系统 IP 化，连接所有场馆的 UHD 信号汇聚网络和传输链路，基于‘内容＋’的社交新媒体和直播流媒体的服务支持，提供 8K 虚拟现实信号直播及 AI 智能内容生产等视频制作服务，全面采用 5.1.4 沉浸式全景声音频制作技术，基于 5G 和云技术的转播制作与信号分发等，都客观地体现出北京冬奥会转播创新一系列积极实践的重要成果，正在创造着奥运转播史一个新的里程碑，将使我们可以清晰认识并主动把握奥运会电视转播的发展走向和未来趋势。”[②]由此可见，北京冬奥会全场域、全空间、全视角验证了关于媒介技术与传播形态演进的种种观点、理论和预测，以前所未有的广度、深度、高度和角度让全世界都直接、直观、真

① 国务院.国务院关于印发“十四五”数字经济发展规划的通知[EB/OL].(2021-12-12)[2023-03-01].http://www.gov.cn/zhengce/content/2022-01/12/content_5667817.htm.

② 韩强.科技冬奥与转播创新：兼论北京冬奥会对体育赛事转播的未来影响[J].中国广播电视学刊，2022(4)：18-23.

切地感受到了技术变革对传播形态演进各个环节、各个方面、各个层面的决定作用。

需要再次强调的是,技术是通过满足受众需求实现传播形态演进的工具和手段,而不是传播形态演进的目的。要坚决反对离开受众需求讨论技术在传播形态演进中的角色和作用,坚决反对为技术而技术、把手段当目的的技术决定论的观点、原则和方法。

三、北京冬奥会媒介技术应用彰显传播形态演进新趋势:虚实一体

从传播形态的演进历程可以发现,以往的演进都是在现实社会中进行的,而且没有超出人类的常识认知范畴和能力。从北京冬奥会媒介技术应用成果来看,现在及今后的传播形态演进已经远远超越了人们的传统时空认知,即虚拟世界与现实社会不断加速的融合成为传播形态演进的主题和主线。这种演进既是虚拟世界与现实社会日益合二为一的结果,又是二者愈发一体化的重要推手和强劲助力器。尽管这种趋势近几年已经萌芽,但北京冬奥会媒介技术应用让人们对它有了更加强烈、更加直接的获得感和体验感。

(一)场景转移:受众主体性由局部到完整

受众是传播活动所有行为、逻辑的出发点和落脚点,受众的主体性作用是传播形态演变的核心和基础性规律。在现实社会中,传播活动的受众主体性逐渐得到重视和挖掘,它主要表现为受众要成为从传播活动决策到具体传播活动实施到传播效果评价再到传播收益分配整个过程的主体。在虚拟世界与现实社会融合的背景下,传播活动通过场景转移把现实社会中的现场和场景转移到虚拟世界,与单纯现实社会中的传播活动相比链条被大大拉长,内涵和外延更加丰富。这必然造成传播活动的受众主体性要复杂得多,它不仅包含在现实社会的所有内涵,还与传播活动从现实社会到虚拟世界的过程相对应;在虚拟世界衍生出新的内容,这与现实社会的现场和场景被转移到虚拟世界后其对应物的活动相对应。在新的环境和条件下,原有概念下的受众主体性只能作为现有概念下受众主体性的局部或部分而存在,虚拟世界与现实社会的融合让受众主体性逐渐摆脱局部化的地位而以完整面貌昭告天下。由于虚拟世界的形成是一个由简单到复杂的渐进过程,现实社会在虚拟世界中对应物与受众的关系也经历了由单向到双向甚至多向的过程。在初期的虚拟世界中,受众只是对应物活动的旁观者和被动接受者;而随着虚拟世界与现实社会融合的速度加快,受众不再甘于原有角色,

而是希望成为对应物活动的参与者和干预者，希望自己的主体性得到充分尊重和发挥。

新的媒介技术在北京冬奥会中的应用处处体现出传播形态演进中受众主体性由局部到整体的变化。在开幕式的“雪花”篇章中，600多名手拿和平鸽的儿童在一万平方米的超大地屏上演绎了一场与雪花追逐、嬉戏的故事，带领受众一起进入浪漫而温馨的世界。“本篇章是科技巅峰之作。我们所看到的每个孩子脚下的雪花就是实时交互技术所创造出来的。同时对600多个人采用实时捕捉技术，这是全球首次呈现。”① 在开幕后的第三天，国际奥委会主席巴赫“现身”北京新闻中心云聚全息舱，向远在上海的阿里巴巴董事会主席兼首席执行官张勇隔空赠送北京2022冬奥会火炬“飞扬”，并一起向大家拜年。② “现代技术已经不满足于重写人类的理性(及其价值)的光谱，而是直接介入人类感官性层面的修改和再造”③，阿里云的视频云音视频通信平台(Real-Time Communication，RTC)和全球实时传输网络技术把虚拟世界与现实社会融合背景下传播活动的复杂性展现得淋漓尽致。在上述传播活动中，以“第一人称”实现的虚拟“在场”和现实世界毫无二致，600多名儿童、巴赫和张勇在虚拟世界中既扮演传者、受众的角色，又扮演信息缔造者和生产者的角色；他们既要接受传播活动的作用力，又要对传播活动施加反作用力。他们的这种角色和作用很容易在虚拟世界中形成主体意识和获得主体性认同。

北京冬奥会媒介技术应用实践对于传播形态演进中受众主体性的完整化意义重大，它深化了对受众主体性完整化的认识。“随着生物技术，特别是神经技术和基因技术的发展，问题已经不仅在于我们以何种身体和片段表现自己，并在其中发挥作用，而且还在于我们在生物领域想要实现何种身体图像”④，以音视频及感官中介系统构筑的虚拟世界将是受众主体性增强与延伸的一维空间。虚拟世界与现实社会的融合使传播形态演进由相对简单的受众与现场的互动向愈发复杂的现场与受众、现场与其在虚拟世界对应物、受众与现场在虚拟世界对应物之间的多向、多维互动转变，受众的主体性贯穿整个互动的全流程。人们对传统意义上生命体概念的认知由此而改变，在虚拟场景中的个体将与它在现实社会中的对应人物一样拥有生命，“他们”将拥有改变传播活动中任何细节的能力，有权力决定传播活动朝任何方向展开叙事，“他们”能够使

---

① 郑芋.北京冬奥会开幕式上的白鸽与“雪花”[N].中国文化报，2022-02-17.

② 国际奥委会主席巴赫携手阿里巴巴张勇云上拜年 赞叹数字化奥运前所未有[EB/OL].(2022-02-06)[2023-03-01].https://www.chinanews.com.cn/m/business/2022/02-06/9669649.shtml.

③ 林秀琴.后人类主义、主体性重构与技术政治：人与技术关系的再续[J].文艺理论研究，2020(4)：162.

④ 克莱默尔.传媒、计算机、实在性[M].孙和平，译.北京：中国社会科学出版社，2008：138.

任何在现实生活中想象的事物、场景,无论多么昂贵或多么危险,都可以在虚拟世界中得以实现。这将促使形成受众主体性由现实社会到虚拟世界的闭环,实现受众主体性由局部到完整的圆满。

(二)思维转向:时空压缩与扩展

随着社会节奏的加快和社会复杂程度的加剧,传统的时空概念和逻辑成为人全面发展、社会跨越式发展的制约和束缚。从时间范畴看,技术进步让时间更具弹性,让时间获得了更多维的拓展空间。伯特兰·阿瑟·威廉·罗素(Bertrand Arthur William Russell)的"过去、现在和未来并不属于时间,只属于我们的认知主体"的观点不再仅仅是纸上谈兵,技术的发展可以让任何时间线上的事物在主体意识中自然融合。从空间范畴看,由信息技术推动的以"互联""数字"为核心的第三次传播革命加速了"生存空间"向现实与虚拟融合的世界过渡,未来传播形态演进空间中的社会关系拓展为"线上+线下"的模式,而且传统的以"线下"模式为主的"生存空间"遭到极大的挤压,而以"线上"模式为主的"生存空间"构筑起较为牢固的社会关系网络。为了释放发展活力,征服时间、征服空间的对立统一过程成为传播形态演进的重要内容,时空的压缩和扩展成为传播形态演进的重要特征和路径。从时空本身的意义看,一方面传播形态演进通过"使时间空间化"(即"存在"),使受众花费在跨越空间上的时间急剧缩短,以至于感到现存就是全部的存在;另一方面"通过时间消灭空间"(即"形成"),使空间收缩成了一个"地球村",导致受众在经济上和生态上的依赖依存度大大加深,从而获得了时空压缩的效果。① 从时空对受众的意义看,一方面,虚拟世界日益活跃,虚拟世界与现实社会的融合速度加快,虚拟世界空间与现实社会空间的分化与融合、虚拟世界缺场交往及其对现场交往的导引、超越时空边界的知识和经验传授等时空范围和时空形式的无限扩张,形成了传播形态演进过程中展开式的时空扩展;另一方面,虚拟世界与现实社会的融合推动了时空内容日渐丰富,时空结构日益发育,时空活力持续增强,时空变化速率也不断加快,从而形成了传播形态演进中压缩式的时空扩展。②

作为超大型的媒介传播事件,北京冬奥会在各种媒介技术的加持下,让全世界的受众集中、直接、全面、深度感受到了"幻影移形"般的时空压缩与扩展,使麦克卢汉的"地球村"和约书亚·梅洛维茨(Joshua Meyrowitz)的"消失的地域"由空间想象变成了时空现实。"北京冬奥会核心信息系统实现100%'上云',成为百年奥运史上第一

---

① 哈维.后现代的状况[M].阎嘉,译.北京:商务印书馆,2003.

② 刘少杰.中国网络社会的发展历程与时空扩展[J].江苏社会科学,2018(6):24-25.

个‘云上奥运’”[①]，“云上奥运”的推出真正让世界各地的受众感受到天涯若比邻的新奇。大量 VR（虚拟现实）、AR（增强现实）和 MR（混合现实）等技术在北京冬奥会的落地应用，使受众与运动员、受众与受众之间的交往空间从“面对面”拓展到网络；各大平台“将物理世界作为数据加以组织”[②]，把由媒介技术创造的虚拟运动场景与冰丝带、雪如意、雪游龙等实体的运动场馆空间合二为一。冬奥结束后，受众还可以通过 HMD（Head Mounted Display，头戴式显示器）沉浸式回放赛事全程。可以说，在北京冬奥会的传播场景中，受众更加沉浸在“加速”社会中，空间或被压缩或被扩展，时间被加速。

北京冬奥会媒介技术应用实践对于传播形态演进中的时空转向意义深远，它使得人们对时空压缩与扩展的形态、路径、结果等有了进一步的认知。对于空间而言，从表面来看技术让传播形态演进的“空间”从一维向多维增长，但究其根本，这是传播形态演进关系复杂化的一种表现形式。在媒介技术不断重塑传播格局的进程中，被时间“消灭”的空间、身体“不在场”的空间、公共化与私人化互动相融的空间逐步颠覆传播形态演进传统的空间关系格局。[③] 因此，充分、有效地开发利用空间资源是传播形态演进中多维空间融合的前提条件之一。对于时间而言，技术“不仅使得计时工具变得多样化和便捷化，而且还让人们获取时间的方式变得更为多元和复杂化”[④]，由此传播形态演进中的精彩得以留存，历史得以重复，时间在多维时空得以延展，技术成为增加个人生命厚度的“工具”，从而赋予单位时间内的高纬价值。所以，“玩转”时间是传播形态演进中多维空间融合的另一个前提条件。

（三）技术自觉：技术与传播活动的界限消弭

认知程度和水平决定了对技术的应用程度和水平。对技术的认知经历了从最初将技术理解为“手段”“技能”到“工具”以及“各种手段、工具的总和”，到不仅从物质层面上来看待技术，再到开始考虑技术的文化本质，从人的生命根基来阐释技术的本质，逐渐深入技术问题的深层结构[⑤]，由此形成了技术应用、技术与传播形态演进互动关系的不同阶段。在技术自在时期，受众对技术处于被动认知阶段，多为对工艺技巧的

---

① 韩叙.“云上冬奥”改变了什么[EB/OL].(2022-02-16)[2013-03-01].http://www.ce.cn/xwzx/gnsz/gdxw/202202/16/t20220216_37331806.shtml.

② 麦夸尔.地理媒介：网络化城市与公共空间的未来[M].潘霁，译.上海：复旦大学出版社，2019：69.

③ 李林容，陈成.时空之变：5G时代的知识传播与出版业新想象[J].中国出版，2020(5)：5-10.

④ 孙信茹.传媒人类学视角下的媒介和时间建构[J].当代传播，2015(4)：35.

⑤ 陈凡，朱春艳.技术哲学思想史[M].北京：中国社会科学出版社，2020：518.

探索和掌握,技术与传播形态演进的界限分明,它的本体化和社会化尚未显现。随着大众传播的发展,尤其是电子媒体诞生以后,大众媒体开始有意识地、有规律地、大规模地开发和运用新的技术,“形成了独具人类社会属性的技术范式”[①],技术在传播形态演进中的应用进入自发时期。在这个时期,技术的本体化和社会化程度不断提高,技术与传播形态演进逐渐进入互融阶段。随着网络媒体、移动媒体和社交媒体的发展,技术在传播形态演进中的地位和作用井喷式提升,对技术研究应用的规划性与主动性快速倍增,技术应用进入自觉的历史新阶段。在这个阶段,“核心技术是国之重器……网信事业代表着新的生产力和新的发展方向”[②],传播形态演进对于社会经济发展的意义、技术对于传播形态演进的意义得到强调和凸显,技术相对于传播形态演进的本体化、社会化程度达到了历史新高,技术与传播活动之间的界限由泾渭分明到趋向消失。

奥运会的发展史实际上是媒介技术应用与奥运会互动的进化史。已故国际奥委会主席萨马兰奇先生感叹,“是电视让奥运会生存下来,并繁荣发展下去”。1936 年第 11 届柏林奥运会组委会通过闭路电视系统和广场大屏幕向聚集在公共场所的柏林市民作了实况转播,这是奥运史上第一次电视转播;1948 年第 14 届伦敦奥运会用一个摄影机记录了比赛然后在英国进行了电视转播,当时英国仅有 4 千多台电视机;1960 年第 17 届罗马奥运会通过用飞机把比赛录像带送到世界各地的方式首次向全球电视转播了奥运会的比赛实况;1964 年第 18 届东京奥运会则首次通过卫星实现了全球直播;1968 年第 19 届墨西哥奥运会开始使用彩电直播;1996 年第 26 届亚特兰大奥运会的电视转播覆盖面达到 214 个国家和地区;2000 年第 27 届悉尼奥运会全球约有 37 亿人次通过电视转播观看了比赛;2004 年第 28 届雅典奥运会的电视观众达到 40 亿人,覆盖了 220 个国家和地区;2008 年第 29 届北京奥运会首次全面采用高清电视技术进行转播……[③]由此可见,电视转播已不是当初的可有可无,而是成为奥运会不可或缺的重要组成部分。

北京冬奥会媒介技术应用让技术与传播形态演进的关系达到了新的历史高峰。北京冬奥会所有的场馆都实现了 5G 信号无盲点覆盖,5G 之于赛事传播已经不是本体问题,而是成为主体和基础,离了 5G 整个赛事传播可以说是寸步难行。超高清、

① 苏培添,王磊.从科学自在向科技自觉演变下的科技强国建设研究[J].科学管理研究,2020,38(2):37.

② 习近平.习近平出席全国网络安全和信息化工作会议并发表重要讲话[EB/OL].(2018-04-21)[2023-03-01]. http://news.cctv.com/2018/04/21/ARTIg5W5SqI09KHkP8wMt40j180421.shtml.

③ 卢群.奥运电视转播发展历程及技术发展现状[J].广播与电视技术,2008(8):44.

VR、AR 等利用自己的超强临场感、沉浸感成为受众全感觉体验比赛现场的通道，央视频、咪咕视频等推出的多通路赛事直播让受众有了更多的选择性、伴随性，飞驰在京张铁路上的世界首个 5G 超高清高铁移动演播室让原本风马牛不相及的高铁也成为媒介载体，抖音、快手等短视频平台的版权加入让更多人通过 UGC 创作者的身份享受技术与传播形态演进深度一体化带来的福利……

在北京冬奥会这个媒介技术应用超级展示舞台上，技术与传播形态演进互动的长期积累得到酣畅淋漓的验证，它们之间未来互动的方向也显露端倪。一是媒介即技术，技术即媒介，技术与媒介的界限模糊使得受众很难分清哪是媒介，哪是技术。二是媒介化让很多通用的非媒介技术进入传播形态演变的进程，拉近了传播形态演变与整个社会经济发展的距离。三是新技术的大量应用将导致传播形态和媒介形态的复杂化，更多媒介将因为技术能力不足而依附大型平台。四是传播领域准入门槛的降低使得大量从业者进入，每个人或者物都有可能成为传播形态演进的中心，导致传播活动呈现全中心化的趋势，全中心化的动态性造成中心的此消彼长和大小之分。五是万物互联、万物皆媒的格局将导致传播形态演进内部关系的复杂化，传统的人与人关系转变为人与人、人与物、物与物之间多层次、多方面、全方位的关系。

〔李岭涛，北京体育大学新闻与传播学院教授，博士生导师；尹素伟，北京印刷学院新闻传播学院讲师〕

〔特约编辑：曹晚红〕

科学传播政策与科学发展的国家媒体形象间性研究①

A Study on the Inter-image of National Media Between Science Communication Policy and Science Development

◎ 张雅欣　王　鑫

Zhang Yaxin　Wang Xin

摘要:树立科学发展的国家媒体形象对于应对当前错综复杂的国际舆论环境,着力提升中国形象的亲和力,具有重要的学理价值和现实意义。本文聚焦于中国国家媒体形象的创新形塑。以科学传播学在中国的升阶作为理论基础,基于改革开放四十余年来科学传播政策的发展趋势与科学发展的国家形象的间性特征,对科学传播政策阶段性演变进行个案研究,梳理出科学启蒙、科学立法、高质量科学发展三大阶段性特征。在此历程中,我国政府制定并实施了相应的科学传播政策,"大科普"理念持续深化并落地生根,强力凸显出科学发展的中国国家媒体形象。

关键词:科学传播;政策;国家媒体形象

Abstract: Establishing a scientifically developed national media image has important theoretical and practical significance for coping with the current intricate international public opinion environment and making efforts to enhance the affinity of China's image. This study focuses on the innovative shaping of China's national media image in the context of scientific development. With the rise of science communication in China as the theoretical basis, and based on the interrelation between the development trend of science communication policies and the national image of scientific development over the past 40 years of reform and opening up, this paper conducts a case study of the phased evolution of science communication policies, sorting out the three major phased

① 本文系国家社科基金 2020 年度一般项目"科学传播与国家媒体形象创新塑造研究"(项目编号:20BXW069)的阶段性成果。

characteristics of scientific enlightenment, scientific legislation, and high-quality scientific development. In this process, the Chinese government has formulated and implemented corresponding science communication policies, and the concept of "Popular Science" has continued to deepen and take root, strongly highlighting the image of the scientific development of China's national media.

Keywords: science communication, policy, national media image

第十四届全国人大通过的重要改革方案包括重新组建国家科学技术部。在一系列“瘦身”后，其强化了科技部为国家提供科技战略和科技政策的宏观管理职责。此项机构改革是加快实施创新驱动发展战略的具体措施，是新阶段中国秉持可持续科学发展的“新航标”，释放出新时期国家高质量科学发展的强烈信号。科学发展，是全人类发展的“共识”。科学技术是国际竞争的交汇点，科学水平是国家软实力的标志。以科学为载体，高质量科学发展是我国国家媒体形象科学版图的时代诉求。本文将基于科学传播政策的发展趋势与科学发展的国家形象的间性特征，探究“大科普”政策演进的阶段性，以期在国际复杂多变的舆论环境场内，凸显科学发展的中国国家媒体形象。

研究背景：

本文聚焦于国家媒体形象，尤其是科学发展的中国国家媒体形象的创新形塑。当下，无论是疫情还是局部战争带来的全球急遽动荡，整个世界的格局已然不同，且很多改变与我们所期待的方向背道而驰。动荡导致世界的整体价值体系崩解、颠覆与混乱，以个别西方国家为首的政客彻底撕下了民主、自由、博爱的面具，复兴民粹主义、种族歧视、经济脱钩、贸易保护、高新技术封闭等，以更强烈、更丑陋的面孔堂而皇之地登台鼓噪，背后隐藏的权力、偏见的政治运作昭然若揭。值得关注的另一面则是，与此同时，高新技术突飞猛进的升阶，正在发生有可能从其他面向改变人类的革命性变化。作为大众传播的研究者，我们无法忽视在复杂多变的国际传播环境中，探究中国如何在聒噪的国际舆论竞技场上，更加凸显自己的科学发展的国家媒体形象。

研究目标：

科学发展的国家媒体形象，离不开其科学政策的统筹引领。中国科学传播政策的制定与研究的发力虽然较晚，但奋起直追的速度却令人瞩目。在中国式现代化“大科普”理念的呼唤下，中国科学传播政策伴随不同历史时期的国家经济发展与科学研究进步的水准，呈现出由单一到多元的主体架构模式。本研究的目标是：厘清改革开放

40余年来中国科学传播政策的历史脉络,以及伴随不同历史时期的社会状况,政府通过怎样的科学传播政策与时俱进,迅速提升中国的科技发展水平,引导全社会共同建构科学发展的形象。

概念界定:

国家形象包括两大组成部分:国家实体形象和国家媒体形象。国家媒体形象是指国家层面的媒体在国内和国际上所展现出的整体形象和形象特征。这个形象通常是由媒体的报道内容、报道方式、报道立场等多个方面综合构成的。对于一个国家而言,媒体形象可以反映其政治、文化、经济等方面的实际情况和价值观念。国家媒体形象的塑造分为:自塑,他塑,合塑。国家媒体形象会直接影响到这个国家在国际社会的声誉和地位,对于国际传播和外交战略也有着重要的作用。

科学传播:科技信息在社会各主体之间的发送、接收等,相当于广义的科普。科学传播可以包含、取代科普及科技报道。科学传播分为三种主要模型①:中心广播模型、公众理解科学模型、对话(民主,参与)模型。

中心广播模型:传统的科普,通过自上而下的教导方式传递科学知识、普及科学知识。这种模型的特点是简单易懂、形式单一。强调"信"。

公众理解科学模型:自上而下教育与公关。以满足大众科学需求为目标,通常采用科普媒体、科普节目、科普网站等方式进行。这种模型的特点是能够满足广大群众对科学的基本需求,但难以满足个性化、多样化的需求。"知"与"信"并重。

对话模型:公民接受义务科学教育,就科学技术事务可以参与协商,强调"知"与"质疑"。这种模型认为,公众不是被动接受科学知识的对象,而是积极参与到科学知识的生产和传播中,认为科学传播是公众和科学家之间的互动和合作。

需要注意的是,科学传播的三种模型并非绝对的递进关系,有些是共存关系。在中国很长一段历史时期,科学传播政策虽然一直以"科普"(科学普及)或"科教"(科学教育)作为文字表述,但实际内涵却已经发生了从"科普"到"大科普""科学传播"的质性更迭。

研究样本:

本文的样本选择时间截至2023年2月;所有样本均源自北大法律法规网。搜索标题为"科学传播"选择精确选项,共有276项中央法规,822项地方法规。在中央法规版块中以标题形式最早出现的年份为2007年,是《全国少工委办公室、中国科学院

① 刘华杰.科学传播的三种模型与三个阶段[J].科普研究,2009,2(4):10-18.

科学传播领导小组办公室关于深入开展全国“青少年走进科学世界”科普活动的通知》。此后数年，便是以“首席科学传播专家”为关键词的部门规章或团队、行业规定占据了绝大多数。当搜索标题为“科学普及”(或“科普”)选择模糊选项，共出现了中央法规 908 项，地方法规 6676 项。删除无效选项后，本研究也一并将这些作为科学传播政策的相应研究文件。

随着研究的深入，我们发现原来试图做的量化研究难以归拢，于是有意识地选择在每个时间段影响力大、内容创新的政策作为个案研究。

相较于其他国家，中国科学传播政策研究发力稍晚。在中国式现代化“大科普”理念的呼唤下，厘清中国科学传播政策的阶段性历史脉络，通过科学传播政策的与时俱进的进阶，引导大众传媒建构国家科学发展的媒体形象。本文以 1978 年召开的首届全国科学大会为研究起点，大致将 40 余年来中国科学传播政策分为“科学启蒙阶段(1978—2001 年)”“科学立法阶段(2002—2012 年)”“高质量科学发展阶段(2013 年至今)”。

一、科学启蒙阶段：科教兴国与科学的春天(1978—2001 年)

“文化大革命”结束后，百业待兴。1978 年 3 月，全国科学大会在北京人民大会堂召开，中国改革开放的总设计师邓小平同志提出“科学技术就是生产力”“知识分子是工人阶级的一部分”“必须大力做好科普工作”等著名论断，与“文化大革命”期间对于知识分子的称谓与歧视做了切割。此次大会在中国掀起了激动、振奋、浓烈的科学热潮，被认为是“我们民族历史上最灿烂的科学的春天到来了”①。自此，中国的科学工作者被正名，中国的科普事业逐步得到了恢复与发展。1988 年，邓小平高屋建瓴地强调“科学技术是第一生产力”，对大力发展科技，促进科学技术进步，推动我国改革开放和社会发展起到了十分重要的作用。根据大会精神，中国科学院立即恢复了技术职称的评定工作，迅速重建被解散了的“国家科学技术委员会”。国家重新颁布了针对科学家、科研工作人员的奖励条例。除了提高作为科技进步源泉的科学研究的投入，还深入开展全国科研院所的体制改革，科研经费申请的审批方式也从过去单纯的上级主管审批拨款，改变为专家论证评审。

改革开放的目标是实现“四个现代化”，它激励了所有国人。“科学的春天”唤醒了科学家们的科研热情，科学家的地位被极大提升。这个阶段出现在媒体报道中的科学

① 科学的春天：郭沫若在全国科学大会闭幕式上的讲话[N].人民日报，1978-04-01.

传播内容均为以正面宣传科学家形象为主，数学家家陈景润与哥德巴赫猜想成为街谈巷议的新闻事件；而水稻专家袁隆平的事迹，则出现在了1978年、1981年《人民日报》刊登的长篇通讯上，文章全面介绍了杂交水稻的培育过程，杂交水稻科研协作组获得新中国第一个特等发明奖，并配发社论着重褒扬了以袁隆平为代表的科技人员埋头苦干勇攀世界科技高峰的精神。进入20世纪90年代，袁隆平作为农业科技的领军人物依然多次出现在“农业产业化”“科技兴农”等新闻议题里。①

1988年，邓小平在视察北京正负电子对撞机国家实验室时提出：“任何时候，中国都必须发展自己的高科技，在世界高科技领域占有一席之地。如果中国没有研制出原子弹、氢弹，我们就不会有今天这样的国际地位。高科技的发展和成就，反映了一个国家和民族的能力，也是一个国家兴旺发达的标志。”这段话，明确了国家实体形象是如何确立起来的。

1993年，《中华人民共和国科学技术进步法》由第八届全国人民代表大会常务委员会审议通过，提出了科学普及在科技发展中的重要作用。1994年党中央国务院颁布的《关于加强科学技术普及工作的若干意见》，则明确了我国科普领域的一些重大政策，加快了科普立法工作的步伐②。

1995年5月颁布的《中共中央国务院关于加速科学技术进步的决定》，首次提出：“科教兴国，是指全面落实科学技术是第一生产力的思想，坚持教育为本，把科技和教育摆在经济、社会发展的重要位置，增强国家的科技实力及实现生产力转化的能力，提高全民族的科技文化素质。”同年，中国共产党第十四届五中全会在关于国民经济和社会发展“九五”计划及2010年远景目标的建设中把实施“科技兴国战略”列为今后15年直至21世纪加速中国社会主义现代化建设的重要方针之一。科教兴国是党中央、国务院科学分析和总结了经济、社会、科技发展趋势及经验，并预估未来科学技术，尤其是高技术发展对综合国力、社会经济结构、人民生活和现代化进程的巨大影响，根据中国国情，为实现社会主义现代化建设三步走的宏伟目标而提出的发展战略。

政府出台了一系列政策收到了成效。1998年，中国科协在科技进步与产业发展专家论坛上宣布，从1981年到1997年，中国科技进步贡献率达到了31.65%。中国的改革开放从国情出发，解放思想、实事求是，建立起充满生机活力的社会主义市场经济体制。同时，积极参与国际科技合作，以开放的姿态拥抱科学的春天。

---

① 王春晓.话语视域下的袁隆平媒介形象研究[J].湖南科技大学学报(社会科学版)，2018，1(21)：181.

② 谭超，付萌萌，张天慧.新时期科普政策法规建设的思考：以《北京市科学技术普及条例》修订为例[J].今日科苑，2022(4)：16-23.

在这个阶段，中国的大众传媒形态以通讯社、报纸及广播等介质为主，并作为传播国家媒体形象的主要发生场域。新华社、《人民日报》为主的主流媒体对于优秀科学家的连续报道，尤其是讴歌科学家形象与科学精神的媒体报道颇受欢迎，科学家的形象发生了翻天覆地的改变，受到全社会的尊重。全社会形成了敬仰科学家、向科学家学习、青少年争做科学家的氛围。

正是在世纪之交，中国早期的科学传播学者开始关注到作为一门学科的科学传播学在中国的落地开花。“科学传播”一般用于指称文献中一系列用来描述科学知识如何从其生产者——通常是科学家和专家，向公众进行扩散和传播这一社会现象和社会过程。科学传播学作为一个跨学科的学术研究领域，最早可以追溯到20世纪初一批著名的科学社会学家的著述和科研实践，迄今已近百年。但科学传播真正明确作为一个学术研究领域和学科研究方向受到重视，还是20世纪80年代以后的事，特别是英国皇家学会发布《公众理解科学》这一重要报告之后①。

中国的科学传播范式始于20世纪40年代的科普。当时贫瘠的国家科学教育水平低弱，又需要公众具备基本的科学知识和能力，于是，开始了最初级的狭义的“科普”——科学知识的普及，特点是自上而下地推进。中国科学传播中的第一个范式即是“科普”范式，除了组建向公众普及科学知识的机构，组织相关的科学传播活动，也围绕科学普及展开研究。

中国科学传播的第二个范式是“科技传播范式”，始于20世纪80年代。除了与当时国内的科学家与科学工作受到极大重视有关，也与20世纪80年代传播学引入中国关系密切。与重视科学传播实践的“科普”相比，“科技传播”从传播学视角，更倾向于关注媒体在向公众传播科学知识过程中的作用、机制及传播效果②。

金兼斌认为，国内的科学传播第三个范式始于20世纪90年代末，即“科学哲学”范式。这个范式的学术基础是科学史、科学哲学，其对科学传播的定义建立在与“科普”理念与实践的区分上。认为不同于科普的单向传播、为科学共同体服务以及科学加文学的基础，科学传播是科学共同体与公众的双向互动，其目标为公民科学文化建设③。

不难发现，在中国现实社会迈向建设四个现代化国家之际，一方面，国家出台的政策法规给予了自上而下的保驾护航；另一方面，在学术领域，科学传播学的研究者们也

① 金兼斌.科学传播：争议性科技的社会认知及其改变[M].北京：清华大学出版社，2018：1-2.

② 金兼斌.科学传播：争议性科技的社会认知及其改变[M].北京：清华大学出版社，2018：3.

③ 金兼斌.科学传播：争议性科技的社会认知及其改变[M].北京：清华大学出版社，2018：10.

开始发轫,进入了新学科的学术探索,试图从学理上为中国科学发展的媒体形象的塑造撑起理论基础。

二、科学立法阶段:科学发展观与公众科学素养(2002—2012年)

2002年6月29日,《中华人民共和国科学技术普及法》(以下简称《科普法》)由第九届全国人大常务委员会第二十八次会议审议通过,是中国也是世界上第一部以科学普及为主题的法律文件,规定了科普活动的组织、实施和管理等方面的内容。它从总则、组织管理、社会责任、保障措施、法律责任、附则等六个方面作出规定。它的颁布被学者们认为是我国科普事业的里程碑,是科普事业法制化的标志。《科普法》规定科普是全社会的共同任务,倡导科学方法、传播科学思想、弘扬科学精神,支持和促进科普工作对外合作与交流。以立法形式首次为我国狭义与广义的科普、科学传播给予政策及法律层面的立法保障。此时的"科普"内涵已经开始发生了质的变化,标志着"大科普"理念的开始。

2003年10月,时任中共中央总书记胡锦涛提出"坚持以人为本,全面、协调、可持续的发展"——"科学发展观",首次被写入中国共产党第十八次全国代表大会一致通过的《中国共产党章程(修正案)》,其强调:"科学发展观,是同马克思主义、毛泽东思想、邓小平理论、'三个代表'重要思想既一脉相承又与时俱进的科学理论,是我国经济社会发展的重要指导方针,是发展中国特色社会主义必须坚持和贯彻的重大战略思想。"这是中国共产党的重大战略思想,是构建国家科学发展形象的重要理论依据。科学发展观认为,科学发展是第一要义;核心是以人为本;基本要求是全面、协调、可持续;根本方法是统筹兼顾。科学发展观注重发展的整体性、协调性、可持续性,在经济建设、政治建设、文化建设、社会建设中同步推进生态文明建设,实现又好又快发展。科学发展观是在"四个现代化"基础上制定的进一步的国家发展目标。

据此,2006年,国务院在《国家中长期科学和技术发展规划》(2006—2020年)中,首次提出"全民科学素质行动计划"及"国家科普能力建设工程",在我国公民素养提升和基础能力建设上蓄力。值得一提的是,同年国务院颁布实施的《全民科学素质行动计划纲要(2006—2010—2020年)》[①](以下简称《纲要》),开启了我国公民科学素质建设由政府推动、全民参与的新时期。

---

① 国务院关于印发全民科学素质行动计划纲要(2006—2010—2020年)的通知[EB/OL].(2006-02-06)[2023-03-16]. http://www.gov.cn/gongbao/content/2006/content_244978.htm.

《纲要》开宗明义："公民具备基本科学素质一般指了解必要的科学技术知识，掌握基本的科学方法，树立科学思想，崇尚科学精神，并具有一定的应用它们处理实际问题、参与公共事务的能力。提高公民科学素质，对于增强公民获取和运用科技知识的能力、改善生活质量、实现全面发展，对于提高国家自主创新能力、建设创新型国家、实现经济社会全面协调可持续发展、构建社会主义和谐社会，都具有十分重要的意义。"

《纲要》的指导方针指出："坚持科学发展观，发挥政府主导作用，充分调动全社会力量共同参与，大力加强公民科学素质建设，促进经济社会和人的全面发展，为提升自主创新能力和综合国力、全面建设小康社会和实现现代化建设第三步战略目标打下雄厚的人力资源基础。"并明确阐明，"全民参与——公民是科学素质建设的参与主体和受益者，要充分调动全体公民参与实施《纲要》的积极性和主动性，在全社会形成崇尚科学、鼓励创新、尊重知识、尊重人才的良好风尚。"

《纲要》规定的最高目标是："到 2020 年，科学技术教育、传播与普及有长足发展，形成比较完善的公民科学素质建设的组织实施、基础设施、条件保障、监测评估等体系，公民科学素质在整体上有大幅度的提高，达到世界主要发达国家 21 世纪初的水平。"特别是在基础阶段的"科学教育与培训、科普资源开发与共享、大众传媒科技传播能力、科普基础设施等公民科学素质建设得到加强，公民提高自身科学素质的机会与途径明显增多"。

在具体措施上，《纲要》明确了"新闻出版、广播电视、文化等机构和团体加大面向未成年人的科技传播力度，用优秀、有益、生动的科普作品吸引未成年人，为未成年人的健康成长营造良好的舆论环境"。同时，"整合校外科学教育资源……利用科技类博物馆、科研院所等科普教育基地和青少年科技教育基地的教育资源，为提高未成年人科学素质服务；加强现有青少年宫、儿童活动中心等综合性未成年人校外活动场所的科普教育功能，在有条件的地区建设青少年科技活动中心等专门的科普活动场所。发挥社区教育在未成年人校外教育中的作用"。

针对科学传播者，《纲要》指出："建立有效激励机制，促进原创性科普作品的创作。以评奖、作品征集等方式，加大对优秀原创科普作品的扶持、奖励力度，吸引和鼓励社会各界参与科普作品创作；调动科技工作者科普创作的积极性，把科普作品纳入业绩考核范围；建立将科学技术研究开发的新成果及时转化为科学教育、传播与普及资源的机制；鼓励和支持科普创作、科技传播专业团体发挥作用；制定优惠政策和相关规范，鼓励和吸引更多社会力量参与科普资源开发。"针对科学传播机构，《纲要》要求："加强合作与交流。推动科普、科技、教育、传媒界的有效合作，引进国外优秀作品，借鉴国际先进创作理念和方法,促进我国科普创作整体水平的提高。”

针对大众传媒机构,我国开启了“大众传媒科技传播能力建设工程”,提出加大各类媒体的科技传播力度。电视台、广播电台科技节目的播出时间,各类科普出版物的品种和发行量,综合性报纸科技专栏的数目和版面,科普网站和门户网站的科技专栏等大幅度增加。打造科技传播媒体品牌,提高科技频道、专栏制作质量,培育一批读者量大、知名度高的综合性报纸科技专栏、专版和科普图书、报刊、音像制品、电子出版物,形成一批在业内有一定规模和影响力的科普出版机构。发挥互联网等新型媒体的科技传播功能,培育、扶持若干对网民有较强吸引力的品牌科普网站和虚拟博物馆、科技馆。鼓励、支持“科技博览”“科技之光”“科普大篷车”等电视科技栏目进一步提高质量,使其成为有广泛影响的媒体精品。择优扶持若干有特色、覆盖率高的知名科普网站。制定优惠政策和相关规范,积极培育市场,推动科普文化产业发展。建立与市场、公众需求相适应的管理体制与运行机制,树立以消费者为中心的经营理念。引进现代营销模式与先进编创技术,注重市场调研,提高播出和编辑出版质量。建立与市场经济相适应的科普出版物发行渠道,加强网点建设,大力扶持科普出版物在农村和边远地区、民族地区的发行工作。提高各类媒体对于公共卫生事件和重大自然灾害等突发事件的反应能力,指导公众以科学的行为和方式应对突发事件。研究开发网络科普的新技术和新形式。开辟具有实时、动态、交互等特点的网络科普新途径,开发一批内容健康、形式活泼的科普教育、游戏软件。

除此之外,2007 年全国人民代表大会针对《中华人民共和国科学技术进步法》进行修订,提出要大力发展科学技术普及事业,包括普及科学技术知识,提高全体公民的科学文化素养。科技部等八部门下发了《关于加强国家科普能力建设的若干意见》(以下简称《意见》),提出加强公众科技传播体系和科普基础设施建设,建立更加广泛的科技传播渠道等六大措施。《意见》指出,加强国家科普能力建设是建设创新型国家的一项重大战略任务。要大力提高我国科普作品的原创能力,建立更加广泛的科技传播渠道,促进公众理解科学。

2008 年,科技部等十四个部门制定《全民健康科技行动方案》,全民健康科技行动全面实施。2012 年,在此基础上科技部组织编制了《国家科学技术普及“十二五”专项规划》,提出鼓励经营性科普产业发展。中国的“大科普”从单纯的公益性质变为公益与产业结合、并存,具有了可持续性发展的可能性。

这个阶段,大众传播在纸媒的基础上,电视作为传播介质成为新的、受到社会大众追逐、官方高度重视的主流媒体,开启了科学传播视听层面的新的阶段。在以上政策的召唤下，全国各地的电视台纷纷上马了“科教频道”。2010 年 6 月，CCTV-10 更名为中央电视台科教频道，其原创的科普电视频道和栏目《科学世界》《科技之光》《走近科学》等一大批科普节目以寓教于乐的形式引导公众对于科学的好奇心，开阔了公众的科学视野，不但为观众打开了科学的窗口，还成为在国务院发布的《纲要》中都被提及的科学传播栏目，例如《科技博览》《科技之光》《科普大篷车》等，确是史上首次。狭义的、实体的科普、科教行为，开始转化为电子媒体平台上的科学传媒，意味着国家媒体形象的地位逐渐从国家实体形象中彰显出来，展现出其独有的价值与更广泛的构建与传播的可能性。

这个时期以《科普法》《纲要》为代表的，针对“大科普”、科学传播为主要对象，政府所颁布的各项政策法规都更为务实，更为亲民，更具有可操作性。尤为引人注目的是：政府对提升普通公众的科学素质极为重视，所发布的一系列“纲要”“工程”“意见”中，细致地规定了针对不同阶层、不同领域、不同行业、不同年龄段公民的“科学素养”的提升方针、方法、实施路径。

与此同时，科学传播学领域的学者们也在厉兵秣马，踔厉奋发。科学传播学是 2000 年初期被引入中国的，国外科学传播范式的演变分为：1.“科学素养”研究范式；2.公众理解科学研究范式；3.“社会中的科学”研究范式[①]。中国在此阶段出现的全面提升公民的科学素养，在国外隶属于“科学素养”研究范式，始于 20 世纪 60 年代。“科学素养”定义五花八门，但获得了广泛认可和应用的是米勒提出的，主要包括四个维度：掌握科教书中的科学事实（即“科学知识”维度）；理解概率推理及实验设计等研究方法（即“了解科学原理”维度）；赞同科学和技术的积极结果（即“理解科学的社会影响”维度），以及拒绝占星术或命理学等迷信观念（即“科学精神”维度）（Miller，1983，1987，1992，1998）。

提升公民科学素质是贯穿科学传播政策的一大显性诉求。本文发现，经过多年建设，中国公民具备科学素质的比例由 2010 年的 3.20％提高到 2022 年的 12.93％，与西方科技强国普遍高于 20％相比虽然还有较大差距，但我国的提升速度在短期之内如此之快，已令人瞩目。如果说，启蒙阶段的科普政策中心在于为科学家正名，提升科研工作者整体的研究热情；那么，科学立法阶段就以更为严谨的法律形式，为“大科普”理念，尤其是全体公民的科学素养的提升，为在高质量发展阶段全面进入科技创新做了人才上的准备。

---

① 金兼斌.科学传播：争议性科技的社会认知及其改变[M].北京：清华大学出版社，2018：10.

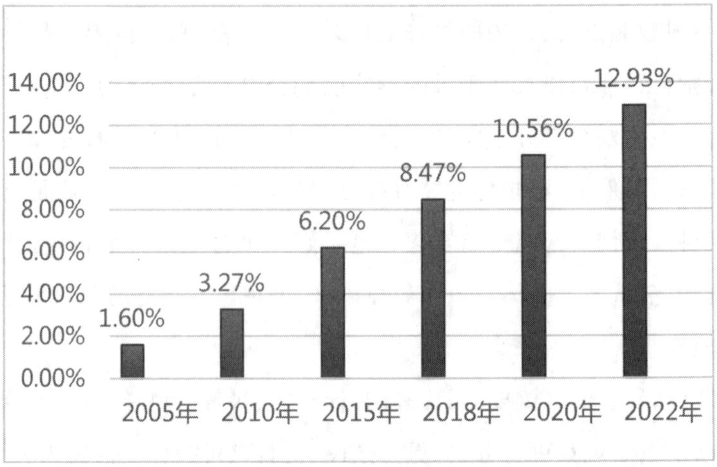

图 1　全国公民科学素质发展状况(2005—2022 年)

三、高质量科学发展阶段:科学传播的广阔舞台(2013 年至今)

(一)新发展理念的生成

2015 年 10 月 29 日,习近平在党的十八届五中全会第二次全体会议上的讲话鲜明提出了创新、协调、绿色、开放、共享的新发展理念。新发展理念符合我国发展的国情,顺应时代要求,对破解发展难题、增强发展动力、厚植发展优势具有重大意义,是构建中国新发展格局、推动高质量发展的行动指南。

2016 年,习近平总书记在"全国科技创新大会、两院院士大会、中国科协第九次全国代表大会"上的讲话中强调,"科技创新、科学普及是实现创新发展的两翼,要把科学普及放在与科技创新同等重要的位置,普及科学知识、弘扬科学精神、传播科学思想、倡导科学方法,在全社会推动形成讲科学、爱科学、学科学、用科学的良好氛围,使蕴藏在亿万人民中间的创新智慧充分释放、创新力量充分涌流"①。这一年,中共中央、国务院颁布《国家创新驱动发展战略纲要》(以下简称《战略纲要》),将"大科普"理念、科学传播,作为创新驱动发展战略保障之一。

值得注意的是,在这份《战略纲要》里,升级版的"科学普及"已经被提升到了与"科技创新"并列的高度,成为国家"实现创新发展的两翼",这是前所未有的战略高度,意

① 中共中央文献研究室.十八大以来重要文选选编(中)[M].北京:中央文献出版社,2008:339.

味着无论是“大科普”还是“科学传播”都进入了新的发展阶段。“两翼理论”指明了科技创新和科技传播的发展方向，说明了科学传播要做服务于全局的“大科普”，不但承担着科学技术传播的重任，还要成为新时期文化生产力的重要支柱。

同年11月，国务院决定将每年的5月30日定为“全国科技工作者日”，进一步营造全社会尊重科技工作者、尊重人才的氛围。

2017年，中央宣传部、国家科技部联合制定了《“十三五”国家科普与创新文化建设规划》，为建设创新型国家和世界科技强国指明了方向。当年10月，习近平总书记在党的十九大报告中指出，“倡导创新文化”，“弘扬科学精神，普及科学知识”。

(二)中国式现代化“大科普”理念的生成

2019年，中国电影市场跃升为全球第二大市场。2020年8月，国家电影局、中国科协印发《关于促进科幻电影发展的若干意见》(简称“科幻十条”)，提出将科幻电影打造成为电影高质量发展的重要增长点和新动能，把创作优秀的、适合科学传播的科幻电影作为中心环节，推动我国由电影大国向电影强国迈进，创新塑造国家的科学发展的媒体形象，科幻电影产业由此被列入信息化“大科普”的扶持行列中，并提出了对科幻电影创作生产、发行放映、特效技术、人才培养等加强扶持引导的具体措施①。“科幻十条”是新中国成立以来首次从国家政策层面对科幻电影进行系统化剖析并全面给予指导，也是首次将中国电影的特效技术单独列为行业竞争的核心要素，并由此在全球的电影传播、网络传播等全媒体传播平台上，在复杂多变的国际舆论环境下，创新、明晰地打造中国的科技文化软实力，将科学发展的中国国家媒体形象以科幻电影的形态推向世界舞台。

2021年6月，国务院印发了《全民科学素质行动规划纲要(2021—2035年)》，这是新时期“大科普”工作的纲领性文件。同年12月，第十三届全国人民代表大会常务委员会通过了《中华人民共和国科学技术进步法》(2021年修订)(以下简称《科技进步法》)，该法于2022年1月正式施行。《科技进步法》涉及科学传播内容的条款由一条扩增至八条，规定科普是全社会的共同“责任”而非“任务”。《科技进步法》明确提出，国家将建立健全科学技术普及激励机制，提高青少年科学素养，引导青少年群体勇于探索科学、发现科学和运用科学，对于贯彻新发展理念、构建新发展格局，实现高水平科技自立自强有着重要的现实意义和深远的战略意义。《科技进步法》在科学技术是

① 国家电影局网，国家电影局、中国科协印发《关于促进科幻电影发展的若干意见》[EB/OL].(2020-08-07)[2023-03-16]. http://www.gov.cn/xinwen/2020-08/07/content_5533216.htm.

第一生产力的提法中,增加了"创新是第一动力"和"人才是第一资源"的提法。

2022 年 8 月,中央宣传部、科技部、中国科协联合印发了《"十四五"国家科学技术普及发展规划》。同年 9 月,中共中央办公厅、国务院办公厅印发的《关于新时代进一步加强科学技术普及工作的意见》,明确提出坚持统筹协同,首次提出树立"大科普"理念,推动科普工作融入经济社会发展各领域各环节,加强协同联动和资源共享,构建政府、社会、市场等协同推进的社会化科普发展格局。同时也指出,要推动"大科普"全面融入经济、政治、文化、社会、生态文明建设,特别指出要"实施国际科学传播行动"。同时,各类媒体要发挥传播渠道重要作用。广播、电视、报刊、网络等各类媒体要加大科技宣传力度,主流媒体要发挥示范引领作用,增加科普内容。各类新兴媒体要强化责任意识,加强对科普作品等传播内容科学性的审核。

所谓"大科普",是指通过大规模的科学传播活动,推广科学知识、普及科学思想、提高公众科学素质的综合的科学传播方式。通常是在一段相对较长的时间内,向广大公众普及各种科学知识和科技成果,传播理智、开放、包容的科学精神,加强公众对科学技术与科学精神的认知和理解,促进科技创新和社会进步。

"大科普"理念,即全社会共同参与的科学传播理念。树立"大科普"理念,从整体上为新时代谋划科学传播高质量发展明确了路径。"大科普"强化党委和政府、科协、学校和科研机构、企业、媒体等各主体的科学传播责任,强调把科学传播贯穿经济社会发展全过程各环节。"大科普"需要有科学传播的战略格局,需要全国一盘棋,而法制建设是实现这一目标的根本保障。

党的二十大提出深化科技体制改革,实施好国家重大科学计划和科学工程,加快在国际科学前沿领域抢占制高点;加快建立健全各主体、各方面、各环节有机互动、协同高效的国家创新体系;着力完善科技创新基础制度。对"实施科教兴国战略、强化现代化建设人才支撑"做出部署,提出"以人民为中心";教育、科技、人才是全面建设社会主义现代化国家的基础性、战略性支撑。

此外,关于首席科学传播专家的各项政策也陆续开展实施。《中国科协办公厅关于组建科学传播专家团队的通知》(科协办发普字〔2013〕40 号)提出,首席科学传播专家领衔开展公益性科普活动时,可以"全国××学科首席科学传播专家"名义进行宣传和介绍。各全国学会、各级科协要为科学传播专家引好路、搭好台、服好务,紧紧依托首席科学传播专家及科学传播专家团队,大力推进科学传播工作,不断提升学科科普服务水平和社会影响力。2023 年 2 月,习近平总书记在中共中央政治局第三次集体学习时提出,"要加强国家科普能力建设,深入实施全民科学素质提升行动"。为此,我们应“线上线下多渠道传播科学知识、展示科技成就，树立热爱科学、崇尚科学的社会风尚”[①]。

纵览这个阶段的科学传播（“大科普”）特征的重点，即在媒体融合时代，科学家与社会公众均为科学传播的主体，意味着科学传播的过程既非单向度的自上而下，也非简单的自下而上，而是有反思的双向传播，恰恰符合科学传播（国际上）的第二种范式、国内的第三种范式——公众理解与公众协商（参与）范式。公众理解范式的关注点在于：由于公众在对待科学态度方面的缺失（Bodmer，1987），或者公众对科学并未表现出足够的热情和支持，而可能导致其对科学的敌对情绪或者反科学行为的出现（例如：疫情期间，网民针对科学传播与科学家个人的网暴言论），因此引起了政府和科学共同体的担忧。这个阶段科学传播学术研究的焦点从之前的科学知识测量转向了公众态度的研究上。研究分为理性主义（公众对科学信息、研究方法等了解得越多，就会更加支持科学）和现实主义（态度是公众与其所在世界的情感联系，更关注如何去吸引公众的注意力）两种取向或理念。

科学传播研究中国际上的第三种范式“社会中的科学”研究范式，主要关注科学在公众中的信任危机的出现（House Lords，2000；Miller，2001）。科学界开始反思以往科学传播中所坚持的公众缺失模型（即国内科学传播研究的第二种范式）的不足，试图采取相应对策以重获公众信任。公共协商和参与被看作重拾公众信任的重要途径，表现形式即一系列公共对话的开展，比如听证会、协商民意调查、圆桌会议、科学节等，借助媒体的大规模登场，尤其是网络媒体，达到科学家共同体和公众通过对于科学事件、科学研究的协商，寻求共识。

联合国教科文组织 1995 年发表的《世界科技报告》指出：“发展中国家与发达国家的差距，从根本上说是知识的差距，人才和劳动者素质的差距。”公民科学素养的提升，是一项系统性复杂工程。没有全民科学素质普遍提高，就难以形成科学文化的建设。因此，在科学传播政策体系中，继续将公民素养提升作为突破口，进一步发挥科学传播智库功能，提供智力支持、政策保障、技术支撑、方向引领。

“科学传播的过程是一个深深嵌套于社会中，并受到社会文化和政治因素影响的过程”[②]，需要动员全社会的力量参与。因此，政府以国家的名义出台政策法规，对于科学传播的有效实施、“大科普”理念的深入人心、尊重科学与科学家、提升全民科学素

① 习近平主持中共中央政治局第三次集体学习并发表重要讲话[EB/OL].（2023-02-22）[2023-03-16]. http://www.gov.cn/xinwen/2023-02/22/content_5742718.htm.

② 金兼斌.科学传播：争议性科技的社会认知及其改变[M].北京：清华大学出版社，2018：13.

养、高质量的科学发展起着无可替代的作用;对于塑造科学发展的、可敬的中国国家媒体形象,在国际舆论场上发出中国理智、开放、包容的声音,同样举足轻重。

〔张雅欣,中国传媒大学电视学院教授,博士生导师;王鑫,中国传媒大学电视学院广播电视学专业2022级博士研究生〕

〔特约编辑:付晓光〕

能指的多样性与所指的时代性：符号学视角下的历史人文纪录片解读

The Multiformity of Signifier and the Times of Signified: Interpreting of Historical and Humanistic Documentaries from a Semiotic Perspective

◎ 郭艳民 阎 旭

GuoYanmin Yan Xu

摘要：历史人文纪录片在发展过程中，呈现出表达多样化的特点，以及主题鲜明的时代特征。从符号学的视角来看，构成历史人文纪录片这一符号的“能指”，随着技术的进步总体上呈现出多元化的发展趋势，主要体现在画面的具象化、文字的大众化和配音的特色化等方面。在更深一层的次生意指系统中，作品主题作为与“历史人文纪录片”这一作品形式相对应的“所指”，随着社会的进步，逐渐经历了寻根、自省、自信的不同阶段，体现出时代性的发展特征。

关键词：历史人文纪录片；能指；所指；多样性；时代性

Abstract: In the process of development, historical and humanistic documentary shows diversified characteristics in expression and distinctive characteristics of the times in theme. From the perspective of semiotics, "signifiers", which constitute the symbol of historical and humanistic documentary, generally show a diversified development trend with the progress of technology, which is mainly reflected in the visualization of pictures, the popularization of words and the specialization of dubbing. In the deeper sub-business reference system, the theme of the work, as the "signified" corresponding to the form of "historical and humanistic documentary", has gradually experienced different stages of root-searching, introspection and self-confidence along with the progress of society, reflecting the development characteristics of the times.

Keywords: historical and humanistic documentary, signifier, signified, multiformity, times

历史人文纪录片具有重要的历史文献作用。作为社会发展的记录，纪录片呈现出的影像是当时社会发展的缩影，蕴含着当时的社会观点与思潮。因此，不同年代的纪录片在创作上也体现出不同的风格。在其逐步走向大众化的过程中，国家、个体、市场等多方力量的影响不断得以体现，特别是国家层面的主流声音一直不曾缺席。随着中国的发展，“一带一路”倡议、“四个自信”等重要陈述相继被提出，近年来，这些宏大的思想正在以巧妙的方式融入纪录片的创作之中。主流与市场、精英与大众、纪录片的创作者与观看群体，正在随着国家与行业的发展呈现出一种多元融合的态势，而纪录片本身，恰好就是联结各方的媒介。

从微观的角度来讲，纪录片的这种媒介联结作用通过作品中凝聚意义的符号得以实现。纪录片中的符号所表现出的意义，既有创作者自身的思想，又是其所处社会环境的体现。而观众通过自身的观看行为，从纪录片的画面、解说词、配音等诸多符号中寻求创作者的观点与时代特征。

随着时代与社会的发展，构成符号的内容发生了种种变化，整个符号系统也随之出现改变。这种改变体现在纪录片作品上，最为明显的就是纪录片的时代风格。对创作于不同时代的历史人文纪录片来说，不同的时代风格意味着不同的创作观念和不同的社会文化偏向。对于观众而言，不同时代的创作观念与社会文化倾向，带来的是历史的不同断面和不同年代的人们对历史相异的看法。

一、历史人文纪录片：符号组成的意指系统

（一）纪录片本身的符号特性

每一部纪录片作品，都是由若干个符号搭建起来的意指系统。从结构主义的观点来看，人们将事物与意义建立起相对固定的关系，形成一个个“符号”，从而实现交流。所谓“符号”，由负责概念的“所指”和负责表达方式的“能指”结合构成。比如纪录片中一个人物奔跑的镜头，就是由观众所看到的画面（能指）和奔跑的人物形象（所指）所结合形成的“符号”。简单来说，“能指”负责表达形式，“所指”负责客观的对象、概念。

将这样的组合方式进行嵌套式叠加，让新的“能指”与“所指”在更高层次结合，就形成了一种“次生的符号学系统。在初生系统里为符号（即概念和印象的联结总体），

在次生符号意指系统里变成单一的能指”①(如图 1)。在罗兰·巴特看来,这样的意指系统构成了一种“神话”,“它们一开始不管多么千差万别,一旦被神话利用了,都归结为纯粹的意指功能”②。罗兰·巴特曾用“法国黑人士兵向国旗敬礼”(如图 2)这一形象,举例说明“法国是个伟大的帝国,她的所有儿子,不分肤色,都在其旗帜下尽忠尽责,这位黑人为所谓的压迫者服务的热忱,是对所谓的殖民主义的诽谤者的最好回答”③。

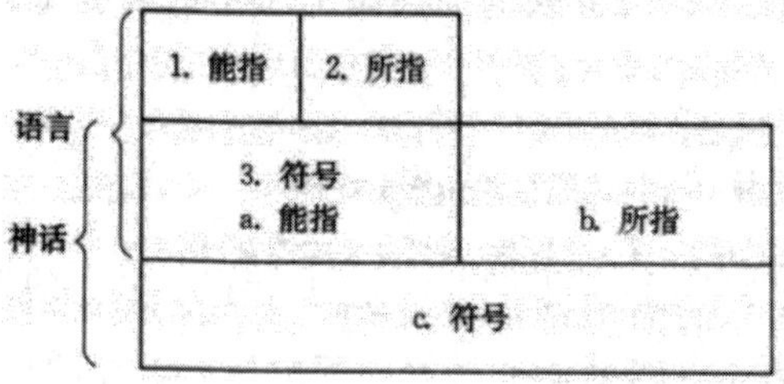

图 1　次生符号意指系统(神话)

图 2　法国黑人士兵向国旗敬礼

这样一组意义的“神话”通过静态画面的形式得以展现,而视频作为静态画面的叠加,再辅以声音等其他符号,可以说,视频本身是一种由符号构成的更为复杂的“神话”。在这个“神话”中,拍摄者所要表达的意思通过一帧帧画面的叠加逐层展开,在线性的时间流动中凭借符号对观众的映射完成观点的阐述。在这个以流动影像为呈现形式的系统里,无论是人物形象、道具、配音还是音乐,都可以被视为具有一定意义的“符号”。很多符号都已经在人们的日常交流中形成约定俗成的意义,比如在仰拍人物的画面中,“仰拍”作为一种拍摄手法,在日复一日的使用中被发现有利于展现被摄对象光辉、高大的正面形象,于是“仰拍”的手法被默认带有“颂扬”的意味,是一种客观行为与主观意义之间的约定俗成。

就纪录片来说,由于真实性原则是作品存在的前提,片中符号的可信程度相对更高。因此,了解各种相对固定的符号背后的意义,对观众来说,更容易理解作品的主题;对创作者来说,可以使作品的主题在表现途径上更为明确。从罗兰·巴特的角度来看,画面、文字、声音等表达方式构成的“能指”与被摄对象构成的“所指”相结合,形成第一层级的“符号”,即纪录片。而向下拓展一层,当纪录片作为“能指”,作品背后的

① 巴特.神话修辞术[M].屠友祥,译.上海:上海人民出版社,2016:144.
② 巴特.神话修辞术[M].屠友祥,译.上海:上海人民出版社,2016:145.
③ 巴特.神话修辞术[M].屠友祥,译.上海:上海人民出版社,2016:146.

主题作为“所指”,二者相结合,则可以在更高的层级上形成新的“符号”,建构起次生符号意指系统,即意义上的“神话”。在这个过程里,创作者通过纪录片这一由符号系统构成的媒介形式,向观众、社会传达其作品主题的同时,也潜在表现了自己的主观创作偏好与当时的社会价值体系。

(二)历史人文纪录片的符号特性

和其他类型纪录片一样,历史人文纪录片以视频的形式,通过符号的嵌套叠加,构建起一整套次生的意指系统。在这个系统中,除了满足视频作为意指系统的基本要素,历史文化类纪录片还有其自身的特点。

1.历史人文纪录片的“能指”表达随技术的发展而多样化

“能指”在建构意义的过程中负责解决“怎么拍”的问题,即表达手段。技术的发展丰富着纪录片的创作手段,历史人文纪录片自然也从中受益。历史作为曾经的现实,逝去的部分已经无法重现,除了距我们为时不远的小部分历史仍有些许纪实影像、实物或声音残留,实拍的创作手法大大受限,而更多、更遥远的历史只能凭借有限的历史残留去进行较大规模的重构。技术的发展极大提升了纪录片创作中情景再现的能力,对于历史文化的表现,也从历史遗迹的实拍、相关专家的采访,扩展到史实搬演、电脑特效等新的表现方式。从符号学的角度来看,历史人文纪录片(符号)是拍摄方式(能指)与客观历史文化(所指)的结合体。历史文化作为拍摄对象是相对客观的,拍摄方式的进步带来能指的多样性变化,丰富了历史人文纪录片的表现手段。

2.历史人文纪录片在意指系统中的二层性

历史人文纪录片作为第一层意指系统与第二层次生意指系统的连接部分,在两层意指系统中处于不同的位置,发挥着不同的作用。在第一层意指系统中,历史人文纪录片处在“符号”的位置上,作为表现手法(能指)与客观历史文化(所指)的结合体存在。它解决的是“怎样去表现一段历史或一种文化”这样的问题。

在第二层,即次生意指系统中,历史人文纪录片处在“能指”的位置上,成为某种主题、某种价值观念的表现手法。次生意指系统建构意义的“神话”,客观且相对虚拟的“意义”在“所指”的位置上,历史人文纪录片成为表现该意义的形式。单就意义传递这一目的来讲,历史人文纪录片的形式并不唯一,可以被理解为“多样性能指中的一种”。但是在次生意指系统中,处在与其对应的“所指”位置上的“意义”相对来说更具主导性。历史人文纪录片这一形式所表现的,或许并不局限于其所呈现出的历史文化内容。

二、历史人文纪录片的符号表达转向

作为由一个个符号搭建起来的次生符号系统，历史人文纪录片发生的转变可以从建构其系统的符号层面窥见。作为构成符号的两大部分，构成历史人文纪录片的“能指”与“所指”，以及在次生意指系统中的“所指”，都随时间和社会环境等因素展现出了各自的变化。从宏观来看，这种趋势性的变化是缓慢而渐进的，同时，一种创作方式的兴起也并不代表之前创作方式的销声匿迹。

因此，本文以《西藏的诱惑》《苏园六纪》《故宫》《复活的军团》《敦煌》《大明宫》《中国》《书简阅中国》和《敦煌：生而传奇》这九部跨越不同历史时期，又相对有一定代表性的历史人文纪录片作为主要分析对象，同时结合其他相关片例，对片中符号及其构成要素的变化进行概括梳理，以尝试对历史人文纪录片的发展变化进行符号学上的解释。分析途径上，遵循符号的构成方式，从“能指”与“所指”两大方向着手，一方面重点分析构成历史人文纪录片的“能指”，即历史人文纪录片的表意方法与技术手段，在与这一层次的“所指”（即拍摄对象）结合时，会产生怎样的结果；另一方面，视角进入建构表意“神话”的下一层，重点分析历史人文纪录片作为次生意指系统中的“能指”时，其所对应的“所指”在不同的历史社会时期各自有何特点。

（一）“能指”的多样性发展

索绪尔在《普通语言学教程》中提到的“能指”用来指示语言符号中的音响形象。[①]罗兰·巴特将这一套概念进一步拓展，认为神话是个次生的系统，在这一系统中，狭义上的语言、照片、绘画等都可以被用作神话言说方式的材料，一旦被利用，就会被归结为纯粹的意指功能。可见，在次生符号系统中，能指并不局限于某种形式，纪录片常用的画面、声音、文字等表达手段都可以被看作次生符号系统中的“能指”。随着技术和创作观念的发展，历史人文纪录片的画面、声音、文字这些“能指”在表达上总体体现出了多样性的发展趋向。具体到各自部分，又因自身的特色，体现出不同的特点。

1.画面的具象化

画面作为历史人文纪录片的视觉符号，随着时间前进，逐渐表现出具象化的特点，

---

① 索绪尔.普通语言学教程[M].高名凯，译.北京：商务印书馆，2009：95.

这种具象化是以表现手段的多元为前提的,是一种遵循历史前提下的主观表达。

改革开放后,我国的纪录片创作有相当长的时期从山川江河等自然景观中寻找民族骄傲,张同道称其为“文化寻根”。① 这一时期的纪录片代表作《西藏的诱惑》(1989年播出)充分使用实拍画面表现创作者的情感,作品中俯拾可见西藏的山川地貌,雪山、草原、石头、宫殿……无论是雪域高原还是布达拉宫,作者用大量实拍的镜头去表现西藏的历史与文化,通过实拍画面的叠加与剪辑,实现意义的表达与情感的传递。同样风格的作品还有导演刘郎的另一部纪录片《苏园六纪》(1999年播出),这部片子“创造了许多有‘机趣’的镜头、运动的镜头、有意境的画面时空”②,是用实拍画面表达意境的代表。在20世纪八九十年代,囿于技术手段,实拍镜头基本是构成视觉符号的唯一要素,通过画面表达情感也只有蒙太奇、镜头虚化、变速等传统手段,因此,在构成这一时期纪录片作品视觉符号的画面中,物象的呈现方式是实在的,情感的表达技巧是写意的。

进入21世纪以后,动画特技、人物扮演等手法帮助历史人文类纪录片拓展了画面表达能力,“电影化叙事”成为历史人文纪录片画面上的一个新特点。“情景再现”成为重要的创作手段。电脑特效的应用多数“涉及空前复杂的历史人物和场景,传统的创作和制作模式无法达到预设目的”。③ 2005年的纪录片《故宫》中的大量特效镜头有效填补了实景拍摄的能力空白,长江运木、宫殿兴建等无法再现的历史场景从历史文献中的记录转变成了可观可感的画面。在总长度为540分钟的12集纪录片中,经过电脑处理和制作过的镜头时长多达76分钟。④ 同时,人物扮演也填补着历史的缝隙。少数历史人物的画像无法还原古人的真实面貌,仅有文字记录的历史人物更是无法追寻人物“样貌上的绝对真实”。《故宫》中由演员扮演完成的文武百官、太监、百姓等场面,使得难以再现的历史有了一种可见的真实感。但这里所构建起来的历史情境,仍然是模糊的、给观众留有想象余地的。演员身着明清时代的服饰,表现的重点是在服饰上,而非历史人物上。电脑特效还原的旧时紫禁城场景,更像是一幅“概念图”。其中,演员扮演的画面较多是全景、远景,或者是局部特写这样景别的镜头。与远景、全景和局部特写伴随出现的是模糊的背景,再搭配以昏暗的色调,从这种相对留白的表现手法中,不难看出创作者对历史真实的敬畏。

---

① 张同道.中国电视纪录片50年[J].电视研究,2008(10):13-16.

② 朱栋霖.再现园林和表现“园境”:评电视系列片《苏园六纪》[J].中国电视,2001(11):43-46.

③ 武维娟.纪录片与电脑动画特技[J].电视研究,2007(12):49-50.

④ 周兵.创新、实验、传承:《故宫》创作构想和反思[J].现代传播(中国传媒大学学报),2006(1):89-94.

金铁木的历史人文纪录片也表现出同样的特点。2004年播出的《复活的军团》大量运用了电脑三维动画以求“再现”历史，给观众留下了深刻的印象。而且多数通过实拍来展现历史镜头，还是通过“留白”的手段以展现对历史真实的尊重。几年之后，于2009年播出的金铁木的另一部历史人文纪录片《大明宫》中，电脑特效依旧绚丽，但片中的人物形象已经更加具象，演员的面部等细节得以被正常表现，为历史“留白”的感觉相对弱化。这与尊重历史的真实并不违背，而是逐渐把作品的表意重点转向对历史文化的自信表达。这样表现历史的手法，逐渐成为历史人文纪录片的主流。

随着技术与创作观念的进一步发展，历史人文类纪录片画面更加具象化。近年来，历史人文纪录片在情景再现上走得更远、更深入、更细致，很多不违反历史真实的地带成为纪录片创作者发挥主观能动性去填补的空白。2020年底播出的《中国》请到北京人民艺术剧院和国家话剧院的演员出演片中角色。与《故宫》中细节相对模糊的历史还原手法相比，《中国》的细节表现更为翔实。《中国》的片头就是主要人物的头像阵列。历史主要人物的形象不再模糊，演员定妆的近景镜头依据出场顺序排列，光影效果勾勒人物面部线条，演员的细微表情也与片中人物命运有着某种关联。不论是庄周表现出的豁达还是荀子透出的坚持，演员把历史人物的性格与命运用自己的表演形象地诠释了出来。《中国》通过升格镜头的运用，让画面更具“史诗”效果，给观众带来更加震撼人心的视觉感受。此外，《中国》画面的构图、光效也很注重观赏性，全片营造出一种富有文化意蕴的视觉美学。相比《故宫》，《中国》的画面内容、人物形象塑造等方面都更加翔实具体，这种翔实具体是创作者的主观演绎。在大大增强画面欣赏性的同时，将历史细节的空白予以充实，作为视觉符号的画面也更加实在、具象。

比《中国》播出时间稍晚的《书简阅中国》把视觉符号的具象化表现得更为彻底。《书简阅中国》以古人通信为叙事切口，讲述一封封书信背后的人和情感。除了让演员扮演书信中的角色，把一个个文字记载的故事演绎出来。相比《复活的军团》与《大明宫》，导演金铁木更进一步，在片头动画的特效制作上运用了鸿雁、飞鱼、鹿等物象，它们在飞腾奔走之间化作片名《书简阅中国》，呼应了古人“驿寄梅花，鱼传尺素”的说法，让观众对古人通信行为的理解凝聚在鸿雁、飞鱼和鹿的身上，这样具象化的视觉符号让观众在理解上更为便利。

2.文字的大众化

解说词作为历史人文纪录片的文字符号，呈现出从抒情散文诗到平民化叙事文体的大众化发展趋向。作为历史文化类纪录片中的文字符号，解说词的文风变化与近年来纪录片行业整体走向大众的趋势一致,呈现出从精英走向大众的转变。这种转变并不是因为拍摄对象发生了变化,承载文化的物象和历史并没有变,而是拍摄纪录片的人和观看纪录片的人发生了变化。创作主体和观众的多元扩展,使得纪录片这一符号系统中的能指构成趋向大众化,虽所指不变,形成的意指系统却呈现出多元的转变。

20世纪八九十年代,刘郎《西藏的诱惑》和《苏园六纪》两部纪录片的解说词表现出极高的文学性,被认为是“诗化的语言”。《西藏的诱惑》中这种诗化的语言“非常之多,营造了一种诗意的氛围。比如:‘凡是到过西藏的人,都会有一种强烈的感触,博大的西藏,你是这样的超拔与旷远,你是这样的彪悍与雄浑,走遍地北天南,只有在这里,才能见到这样鲜明的民族色彩,只有在这里,才能看到那样醒目的塔影佛光!’”[①]。强烈且直接的文字表达成就了《西藏的诱惑》抒情散文式的解说词风格,《苏园六纪》中,解说词紧紧贴合苏州园林古典雅致的特色,“雕几块中国的花窗,框起这天人合一的融洽,构一道东方的长廊,连接那历史文化的深邃”,类似这样的表达俯拾皆是,字里行间文学色彩浓厚,诗情溢于言表。文学色彩的强烈,是纪录片创作者自身文化素养深厚与纪录片精英定位的体现。播出时间更早、成就也更为辉煌的《话说长江》和《话说运河》这两部纪录片的解说词“单独出版并被选入中学语文课本,这充分呈现出当时电视纪录片浓郁的文学色彩”[②]。

随着大众媒介的发展以及电脑特效的应用,进入21世纪的历史人文纪录片进一步走近普罗大众,在文字符号层面已经摆脱了宣教和文学性,开始以平和的视角“讲故事”。2005年纪录片《故宫》的解说词充满了平和的故事性,这种故事性的语态在当时的纪录片解说词创作中引人注目。除了设置问题、制造悬念等叙事手段,《故宫》的解说词用平等的视角推进叙事,有研究者将这种平等的视角归纳为“探访感”,即“放下教育人的严肃面孔,引领观众一同来探讨问题。这种解说词在无形中透露的平等观念,会让观众十分乐于接收纪录片所传播的信息”[③]。这种对历史的探访,表现了对历史客观与严谨的态度,片中关于史料信息的传达多以“我们终于在明朝史料中,发现了……”“根据现在的专家学者研究……”“正式记载在《明实录》上的有……”这样的形式出现,创作者力求准确客观地把历史传递给观众。在这一过程中,观众成为受考量的因素。看纪录片的普通人开始增多,用纪录片讲故事的人,身份也从文化精英开始向普通人扩散。

---

① 王莉.纪录片《西藏的诱惑》拍摄风格分析[J].当代电视,2014(1):36-37.

② 张同道.中国电视纪录片50年[J].电视研究,2008(10):14.

③ 马力,唐弘.纪录片《故宫》解说词的故事性叙述[J].电视研究,2006(11):64-65.

互联网发展与媒介融合带来传播环境的改变，历史人文纪录片解说词的叙事性风格进一步向着大众化的方向发展。相比《故宫》字里行间在历史描述上的客观与严谨，《中国》的解说词显得更容易被互联网时代的普通网民所接受。《中国》没有选择堆积历史资料信息的方式，而是用精简的旁白完成历史的叙事，不会因追求严谨和准确给句子套上较长的修饰或限定成分。同时，大众化并不意味着流俗与迎合。《中国》的解说词精确而富于情感，类似“在亚洲东部的中国，老子和孔子双星闪耀，他们站在中国思想史的原点，成为后来者仰望的高山”这样的表达，于简洁明快中透出一股诗意。在当前碎片化传播的大环境里，《中国》的解说词在更容易被接受和传达的同时，带给观众美的享受。

《书简阅中国》在解说词上同样选择了适应互联网方式的轻量化表达。书信作为重要的古代文献，是创作者展现历史原貌的最佳物证。片中对书信内容的转述全部以现代白话文的方式进行，书信原文以字幕的形式呈现于画面上。这样的做法让“书信”这个意象从“历史证物”转为“人的情感连接”，更可以看出，今天纪录片在表现历史文化时，不再是严肃、一本正经地讲述，而是面向芸芸众生的娓娓道来。

3.配音的个性化

配音作为历史人文纪录片的声音符号，从标准严格逐渐转向异彩纷呈，开始强调自身的个性化。对声音感觉与众不同的追求，突破了以往纪录片配音给观众形成的传统印象。

纪录片的配音与解说词联系紧密，更多体现为对文字内容的表达与演绎，其主要转变体现在配音的表现形式上，在近几年的作品中尤为明显。早期由于宣传需要，精英定位长期占据主导，大多数纪录片的配音一直以字正腔圆的形式呈现。《西藏的诱惑》和《苏园六纪》的配音吐字清晰、语音标准、感情饱满，带来一种近似诗朗诵的效果。21 世纪以来，历史人文纪录片在文字上转向平和叙事，配音上仍旧沿袭着以往的标准。周兵《故宫》《敦煌》的配音带给观众标准、客观的感觉，抒情的意味不再强烈，但对语音标准的追求未曾降低。直至此时，纪录片从听觉上给人的感觉仍然是标准的、高端的、需要仰视的。21 世纪的前几年，虽然视觉和文字符号都已经出现明显转变，但声音符号的变化并不明显。

随着纪录片进一步贴近大众，配音的单一标准也在被打破。《中国》针对不同的观众群制作了两版。第一版由主持人周涛与何炅配音，不同于以往历史纪录片单一男声配音的冷峻严肃，《中国》选择男女主持人交替配音，情绪饱满富有张力，且两人的高知名度会瞬间拉近观众与作品的距离，让观众对解说词里饱含的情感有更深刻且直接的体会。除周涛与何炅配音之外，《中国》还推出一部明星配音的版本。制作方邀请当下热门明星，包括秦海璐、刘敏涛、欧阳娜娜等为作品配音。《中国纪录片发展研究报告2020》对各纪录片频道不同年龄段的观众集中度进行了调查。2019 年，金鹰纪实频道在未受过正式教育观众和小学学历观众中的“集中度”大幅攀升①。精英以外的观众群体数量是庞大的，《中国》作为互联网时代的历史人文纪录片，在保留艺术效果之外，对于新观众群体的追求，特别是吸引年轻观众方面做出了自己的努力。

于 2021 年 3 月上映的《敦煌：生而传奇》也采取了相似的策略，分别制作了普通话版本和英文版本的成片。普通话版本的配音由电影导演冯小刚担当，虽没有播音主持方面的功底，但冯小刚音色中自带的粗粝感，与敦煌的戈壁、风沙等环境特色相得益彰，在即时反馈的弹幕中，我们也可以看到观众的关注力被成功吸引。英文版本的《敦煌：生而传奇》同步播出，也为中国的历史人文纪录片吸引海外观众、增强国际传播能力做出了贡献。

对于历史人文纪录片来说，除了配音的语音、语态等传统要素，配音的音色、语种、方式和风格已经成为新的可以凸显作品特色的阵地。从声音的不同角度入手，打造属于自身的“个性特点”，可以使纪录片给观众留下更为深刻的印象。

(二)“所指”的时代特征

与作为“能指”的历史人文纪录片对应，次生意指系统中的“所指”对应创作一部作品所要传达的观念，即历史人文纪录片的“主题”。在一定的时期内，纪录片的主题会由于时代、社会等因素，在某种角度上表现出一些共有的特征，具体表现为对待某一类事物的共同看法。或者说，隐藏在作品背后的“主题”，实质上是一种共有的价值判断。

同理，历史人文纪录片作为一种可见的外在表现形式，其内涵并不局限于还原历史或表现文化，而是有一定的价值判断，也就是“主题”。以历史人文纪录片为形式的“能指”与以作品主题为对象的“所指”在次生符号意指系统的层面上结合，形成了新的意义上的“神话”。对于观众和创作者来说，理解历史人文纪录片所要真正表现的主题，把握住片子的“所指”，才能从更完整的层面理解纪录片真正的思想指向。对于某一特定的历史时期，人们可能会在基本看法相同的情况下，随着社会发展的不同阶段提出不同的看法；而在一段相对固定的社会时期内，大的社会环境也会左右人们对宏

① 张同道，胡智锋.中国纪录片发展研究报告 2020[M].北京：中国广播影视出版社，2020：29.

观历史的价值判断，从而形成专属于某一社会时期的思想和创作风格。这就为解读历史人文纪录片提供了纵向与横向的两个维度。

1.历史人文纪录片的“寻根”

20世纪八九十年代，纪录片中表现的中国历史文化是令人骄傲的，对中华民族的赞美与寻根是这一时期历史人文纪录片的主题所在。横向观察这一时期，无论是《西藏的诱惑》对西藏文化热情炽烈的赞美，《苏园六纪》对苏州园林文采飞扬的抒情，还是《话说长江》《望长城》，从官方主流媒体到民间大众，对于中华民族历史文化表现出的是一种发自内心的赞美与仰望。中华民族的历史文化是优美灿烂的，身为中华民族的一员，能够拥有如此悠久美丽的历史文明留存，当时的人们对此表现出强烈的民族自尊与民族骄傲。这一时期的历史人文纪录片基本是社会精英主导的，以表达对祖国灿烂历史文明的热爱之情。写意的镜头、散文诗式的抒情文字、热情饱满的朗诵式配音……都是对民族赞美与寻根的外在表现形式。热爱之情背后，是深刻的民族认同、民族自尊心与自豪感，是“通过文化地理打捞失落的历史记忆，激活中国人的文化自信与民族向心力”[①]的表现。祖国的名山大川、历史遗迹通过镜头凝聚成一部部历史人文纪录片作品，其对应的“所指”蕴含着时代的前进方向，体现的是整个社会在改革开放后，面对整个世界时所探寻的民族文化认同。

2.从“寻根”到“自省”

进入21世纪后，历史人文纪录片的主题在风格上趋向严肃，主题上体现出对民族历史的反思。为什么要有反思？随着中国加入世贸组织、对外开放进一步深入等一系列变化，中国与世界他国的交往更多，人们在更全面地接触这个世界的同时，开始关注中国在世界上的地位与形象，新闻传播学界对媒体中国家形象的相关研究也在2000年以后集中涌现[②]。这一时期，人们对民族历史文化的态度已经超越了表达热爱，冷静与客观的思考开始凸显。这种反思，是建立在对过去与现在都有了解与评判基础上的，是一个民族冷静、客观看待自己与这个世界的信号。

对于自身历史文化看法的转变，体现在历史人文纪录片上，表现为主题的不同。这一时期周兵的《故宫》与《敦煌》对历史反思的表达十分明显。《故宫》共十二集，前九集展现了故宫的历史、功能、宝物等内容，用严肃客观的历史展现取代了前一时期直观的情感抒发。后三集的标题分别为“从皇宫到博物院”“国宝大流迁”和“永远的故宫”，

---

① 张同道.中国电视纪录片50年[J].电视研究，2008(10)：14.

② 陈薇.媒介化社会的认知影像：国家形象研究的理论探析[J].新闻界，2014(16)：34-38.

于回顾历史与展望未来之中,流露出一种对自身历史文化的自省。观众在看完《故宫》之后,对故宫的惊叹与赞美也是发自内心的,而不是从配音里直接听到的。但无数华美的国宝在登场之后,题目却一转成为“国宝大流迁”,历史随着文物一同远去,观众在被故宫的历史与华美折服之后,逃不过对近代中国命运的哀叹。这一点在周兵的后作《敦煌》中体现更为直接。《敦煌》全片第一句解说词就是“你为什么一定要把它拿到欧洲去呢?”这样的表述在改革开放初期的纪录片作品中并不常见。从全片一开始,创作者就直接展示出敦煌的悲凉命运,第一集的标题“‘探险者’来了”也反向表达出对祖国历史遗迹悲惨命运的无奈。在视频网站哔哩哔哩上,《敦煌》的弹幕也直接表达出观众对祖国文物流失的气愤,以及对近代中华民族积贫积弱的反思自省。同样的表达手法也出现在周兵的另一部作品《外滩佚事》中,作品开篇即以 1908 年外国人对中国的评价来明确表达作品的“反思”基调:“如果中国的政策变了,我相信中国可以成为各国的领袖;如果政策不改变,它将变成各国的奴仆。”

从次生意指系统的角度来看,历史人文纪录片的“能指”形式没有变,但“所指”已经从改革开放初期的“表达对祖国的赞美”转向“对自身历史的反思”。历史人文纪录片在不同的社会时期表现出不同的主题,建构起不同意义的“神话”。这样的转变体现的是整体社会观点、社会心态的变化,与整个国家、社会的发展阶段及面临的任务息息相关。

3.从“自省”到“自信”

近年来,随着中国的快速发展,特别是继承、发扬中华优秀传统文化,“一带一路”倡议,文化自信等发展战略的提出,中国社会看待自身历史文化的心态再次发生转变,中国人开始随着国力强盛而充满信心。历史人文纪录片也在实现了“从寻根到自省”的历史转身之后,开始“从自省到自信”的时代转变,在创作主题上践行着新的时代内涵。崭新时代的“所指”再一次发生变化,历史人文纪录片所要表现的重点也不再是反思,而是要把悠久灿烂的历史人文成就与今日中国的强盛串联起来,借历史的灿烂辅助书写今天的自信,建构起新的意义“神话”。

2021 年 3 月上映的纪录片《敦煌:生而传奇》相比 2010 年周兵的《敦煌》在主题上有很大不同。两部纪录片选择了同样的拍摄对象,但纵向对比来看,由于社会时期、文化环境等因素,两部作品一部严肃自省、一部昂扬向上。《敦煌:生而传奇》以丝绸之路节点、世界文化遗产为敦煌定位,展现敦煌辉煌的一面。在总共五集的内容中,分别展现的是作为军事重镇、中西方经济枢纽、佛教文化艺术中心的敦煌,并且十分注重强调敦煌与历代中央政府的紧密联系。即便在最后一集“经阁珍宝”中，创作者也没有着重突出敦煌经历的文化劫难，而是讲述了洪辩和尚讨伐吐蕃的故事。两部关于敦煌的纪录片虽然时间仅间隔了13年，但从表现主题上的截然不同，不难看出不同社会时期人们看待历史的态度。同样从作为观看行为即时反馈的弹幕来观察，《敦煌：生而传奇》的弹幕不再是对民族文化历史的反思与愤懑，而是对历史上先人功绩的赞美与骄傲。

历经反思自省之后的文化自信，与20世纪八九十年代寻根时期的骄傲是两种不同的民族情感。虽然同是对祖国的历史文化表达热爱之情，但自省时期之后的文化自信更为扎实、具体。《西藏的诱惑》和《苏园六纪》中的西藏和苏州园林都是相对宏大的、概括的，凸显的是整体的文化概念，片中人物从属于宏大的历史。人们在进藏的路上磕长头，是为了塑造西藏整体的神圣，个体形象是文化整体的一部分，21世纪初的《故宫》和《敦煌》同样如此。而在近几年的《中国》《书简阅中国》《敦煌：生而传奇》中，个体形象得到加强。用人物个体的故事去表现历史文化的发展，个人成为串联历史的重要节点，这样的创作手法越来越常见。宏大悠久的历史凝结在个体人物的身上，人物的形象因此更加丰满充实，具象的个人成为表现抽象历史的载体。对于历史人文纪录片来说，面对观众的人数和层次越来越多的发展趋势，从抽象转向具体的叙事策略，对多元层次的观众来说是更易接受、更为友好的选择。

与情感表达具象化相伴出现的，还有叙事视角的平视。近年来纪录片中的历史已不再高大、严肃，而是展现出一种平和的人情味。片中几百几千年前的人物不再遥远，而是和身边的你我一样，都有真情实感的流露。情感作为人类共有的价值观，越来越多地出现在历史人文纪录片中，跨越时间和空间，在观众群体那里得到了更好的理解。《中国》里韩非与李斯之间的友情成为两种人生选择之间的暗线，杨坚与独孤伽罗的伉俪情深也为传统印象中的帝后情感增添了真挚与动人。《书简阅中国》着重表达出的，正是古人书信中寄托的情感关怀。夫妻、家人、朋友……诸多类型的情感在片中得到表现，观众在观看时可以平等地感知到情感价值的传递。纪录片创作者将今天社会中人们面临的种种情况，在历史长河的缝隙中，通过古人的形象表现出来。从观众的视角来说，个体对历史的感知也因为更平等的叙事而消弭了历史的距离感，从而表现出一种对历史文化自下而上的理解和接受。

结　语

作为一种承载意义的方式，历史人文纪录片的“能指”因技术进步而表现为多样性,给观众带来日益丰富的感官体验;"所指"则因社会的发展变化体现出不同的时代性,内里蕴含的是我们历史观和价值观的变化。历史人文纪录片从"能指"和"所指"这两个方面着手,建构起关于意义的"神话"。

"能指"发展带来表意手段的多样化,但媒介技术的发展并非线性地"后者替换前者"。从追求实现最佳表意效果的角度来说,多种表意手段的合理搭配,应该是一种比较理想的效果。对于历史人文纪录片来说,"能指"的多样性也不应该被限制于某种"标准化",画面的具象化、文字的大众化与配音的多元化也都是历史人文纪录片在走近社会大众的过程中呈现出的部分特点。在追求更好表达效果的路上,历史人文纪录片必定会有新的特征出现。

同样,"所指"传递出的时代性观点是对某一阶段历史人文纪录片总体风貌的概述,并不意味着毫无例外可言。特别是在社会发展转型、文化思潮发生变化的转折期,在这些关键时间节点,整个社会对某段历史的看法,是否会孕育观点转变的萌芽,诸如此类观点同样值得探讨。

〔郭艳民,中国传媒大学电视学院教授;阎旭,中国传媒大学2020级广播电视学专业研究生〕

〔特约编辑:付晓光〕

后亚文化视域下青年喜剧网综的符号表征、创作逻辑和文化困境

The Symbolic Representation, Creative Logic and Cultural Dilemma of Youthfulized Online Comedy Show from the Perspective of Post-subculture

◎ 张绍刚　王　欢

Zhang Shaogang　Wang Huan

摘要:在网络时代,青年亚文化和喜剧艺术相互融合发展出了青年喜剧文化,而喜剧网综作为青年喜剧文化生产与传播的基点、中心,最为突出地体现了此种亚文化类型。为了研究青年喜剧文化的特质、价值及意义,有必要对青年喜剧网综展开文本研究。结果发现:在符号层面,喜剧网综呈现为多元的“喜剧超市”;在创作逻辑层面,青年喜剧试图消解传统喜剧元素的极端对立,以个人化的情感表达重构喜剧表达方式、重构喜剧网综的表达空间。具有后亚文化特质的青年喜剧应该具有一定的自反性,通过反思外部世界和自我的关系,实现深度表达。但目前部分喜剧作品只注重浅层的情绪体验,且只顾内在精神活动忽视了和社会价值体系的互动,导致其自反性变成了一种空洞、虚浮和叛逆的自反性陷阱。

关键词:青年喜剧;后亚文化;表达方式;自反性

Abstract: In the Internet era, youth subculture and comedy art have merged and developed into youth comedy culture, and comedy online programs, as the starting point and center of youth comedy culture production and dissemination, most prominently reflect this type of subculture. In order to study the characteristics, values, and significance of youth comedy culture, it is necessary to conduct a textual study of youth comedy online shows. The results showed that at the symbolic level, comedy online shows present a diverse "comedy supermarket"; at the creative logic level, young comedians attempt to resolve the extreme opposition of traditional comedy elements, and reconstruct comedy expression methods and expression spaces of comedy online programs through personalized emotional expression. Youth comedy with post — subcultural characteristics should have a certain degree of reflexivity, and achieve deep expression through reflection on the relationship between the external world and the self. However, some current comedy works only focus on superficial emotional experiences, and only take into account internal spiritual activities, ignoring interaction with the social value system, resulting in their reflexivity becoming an empty, vanity, and rebellious reflexivity trap.

Keywords: youthful comedy, post-subculture, ways of expression, reflexivity

一、问题的提出

喜剧,尤其是电视喜剧,一直以来都是中国观众喜闻乐见的艺术表现形式,电视荧幕上不乏妇孺皆知、老少咸宜的喜剧作品。随着技术发展和影视资源的增多,艺术创作方式和受众需求更加多元化,电视喜剧逐渐从晚会内容和影视戏剧中延伸出来,发展出专门的喜剧类综艺节目,从 2014 年开始,电视喜剧综艺就成为电视节目创作以及喜剧创作的新常态。[①] 而随着喜剧综艺的垂直深耕,近几年逐渐发展出以青年话题为内容、以青年化的表达为创作方式、以青年亚文化特质为创作逻辑的青年化"新喜剧",此类喜剧综艺一经播出便成爆款,获得了青年观众的喜爱和追捧,代表节目有《脱口秀大会》《吐槽大会》《一年一度喜剧大赛》。尤其是分别于 2021 年、2022 年播出的两季《一年一度喜剧大赛》,在豆瓣平台分别获得 8.6 与 8.1 的较高评分。

喜剧的青年化在喜剧电影中早已凸显,电影观众的年轻化打破了以冯小刚为代表的都市中年喜剧对主导市场的把控,发展出迎合青年群体观影需求和体验的青年喜剧电影[②],促使喜剧电影变为消解和恶搞的狂欢[③]。喜剧电影的青年化意味着什么?有学者认为青年喜剧电影是青年群体对抗主流文化的重要方式:"以动作、语言、表演、风格等的夸张、打闹、无厘头、黑色幽默、惊世骇俗等仪式化、风格化的方式,拒斥喜欢温文尔雅的温情喜剧或严肃正经的主流风格的中老年人和主流文化。"[④]也有学者认为

---

① 邹欢芳.喜剧综艺:中国喜剧创作的新常态[J].出版广角,2016(19).

② 陈旭光.近年喜剧电影的类型化和青年文化性[J].当代电影,2012(7).

③ 杨柳.消解与恶搞的狂欢:国产小成本喜剧电影与青年亚文化[J].北京电影学院学报,2010(2).

④ 陈旭光.青年亚文化主体的"象征性权力"表达:论新世纪中国喜剧电影的美学嬗变与文化意义[J].电影艺术,2017(2).

青年化的喜剧电影缺乏现实立场，导致喜剧精神弱化。① 从传播方式、观看方式、受众消费层面来说，电影和网综存在根本的不同，网综不仅将电视节目移至网络空间播出，网络技术本身也会重构电视节目的创作与话语逻辑。那么，电视喜剧的网络化和青年化又意味着什么？

如今线上喜剧网综频频出圈，线下单口喜剧、即兴喜剧演出场场爆满，喜剧已然成为青年群体文化消费的重要内容，线上线下一同建构起属于青年群体独特的喜剧文化景观。“文化最为关注的乃是意义的生产和交换，也就是意义的赋予和获取过程。”② 在青年喜剧文化中，青年群体利用喜剧进行自我言说、实现着自我重构。为了探究这种自我言说对喜剧艺术创作的影响，以及青年群体试图利用喜剧表达进行自我重构的价值和意义，我们必须要对集中呈现青年喜剧的喜剧网综展开分析。所以，本文选取近几年较受青年群体欢迎的喜剧网综——《一年一度喜剧大赛》《脱口秀大会》等，采用文本分析的方法，在总结归纳其文本及内容特征的基础上，立足青年亚文化与喜剧网综的互构过程，分析喜剧艺术和青年亚文化融合后的符号特征、创作逻辑和文化定位。

二、青年喜剧文化与喜剧网综的互构关系

青年群体的文化表现一直以来普遍被定位为是和主流文化相分离、相对立的亚文化，这一文化定位源自伯明翰学派基于芝加哥学派对“越轨文化”和边缘人群的研究所提出的亚文化研究范式。芝加哥学派关注社会结构对边缘群体行为和文化表现的建构作用，但“对边缘群体的主动反抗以及这种反抗的多元化表现并未做更深入的文化政治分析”③。越轨者也并非特指青年，而是指各种边缘性群体。在此基础上，伯明翰学派更加关注青年群体及流行文化。在对流行文化的研究中，伯明翰学派还调动了阶级、性别、种族等多重视角，从更深的社会政治语境当中去分析各类青年亚文化行为的符号象征（风格）意义——尤其是“仪式抵抗”蕴含的政治实践意义。伯明翰学派专注从青年群体内部研究群体行为风格和表征中蕴藏的抵抗主流文化的力量，也是从这时开始，青年群体的亚文化普遍被解读为和主流文化抗衡的文化力量。许多研究国内青年喜剧电影和脱口秀喜剧节目的学者正是立足于这一视角，他们认为青年喜剧电影中充满了戏仿、嘲讽、无厘头、风格化的搞笑内容，使得本来有讽刺意义的喜剧变得无意

① 邱振刚.喜剧精神的重建：对当前喜剧电影创作态势的观察[J].中国文艺评论，2019(5).

② 斯道雷.文化理论与大众文化导论[M].北京：北京大学出版社，2018.

③ 霍尔，杰斐逊.通过仪式抵抗：战后英国的青年亚文化[M].北京：中国青年出版社，2015.

义,青年只是为了利用喜剧进行自我言说而忽视了喜剧作为一种艺术形式的深刻内涵,对喜剧的消费变得重表面而轻意义。

鲁迅在论述喜剧本质时曾说,喜剧"将那无价值的撕破给人看",由此可见喜剧本身就是一种抵抗的艺术,抵抗的对象是无价值的或者腐朽糟粕的东西,而主流文化有时也会成为喜剧"撕破"的对象,所以喜剧和青年亚文化某种程度上应有着内在的、本质的联系。但如果坚持喜剧的青年化是对喜剧精神的亵渎这一观点,要么是误读了喜剧青年化转向的表征,只看到了符号层面的多变和混乱,要么就是固守了对喜剧的片面理解,否认喜剧边界的流动性。

当前中国正处于经济和社会全面深刻转型的重要时期,社会结构的多元变动,经济增速的逐步放缓,导致社会矛盾凸显和频发,有学者认为,传统意义上的社会已与我们渐行渐远,一个未知的、相对复杂的"转型社会"正向我们走来。它不再是一个简单、纯粹的转型过渡阶段,而是一个越来越具备独立特质的社会类型——传统和现代交织、生机与风险并存,日益充满不确定性和自反性。[①] "丧"作为一种亚文化类型,就诞生于这样的社会背景中。社会转型给青年群体的外在社会实践和内在心理状态都带来了极大的压力和挑战。而当下青年群体对线上线下喜剧的狂热追捧呈现为"丧文化"环境中一种独特的文化现象,发展成了属于青年群体的喜剧亚文化:青年群体不仅追看喜剧网综,各大中小城市也逐渐开始拥有自己的喜剧俱乐部;与此同时青年群体中有很多人开始深耕喜剧知识,网络上不乏对喜剧网综较为专业的点评;甚至很多青年群体自己也开始尝试表演喜剧、成为喜剧演员。观察青年喜剧的内容可以发现,喜剧不仅是青年群体用来对抗主流文化的工具,更是青年群体确知自我、言说自我的表达方式,而且喜剧的深刻内涵不仅被保留,还被青年亚文化颠覆和重构,使得喜剧这种艺术形式有了新的发展。

在这个层面上,青年群体的喜剧亚文化更符合后现代网络社会中的后亚文化特征。随着社会的不断发展,尤其是后现代文化不断发展的状况下,文化内涵不断丰富,文化形式更加多元,社会身份不断流动,社会结构和青年群体之间的对立正在不断瓦解,青年群体对喜剧的追捧,不再只为了在亚文化意义上追寻"标新立异"的文化风格,更是为了在"丧"文化弥散的环境中找寻快乐和慰藉。而是在"丧"文化弥散的环境中追寻快乐。喜剧成为承载着身份记忆的文化选择,多元的话语也使得喜剧的内涵发生了转向。这种新变化恰是迎合了后亚文化研究关注青年群体娱乐化、休闲化的文化消

① 文军,王谦.转型社会学研究的兴起及其在中国的研究实践[J].江海学刊,2018(1).

费和媒介使用、探索新时代条件下青年亚文化的新变化的意图。可以说，青年群体的喜剧文化中既有后现代社会特有的对现代二元对立关系的颠覆，也有青年群体作为喜剧创作主体和审美主体对喜剧的重新生产和建构。

而且更为关键的是，后亚文化研究特别关注媒介在建构亚文化中的作用。这是由于在这个媒介化的时代，我们必须承认和重视媒介超越时空连接更大范围个体的能力，而且媒体也不再只是对青年亚文化进行围剿、收编的帮凶，而是充当了亚文化风格建构的资源库和亚文化风格传播的搬运工，促进了文化的融合，塑造了身份的完整性，巩固了亚文化的地盘，并为亚文化组织的包容性、政治性提供了更大可能。[①] 媒介成为亚文化的组织者、生产者和推动者。青年群体对喜剧的追捧最早就源自电视尤其是春节晚会的喜剧节目，线下喜剧演出的门庭若市某种程度上也是由各类喜剧网综所引发的。而喜剧网综的风格表征和内容呈现也深受青年亚文化的影响，符号、文本及话语都更为年轻化，传播和消费也更符合青年审美趣味。可以说青年喜剧文化和喜剧网综是相互建构的关系。所以要理解青年喜剧文化，必须要对喜剧网综展开深入的分析和探讨。

三、拼贴的“喜剧超市”：喜剧网综的符号呈现

“拼贴”和“风格”作为亚文化研究中较为重要的语汇，描述处于主流文化压制下的青年群体或采用独特的风格来划定自己与主流文化间的界线，或利用戏仿拼贴的方式挪用主流文化元素建构自身风格以此来实现对主流文化的抵抗和贬损。后亚文化则认为需要把风格重新置于一系列更复杂的、转瞬即逝的和变化的实践当中[②]，随着媒介饱和世界的到来，当代青年群体不再对某些特定风格执着信奉，而是反讽性地引用多种资源，在“风格超市”里不断地自由变换自己的外观[③]，青年群体的文化表征演变为“混交”性质的亚文化形态[④]。

作为一种亚文化类型，青年群体的喜剧文化也呈现为拼贴的杂交模式，青年群体对喜剧的选择并不局限于某一单一的喜剧类型，喜剧作品中也融合了不同的喜剧风格，喜剧网综由此呈现为由不同喜剧风格拼贴起来的“喜剧超市”，供青年群体挑选自己感兴趣的喜剧。

以《一年一度喜剧大赛》为例，首先，其呈现的喜剧超越了传统电视喜剧以情景喜

---

① 闫翠娟.从“亚文化”到“后亚文化”：青年亚文化研究范式的嬗变与转换[J].云南社会科学，2019(4).
② 班尼特，哈恩-哈里斯.亚文化之后：对于当代青年文化的批判研究[M].北京：中国青年出版社，2012.
③ 陶东风，胡疆锋.亚文化读本[M].北京：北京大学出版社，2012.
④ 陆扬.从亚文化到后亚文化研究[J].辽宁大学学报(哲学社会科学版).2012，40(1).

剧、相声小品为主的类型限制。当然,早期的喜剧综艺(如《欢乐喜剧人》)也将多种喜剧形式结合在一起,但并没有突破相声、小品等的传统喜剧类型。而《一年一度喜剧大赛》将除单口喜剧之外的日式漫才喜剧、美式素描喜剧、物件剧、默剧、偶剧、音乐剧和小品集结在节目中,对任何一种表现形式感兴趣的观众都会被吸引前来观看,增加了收视率的同时,也以包容多元的文化态度拓展了喜剧符号层面的边界。其次,单一喜剧作品的呈现也拼贴了主流文化、传统喜剧、网络梗文化等多种元素。如喜剧作品《进化论》,既有主流文化对知识和学习的推崇以及古诗词元素("托遗响于悲风""又申之以揽茝"),也有对流行音乐歌词"用功读书,怎么会从我嘴巴说出"的挪用;既有"三体人锁死了我们的科技"等科幻文化表征,也有对春晚小品台词"母猪的产后护理""萨达姆做好了战斗准备"等的拼贴。《钱!啊》《吸血鬼和我》《台下十年功》对二人转和京剧艺术进行了挪用,还包含了传统喜剧中的方言元素。而《三狗直播间》《先生请出山》等作品则是将无厘头的风格贯彻到底。青年喜剧将这些喜剧元素、文化符号进行拼贴和再创造,使得传统喜剧、青年亚文化以及主流文化之间相互融合,对主流文化和传统喜剧进行延续的同时生产了喜剧的新表征。

但青年群体这种对主流文化、传统喜剧、网络文化的拼贴,并不是无意义的戏仿,也不是为了寻求独特性而对某一文化的解构,而是基于明确的目的所进行的文化再创造,这个目的即找寻快乐和确知身份。对于中国观众来说,电视小品曾一度是收获快乐的重要渠道,东北方言、二人转等作为表征快乐的符号已经深入国人的文化记忆,利用这些符号进行快乐生产从而收获快乐是基于文化记忆的必然选择。喜剧通过提供"喜感"和"乐感"来提供身份认知的渠道[①],确认自身的存在感,再加上青年群体所处的后现代网络文化空间,碎片化的梗与段子、流行音乐、科幻小说、搞笑视频、社交媒体等都是拼凑起其身份的文化资源,挪用这些资源进行喜剧创作同样无可厚非。在这种拼贴和挪用的基础上,喜剧网综发展成为风格多元混杂的"喜剧超市"。

四、消解对立和重构表达:青年喜剧的创作逻辑

符号层面创作风格的混同造成喜剧呈现的多元化,从创作层面来看,青年喜剧的创作逻辑则是:第一,它试图消解喜剧元素的二元对立;第二,它试图实现喜剧表达方式和表达空间的再造。

---

① 谭光辉.论喜感:被叙述的存在感[J].云南大学学报(社会科学版),2017,16(6).

(一)消解二元对立的尝试

青年亚文化本质上是带有抵抗性质的文化,虽然后亚文化学者们认为网络时代青年群体的文化诉求不再具有亚文化学者笃信的政治性,但“今天的年轻人更喜欢具有多重身份的后现代人格,从而使青年亚文化表现出前所未有的虚拟性、短暂性、碎片化、异质性和个人主义等近乎后现代的特征”①,这说明虽然当代青年亚文化渐渐不再以抵抗为终极目标,但具有了更多后现代性消解二元对立的文化特质。

通过梳理喜剧相关研究可以发现,喜剧之所以能够提供给人们以极高的情绪价值和体验,正是由于喜剧艺术根本上存在一系列二元对立关系,这些二元对立是喜剧特有的现代性张力②,它们所带来的冲突和矛盾感,就是喜剧“喜感”与“笑感”的来源。而青年化的喜剧则正在打破这种现代性张力,试图消解其创作层面的二元对立关系。

首当其冲的喜剧元素即是“美”与“丑”角色的形象对比。在传统喜剧艺术中,为了追求喜感,一般会通过形象间的极端对比来营造冲突和矛盾,通常的创作手法便是对“美”“丑”的形象的极端化塑造。比如《打工奇遇》中淳朴的老太太虽衣着朴素但谈吐大方、精神百倍,而狡诈的饭店老板打扮华丽却缩头缩脑、矫揉造作,形象区分突出且明显。在传统喜剧作品中,演员通过表演刻意塑造的“丑”虽然非常成功,但无疑也在极端化“美”与“丑”的对立,这会带来很多问题。首先就是喜剧内容会逐渐单调,观众们通过外形和神态一眼就能分辨正反角色、很快就能预知笑点,使得喜剧丧失其“打破期待”的魅力。同时,喜剧创作也会囿于这种单一的创作手法,形象建构走在情节和故事之前。在中国戏剧艺术中“无丑不成戏”,“丑”是承担娱乐功能的符号:“(丑角)不免插科打诨,妆成乔态狂言。戏场无笑不成欢,用此竦人观看。”③“丑”角色存在的最根本目的即吸引人们观看其极端化的表现,以此引人发笑。但“本地乱弹以旦为正色,丑为间色”④,可见丑角相比于其他角色在叙事地位上更边缘,这就导致其叙事功能较为单一、缺乏叙事的深度。丑角的“丑”带来的“笑果”虽较为快速直接,但也很容易变得枯燥乏味。所以为了追求“丑”的极致,其后果便是丑角逐渐表层化(即只注重外在形象的丑)和单一化(即可创作的空间较小)。这种发展趋势反映在喜剧层面即喜剧表演越来越丑态百出、以“丑”为“美”,最终逐渐丧失其审美价值。

---

① 马中红.西方后亚文化研究的理论走向[J].国外社会科学,2010(1).

② 蔡麟,詹燕君.西方主要喜剧性学说回溯与反思[J].江西师范大学学报(哲学社会科学版),2020,53(3).

③ 路应昆.戏曲艺术论[M].北京:北京广播学院出版社,2002.

④ 路应昆.戏曲艺术论[M].北京:北京广播学院出版社,2002.

而青年喜剧中,创作者们搭建了更为丰富巨像的角色图谱,试图消解“美”与“丑”的极端对立。也就是说,青年喜剧相比起刻意营造“丑”,更偏向于追求角色的直观再现。以往在传统喜剧中看到的在脸上化痣、把门牙涂黑的喜剧扮相在青年化的喜剧中不再存在,刻意插科打诨、夸张做作的“小丑”形象也极为少见,扮丑式的模仿农村人、打工仔、老年人、残疾人的表演方式也不再出现。在这个基础上,青年化的喜剧从注重外在符号转向追求内在的价值和意义,“美”“丑”不再是衡量喜剧作品成功与否的唯一标准。从诸如《遇人不赎》《再见老张》《披星戴月的想你》等出圈作品可以看出,青年群体喜剧审美和趣味正发生深刻变化:浅层的恶搞夸大被认为“缺乏质感”,而好的喜剧能激发更多内心的情感和共鸣,所以他们更喜欢有趣的剧情、自洽的逻辑、恰到好处的表演和煽情,以此获得较好的情绪体验。

(二)表达方式和表达空间的再造

除了对喜剧二元对立关系的消解,青年喜剧的一个重要创作逻辑即对表达方式和表达空间的再造:青年喜剧在网络化的传播中以个人化的表达方式串联起了公共议题,与此同时,青年文化的后亚文化特质正将节目本身的内容空间转化为情感空间。

1.个人化的表达方式串联公共议题

传统电视喜剧尤其是春晚喜剧讨论的大多是公共议题和热点事件,比如《扶不扶》讨论的是路遇跌倒老人扶不扶的问题;《一个女婿半个儿》探讨的是老年人遭遇电信诈骗的问题;《大城小爱》关注的是打工族城市认同感的问题;《坑》讨论的是干部不作为、乱作为的问题。公共性的议题讨论基于的是面向公众的表达方式,也就是公共化的表达:即维护公共秩序的官方脚本、展现理想社会图景、弱化扁平人物的“指向”特征、正式化及程式化的语言表达。[①] 而青年喜剧是被青年群体利用进行自我言说的重要方式[②],这种自我言说表达着青年群体自身的诉求和渴望,是一种不同于公共表达的个人表达。

第一,青年喜剧弱化维持公共秩序的诉求,转向维持内心秩序的平衡。对于尚处在人生发展稍早阶段的青年群体来说,他们的人生经验和阅历不足以支撑他们探讨宏大的社会议题,也无法提出有效的维持公共秩序的脚本,他们面临的困境更多的是自

① 刘宏宇,李婧文,白静.媒介仪式的结构化与反结构化:评析央视春晚小品的叙事模式变迁[J].国际新闻界,2019,41(2).

② 陈旭光.青年亚文化主体的“象征性权力”表达:论新世纪中国喜剧电影的美学嬗变与文化意义[J].电影艺术,2017(2).

我以及情感的困境，所以青年喜剧相比于维护公共秩序更倾向于维持内心秩序的平衡，青年喜剧中不乏对情绪和自我进行探讨的作品，比如《一个龙虾人决定去》展现了一个工作生活屡屡碰壁的年轻人内心的四种不同声音，探讨了如何和负面情绪和谐相处的问题。

第二，传统喜剧中对理想社会图景的憧憬转变为对理想关系图景的憧憬。由于青年群体缺乏阅历以及后亚文化本身的碎片化特质，青年们无法替社会构思一个完美的理想图景，也无法接受一个过于美化的社会图景。人是社会的基础，所以青年化的喜剧转而展示青年群体所认为的、较为理想的关系图景。比如《一年一度喜剧大赛》中《再见老张》《走花路》《父亲的葬礼》展现的是理想的家庭关系；《披星戴月的想你》《爱人错过》呈现的是理想的恋爱关系；《没有学习的人不伤心》讨论的是理想的师生关系；还有超越人际关系的其他关系：《进化论》探讨的是人和知识的关系；《当一个龙虾人决定去》探讨的是个体和自我之间的关系；《月光曲》《钱！啊》则是人和物质的关系。

第三，青年喜剧中人物的"指向性"较为明显。传统电视喜剧中的人物经常会被解读为指代某些特定群体，这种"指向性"所带来的现实影射使得春晚小品近年来经常引发争议，由于渐趋严格的大众赏鉴尺度，创作者倾向于不断弱化小品人物的标签性扁平设置，尤其体现在地域和性别上。① 而青年喜剧中角色则重现了东北、唐山等方言和口音，还有讨论地域文化的作品《吸血鬼和我》《兴安岭奇缘》，以及单口喜剧中对性别的冒犯等都放大了喜剧人物的"指向性"。

第四，青年喜剧充满非正式和非流程性的语言表达。主流电视喜剧为了维系主流价值体系，表达中充满了正式的文明用语、标准的普通话以及直陈式的点题性语句。②而青年喜剧的表达主体是青年个体，所以其语言较为生活化、随意化、非正式化，有方言俗语，表达也稍显啰唆，并且也没有明确的点题语句。

"被狗咬那一次，我十几个表哥去胡同口堵那条狗给我报仇，那年我9岁，我大哥45(岁)，我侄子22(岁)。"

"我特别害怕别人问我是做什么工作的，我特别害怕回答这个问题，因为这个问题不好回答，比如你要跟别人说我现在没有工作，别人就会觉得你是

① 刘宏宇，李婧文，白静.媒介仪式的结构化与反结构化：评析央视春晚小品的叙事模式变迁[J].国际新闻界，2019,41(2).

② 刘宏宇，李婧文，白静.媒介仪式的结构化与反结构化：评析央视春晚小品的叙事模式变迁[J].国际新闻界，2019,41(2).

个废柴、是个loser(失败者)对吧。你要跟别人说我现在是个脱口秀演员,人家就会觉得你:啊! 是个傻子。”

“我寻思这回我到这儿,真的,我高低整一个对象回去,越幽默越好,那过日子多快乐呀。所以现在啊,我就看着台上这些演员,他们在台上尽情地展示着自己的幽默,虽然这是一个比赛,但是我不觉得他们是想战胜我,他们就是想得到我。”

以上特征说明青年喜剧以个人化表达为特质。但青年喜剧并非自说自话,而是实现了个人表达和公共表达的共在。这种共在体现在两个方面:公共议题的探讨以及开放的讨论空间。首先,青年喜剧以青年化的方式探讨了许多社会公共议题。比如电信诈骗、建构适老社会、容貌焦虑、饭圈乱象、人与人之间的冷漠和情感忽视、婚姻和情感焦虑等问题。比如作品《反诈银行》,讨论的就是老生常谈的老年人轻信电信诈骗的问题,作品讲述了银行里一个大爷试图给骗子汇钱被路人阻止的故事,路人们阻止的方式并不是讲道理或者喊口号,而是分别假扮了沉香、哪吒、托塔李天王、嫦娥,通过荒诞却“善意的谎言”让大爷误以为自己是二郎神最终免于被骗。但青年喜剧不同于主流喜剧的地方在于,这个作品的结局是一个开放性的结局,并没有交代后续是否得到解决,作品只是单纯聚焦在一个固定时空中众人出于善意而做出的努力上,虽然情节较为荒诞,但同时也能明确感受到青年群体对于此类社会现象的态度,即温暖的劝阻远远好过事不关己的冷漠。

其次,青年喜剧借助互联网空间模拟公共空间,为青年群体开放讨论空间,扩大讨论范围。电视喜剧本身是“完成的艺术”,即电视喜剧播出时已经是完整的作品,除了对演员表演或部分议题的讨论,观众对其展开探讨的空间较小。但喜剧网综则成为青年群体交换观点、展开理性讨论的公共空间,节目将作品内容片段进行剪辑,以内容中的热点话题、经典语句为标题,在抖音、快手、微博、微信视频号中进行二次传播,引发青年群体围观和探讨,探讨内容涉及从表演到剧本或内容、从角色到演员、从文本到价值的方方面面。而这一空间拓展的举动无疑之中也扩大了节目的影响力和吸引力,甚至反向吸引官方话语的关注,更进一步扩展了讨论空间。

2.青年喜剧“新部落”的情感空间再造

当下,青年群体对喜剧网综的追捧已然不同于普罗大众对传统电视喜剧的关注。对于当代青年来说,无论是线上喜剧网综还是线下喜剧表演,青年群体对喜剧表达的利用、对喜剧艺人的追捧、对喜剧的消费都使喜剧已然不再是单纯的媒介产品或艺术形式，反而变成和嘻哈音乐、街舞等圈层式亚文化类似的复杂文化行为，呈现出后亚文化研究者所提出的“新部落”特质。

“新部落”是由马费索利提出的后亚文化研究的重要概念。根据他的说法，“新部落没有我们所熟悉的组织形式的僵化，‘部落’更多地指某种氛围，一种精神状态”[①]，也就是说，以不封闭且没有固定结构的“新部落”为表征的后亚文化是一种松散的、流动的、精神性的后亚文化圈层。当代青年的喜剧文化正符合这种特质，对于青年群体来说，追捧喜剧、追看喜剧网综并不需要通过改变外表、行为等方式迎合亚文化群体、等待被群体吸纳，加入喜剧文化圈层只需要通过观看和消费即可实现，观看和消费结束时就可退出这一亚文化圈层。马费索利指出，我们时代的部落是后现代美学层面上的聚集方式[②]，也就是基于个人主观审美趣味而建立起来的联结。青年群体对喜剧追捧的基点即其喜剧审美，这种喜剧审美既根源于传统电视喜剧所培养起来的审美习惯，也基于其现实情感的依托，即当代青年群体处于“丧文化”环境中对快乐和自我价值有着极大需求。“随着西方现代社会的机械结构向后现代社会的有机结构转变，人对个性、审美和情感的关注增加，功能性个体开始转向大众群体中个人角色的追求，从契约式群体转向情感性部落。”[③]“新部落”作为一种隐喻、一种描述、一种气氛、一种意识状态[④]，“没有我们熟悉的组织形式的硬性标准，更多是指一种感情共同体的隐喻，它大体上指基于感情、共同趣味等聚集在一起的松散的情感部落”。[⑤] 从这个角度来说，情感成为建构和维系青年喜剧文化的重要通路，而喜剧网综则提供了呈现这种后亚文化特质的情感空间。

首先，青年喜剧网综的内容创作围绕个体生命情感所展开，容易激发情感共鸣。以《再见老张》为例，新郎在结婚前最大的愿望是希望已经去世的爸爸能够看到自己的婚礼，作品将这一看似不可能的诉求建构为可能，在天使的帮助下去世的老张“附身”在伴郎身上，以伴郎的身份参加了婚礼，闹出了许多误会。在这种由身份错位带来的荒诞和喜感之下潜藏着创作者对人类情感的真挚探讨。“老张”最后问儿子的四个问

① MAFFESOLI M.The time of the tribes: the decline of individualism in mass society[M].SMITH D, trans. London: Sage, 1996: 98.

② MAFFESOLI M.The time of the tribes: the decline of individualism in mass society[M].SMITH D, trans. London: Sage, 1996: 98.

③ 王宁.自目的性和部落主义：消费社会学研究的新范式[J].人文杂志，2017(2).

④ 陈龙，李超.网络社会的“新部落”：后亚文化圈层研究[J].传媒观察，2021(6).

⑤ 王宁.自目的性和部落主义：消费社会学研究的新范式[J].人文杂志，2017(2).

题“你现在觉得自己快乐吗?”“算得上幸福吧?”“身体还健康吗?”“那还有什么遗憾吗?”其实也在询问处在“丧文化”和社会内卷夹击下的青年观众,在这一刻所有观众都感受到了父亲对孩子那种温暖平实的爱,观众被爸爸“老张”的提问所质询,回忆起自己的生活境遇和情感体验,唤醒了自我的真实情感。可以说,作品在自身的情感呈现和观众的情感体验间搭建起了共通的情感空间,实现了情感的共振。

其次,青年喜剧网综最大限度地以真人秀的方式再现了青年创作者的创作过程,以青年创作者默默无名但依然乐观、坚持创作的人物群像吸引观众产生身份认同(见表 1)。在喜剧网综的真人秀部分,青年观众可以看到青年演员和创作者们进行喜剧创作的过程,感受到他们的情感波动和个人体悟。在这些青年创作者身上,青年观众也可以看到同样为了生计打拼、奔波的自己,从而缩短和喜剧综艺的距离,搭建起密切的情感关联,产生情感认同。

表 1 《一年一度喜剧大赛》(第一季)真人秀时长占节目总时长比

《一年一度喜剧大赛》(第一季)节目期数	总时长	喜剧作品时长	真人秀时长	真人秀时长约占比
第一期(上、下)	2 小时 18 分 26 秒	44 分 49 秒	1 小时 33 分钟 37 秒	67.6%
第二期(上、下)	2 小时 1 分 14 秒	51 分 6 秒	1 小时 10 分 8 秒	57.8%
第三期(上、中、下)	2 小时 34 分 6 秒	1 小时 5 分 36 秒	1 小时 28 分 30 秒	57.4%
第四期(上、下)	2 小时 18 分 27 秒	1 小时 0 分 58 秒	1 小时 14 分 9 秒	56.0%
第五期(上、下)	1 小时 59 分钟 8 秒	58 分 47 秒	1 小时 21 秒	51.0%
第六期(上、下)	2 小时 4 分 47 秒	58 分 54 秒	1 小时 5 分 53 秒	52.8%
第七期(上、下)	1 小时 54 分 4 秒	55 分	59 分 4 秒	51.7%
第八期(上、下)	1 小时 54 分 53 秒	58 分	56 分 53 秒	49.5%
第九期(上、下)	2 小时 15 分 25 秒	1 小时 12 分 10 秒	1 小时 3 分 15 秒	46.7%
第十期(上、下)	2 小时 15 分 50 秒	1 小时 0 分 53 秒	1 小时 15 分 57 秒	55.2%
第十一期(上、下)	2 小时 8 分 47 秒	1 小时 6 分 23 秒	1 小时 2 分 24 秒	48.5%
第十二期	1 小时 05 分 11 秒	无	1 小时 05 分 11 秒	100%
第十三期(上、下)	2 小时 40 分 49 秒	50 分 30 秒	1 小时 50 分 19 秒	68.6%

五、自反性与自反性陷阱:青年喜剧的文化价值和困境

青年喜剧以多元的喜剧风格为符号表征,以个人化的表达和开放的情感空间为创作逻辑,最终发展为青年群体对社会和自我的反思式表达。这种表达看似呈现了青年

群体清醒理性的自我言说，但由于过度内化，失去了社会价值参照最终沦为虚假的自反性陷阱，导致青年喜剧向颓废、消极的方向发展。

自反性是研究现代性主体自我的重要概念。黑格尔认为，主体的反思是自反性的基础。[①] 反思是现代社会个体不同于传统社会的重要区别，现代个体通过反思自我和外在世界的关系，实现自我和外在他者的对话、自我思想和外在行动的对话，从而获得自我认同，在现代社会个体的自我反思已经成为社会制度化了的社会生活的内在机制[②]。而当下的青年群体在媒介化的社会文化中主动选择某种身份、建构身份认同，正是基于他们作为主体的反思，所以，就像后亚文化研究者玛格莱顿所说的，后亚文化本质上也具有一定的自反性。[③]

这样看来，具有后亚文化特质的青年喜剧文化也应反映出一定的自反性。青年创作者在喜剧创作过程中，应该反思性地思考外在客体世界和社会文化制度的关系，在其中探索青年个体自我的位置，创造一种自反性的喜剧文化生态。尤其是青年利用喜剧对自我价值的探讨，更应体现出一定的自反性。部分青年喜剧作品实现了自反性的要求。在这些作品中，生活是困顿的，个体是迷茫的：毕业没有戏拍只能去密室当NPC的“丧尸26号”、不被认可穿越回十年前想要重新选择生活方式的戏曲演员、家世显赫但名字和颜值却极为普通缺乏存在感的少爷、混迹黑帮十年却依然处于底层的卧底警察等，这是大多数青年群体的现实写照。在这样的作品中，能够看到青年群体对自我生存状态的反思，以及试图为这种生存状态找到合理化的、能够使自我安置的途径，那就是如《一年一度喜剧大赛》主题曲歌词所表达的：“用大笑来反击。”笑被青年群体利用来反思外部世界和重构自我价值，青年群体收获快乐体验的同时，也收获了合情合理的自我认同。

但是目前青年喜剧文化却呈现和建构为自反性的陷阱。自反性成立的重要前提是现实生活和外部世界，自反性必须要依托外部世界才是有效的，也就是说，自反并不是一个纯粹内在的精神活动，而是一个和外部世界与现实生活互动互构的过程。在这个互构过程中，个体必须结合所处的社会结构、文化背景、个人特性进行社会反思，并由此改变自我随之再度嵌入社会。[④] 自反性的目的是将个体重新融入社会和现实，自我可以和世界对抗，但对抗的结果应该是良性的，反思之后自我不应再游离于现实之

① 黑格尔.精神现象学[M].北京：商务印书馆，1979.

② 李庆霞.现代性的反思性与自反性的现代化[J].求是学刊，2011，38(6).

③ 陈龙，李超.网络社会的“新部落”：后亚文化圈层研究[J].传媒观察，2021(6).

④ 贝克，吉登斯，拉什.自反性现代化：现代社会秩序中的政治、传统与美学[M].赵文书，译.北京：商务印书馆，2014.

外。尤其是社会价值体系在意识形态层面引导着个体的自我反思,失去社会价值参照和支撑的自我反思,只会让个体在内在世界越走越远,整体表现为披着自反性外衣的自反性陷阱。

网络媒介深刻渗透和重构着社会现实,使其成为虚拟和现实并存的复调结构。对于诞生并成长于网络时代的青年群体来说,网络媒介建构的虚拟现实替代着实存现实为他们提供现实感知。当代社会经济增速放缓,青年群体面临的是经济竞争大、社会风险频发、文化多元复杂的社会现实,网络世界的虚拟现实则给青年群体提供了美好安逸的生存图景,其吸引力远远大于并不完美的现实生活。网络时代媒介化的符号世界逐渐抽离现实生活,青年群体开始更加依赖数字生存,其自我反思也丧失了实在、具体的现实支撑。青年喜剧文化中,许多应该体现青年群体深刻自我反思的作品,反而表现为网络段子式的片段堆叠,追求快乐成为这种作品唯一的目标和结果。与此同时,青年群体的许多喜剧作品过多的关注和关照部分青年的内在自我,只顾着表达自己的内在感受和认知,忽视了外在的社会现实、结构制度、文化规范,没有为自我重新融入社会生活提供空间,这消解着青年喜剧的价值和意义。这些作品不但表现为与现实脱节、空想大过实际,甚至干脆挣扎着脱离社会价值体系的引导和支持,割裂与现实的联结,试图通过自我独语式的表达方式搭建封闭的话语空间,拒绝和外在世界的沟通和交流。这些青年创作者和其作品看似有“深度”、有“思想”,实则既空洞又虚浮、叛逆且幼稚,既不能使其作品变为观众津津乐道的“精品”,也不能收获青年群体的情感共鸣,最终沦为哗众取宠的“笑柄”。

〔张绍刚,中国传媒大学电视学院教授,博士生导师;王欢,中国传媒大学电视学院广播电视学专业博士研究生〕

〔特约编辑:涂凌波〕

图书在版编目(CIP)数据

中国新闻传播研究:国际传播能力建设/高晓虹主编.--北京:中国传媒大学出版社，2023.12
ISBN 978-7-5657-3498-4

Ⅰ.①中… Ⅱ.①高… Ⅲ.①新闻学—传播学—研究—中国 Ⅳ.①G219.2

中国国家版本馆CIP数据核字(2023)第218485号

中国新闻传播研究:国际传播能力建设

ZHONGGUO XINWEN CHUANBO YANJIU:GUOJI CHUANBO NENGLI JIANSHE

主　　编 高晓虹
副 主 编 刘　宏　赵淑萍　曾祥敏　秦瑜明
责任编辑 沈刘红
封面设计 拓美设计
责任印制 李志鹏

出版发行 中国传媒大学出版社
社　　址 北京市朝阳区定福庄东街1号　**邮　　编** 100024
电　　话 86-10-65450528　65450532　**传　　真** 65779405
网　　址 http://cucp.cuc.edu.cn
经　　销 全国新华书店

印　　刷 唐山玺诚印务有限公司
开　　本 787mm×1092mm　1/16
印　　张 15.5
字　　数 272千字
版　　次 2023年12月第1版
印　　次 2023年12月第1次印刷

书　　号 ISBN 978-7-5657-3498-4/G·3498　**定　　价** 76.00元

本社法律顾问:北京嘉润律师事务所　郭建平